DAS
NEUE
BERLIN

GERT PROKOP

NULL MINUS UNENDLICH

Phantastische Geschichten

Band

2

Verlag Das Neue Berlin

Null minus unendlich

»Sie haben es gut«, seufzte Bärliman, »Sie können noch Auto fahren.«

»Ja.« Sredzki nickte ein wenig und lächelte bescheiden, wie er es immer gegenüber einem Vorgesetzten tat.

»Ich fürchte, ich kann bald nicht mehr mit der Metro …« Bärliman sperrte den Mund auf, holte keuchend Luft, riß ein großes, in den hochmodischen Farben Altrosa und Lila gewürfeltes Taschentuch aus der Hosentasche und schneuzte sich kräftig. »Sie entschuldigen – das Mentadon.«

Sredzki lächelte wieder, diesmal verständnisvoll und mitleidig. Er empfand wirklich Mitleid mit seinem Abteilungsleiter, er hatte selbst monatelang Mentadon genommen und kannte die Mühsal der unvermeidlichen Begleiterscheinungen, das ewige Schneuzen, Hüsteln, Tränenwischen. Ja, dachte er, Bärliman wird das Medikament ganz offensichtlich nicht mehr lange nehmen können. Die Intervalle zwischen seinen Schneuzanfällen wurden immer kleiner; er war schon nicht mehr in der Lage, einen kurzen Anruf des Direktors entgegenzunehmen, ohne zwei-, dreimal um Unterbrechung zu bitten und sein Taschentuch zu zücken.

»Und dann?« Bärliman blickte Sredzki an, als läge bei ihm all seine Hoffnung. »Wenn ich die Metro nicht mehr benutzen kann? Glauben Sie, ich komme in die Kategorie S-1? Mir würde ja schon die S-2 genügen, ein Taxi zum Bahnhof, aber …« Bärliman schüttelte traurig den Kopf, schneuzte sich erneut.

»Was dann werden soll …« Er sah Sredzki aus seinen rotunterlaufenen Augen an. »Sie sind ein Glückspilz, Sredzki. Ich hoffe, Sie wissen das zu schätzen.«

Er verabschiedete sich mit einem müden Lächeln und ging mit hängenden Schultern in Richtung Ausgang, fädelte sich in den Strom der Angestellten ein, die dem Metro-Eingang neben dem Portal zustrebten.

Armer Bärliman, dachte Sredzki. Er bedauerte seinen Chef, weniger, weil er seinen Posten verlieren würde, als wegen der Entzugsqualen, die ihm bevorstanden. Mit Schaudern erinnerte er sich an die Wochen, da er das Mentadon absetzen mußte, an die Todesangst, die ihn gepackt hatte, ihn drei Wochen lang keine Nacht schlafen ließ, eine alles verschlingende Angst, die ihn zu zerreißen, zu zerquetschen drohte, dazu unentwegt Schweißausbrüche, Muskelzittern, Krämpfe, Herzrasen. Und Halluzinationen: Stühle und Tische schienen sich zu bewegen, der Fußboden wölbte sich, die Zimmerwände blähten sich auf, rückten mit peristaltischen Wellen näher und näher, bis er verzweifelt die Augenlider zusammenpreßte ... Er hatte die Wohnung nicht mehr verlassen können, weil die Fassaden auf ihn zuzukriechen, die Straßen zu schmalen Schluchten zu werden schienen, die ihn zu zerdrücken drohten. Er fand sich wie ein verendendes Tier auf dem Fußboden: schreiend und spuckend, suchte unter den Möbeln nach einer heruntergefallenen Mentadon-Tablette, verabschiedete sich jeden Morgen von Marianne, als würde er sie nie wiedersehen, glaubte tatsächlich, jede Minute sterben zu müssen ...

Bärliman war wirklich nicht zu beneiden. Sredzki sah ihm nach, bis sein Kopf in der Masse untertauchte. Glückspilz? dachte er dann. Glück hat auf die Dauer nur der Tüchtige, Herr Kollege! Dann erschrak Sredzki.

Wenn Bärliman demnächst unfähig war, ins Institut zu kommen, ob man dann ihn zum Abteilungsleiter machen würde? Er war der Dienstälteste. Und wenn, dachte er, wie sollte er sich verhalten? Eine Beförderung lehnt man nicht ab. Nicht, ohne sich tausend Fragen oder unausgesprochenen Verdächtigungen auszusetzen: Was gab es da, das den so Ausgezeichneten zur Ablehnung zwang? Eine verschwiegene Krankheit? Wußte der Vorgesehene, daß er den Posten nicht ausfüllen könnte? Und warum hatte das Direktorium nichts davon erfahren? Was war falsch in den Daten des Beförderungsunwilligen? Also erneute Sicherheitsüberprüfung, mehr oder weniger diskrete Erkundigungen der Personalabteilung bei den Kollegen, den Nachbarn, den Ärzten ... Wenn er jedoch den Posten annahm, hatte er überhaupt keine Zeit mehr.

Er mußte sofort vorbeugen, sagte sich Sredzki. Morgen bereits würde er Plögel seine Idee für die Lösung der Krabol-Konstruktion unterschieben, so unauffällig, daß Plögel sie für seine eigene Idee halten und einreichen konnte. Sredzki schmunzelte. Plögel wäre ein guter Nachfolger für Bärliman. Er würde nicht wagen, Sredzki zu beaufsichtigen, dann könnte er auch tagsüber ungeniert an dem *tectabel* arbeiten, nicht nur heimlich während der Pausen oder in den Viertelstunden, die er abends Marianne unter dem Vorwand abhandelte, er habe noch etwas Dienstliches zu erledigen – nicht länger müßte er ihr Gequengel ertragen, früher habe er seine Arbeit immer in der Dienstzeit geschafft.

Sredzki ging die Treppe hinunter zur dritten Etage der Tiefgarage. Er nahm nie den Lift. Er hatte Angst, wieder einen Anfall zu bekommen, unterließ jede nur vermeidbare Fahrt in einem Lift. Nicht nur er. Zur Rush-hour wälzten sich ganze Ströme die engen Treppenhäuser hinauf oder hinunter; niemand hatte Lust, Probrabenzol mit seinen sattsam bekannten Nebenwirkungen zu schlucken, und Probrabenzol war noch immer das einzige Mittel gegen die Liftomanie.

Liftomanie, Metrophobie, Parkplatzsyndrom, Schlangensyndrom, Massenphobie, Klaustrophobie, Agoraphobie ... die Mediziner hatten viele Namen dafür, doch im Grunde war es immer dasselbe: Angustiase*.

* in angustias (lat.) – beengt

Aber er war jetzt gefeit, dachte Sredzki, während er die Stufen hinunterstieg, wenigstens gegen das Parkplatzsyndrom und damit gegen die Metrophobie. Er legte zufrieden die Hand auf die Jackentasche und spürte das Gefühl der Erleichterung, das jedesmal seinen ganzen Körper durchströmte, wenn er das *tectabel* unter den Fingern spürte. O ja, er konnte getrost in sein Auto steigen. Mit dem Hochgefühl eines Anfängers, der die Ängste des Parkplatzsyndroms noch nicht kannte. Und nie mehr mußte er mit der Metro fahren ...

Sredzki erinnerte sich nur mit Schaudern an die Metrofahrten, dieses Körper-an-Körper-Stehen oder, noch schlimmer, an die rücksichtslose, professionelle Gewalttätigkeit, mit der die Metrobeamten arbeiteten, Hände, Ellenbogen, Schultern, Rücken einsetzten, um noch ein paar Fahrgäste in den Waggon zu pressen, weil selbst die Halb-Minuten-Zugfolge den Ansturm nicht mehr bewältigen konnte. War es ein Wunder, daß Leute, die täglich mit der Metro fahren mußten, ein klaustrophobisches Syndrom befiel? Platzangst, die man nur mit Mentadon unter Kontrolle bekam, und spätestens nach drei Monaten begann dann das Schneuzen. Aber man mußte schließlich zur Arbeit fahren.

Oder einkaufen, und dann lauerte die sogenannte Supermarktomanie, und eines Tages, wenn man irgendwo in einer der endlosen Schlangen stand, schlug man plötzlich wild um sich, schrie zum Gotterbarmen, Schaum vor dem Mund, warf die Waren aus dem Einkaufswagen, und die Ordner des Supermarktes hatten Mühe, den »Akuten« zu bändigen, in eine Zwangsjacke zu stopfen.

Supermarkt, Metro, Lift ... es gab tausend Gelegenheiten, bei denen die Angustiase zuschlagen konnte, beim Warten vor einer Amtsstube, in den überfüllten Reisezügen, sogar im Urlaub – selbst bei strahlendblauem Himmel und einer erfrischenden Brise, die einem die Illusion verschaffte, frische Luft zu atmen, war man nie sicher, daß man nicht unversehens explodierte, sobald ein anderer einem zu nahe auf den Pelz rückte, zum Beispiel seine Decke näher als zehn Zentimeter an die eigene heranschob oder einnickte und im Schlaf unkontrolliert ein Bein herüberstreckte.

Überall Enge, und man konnte höchstens die Symptome bekämpfen, die Empfindlichkeit des Erkrankten herabsetzen, seine Reizschwellen mit Drogen erhöhen, nicht aber die Ursachen beseitigen. Die Erde war nun einmal rettungslos übervölkert, und niemand machte sich noch Hoffnung, daß die drastischen Antibabygesetze Abhilfe verschaffen könnten, seit immer häufiger gemeldet wurde, daß wieder irgendwo ein Landstrich aufgegeben werden mußte, weil er auf die eine oder andere Weise verseucht war. Und am schlimmsten war die Enge in den Städten, die immer mehr ausuferten, Krebsgeschwüre aus Beton, die sich auftürmten und tief in die Erde gruben: höher, tiefer, weiter. In dem neuen Komplex sollte die Zahl der Etagen schon von minus siebzig bis plus hundertzehn reichen, und die Wohneinheiten sollten noch kleiner sein: Rückt zusammen, andere wollen auch ein Dach über dem Kopf, denkt an die Not der Flüchtlinge, übt Solidarität ...

Das Allerschlimmste jedoch waren die Verkehrsmittel. Sredzki schmunzelte zufrieden, als er die Tür seines Minicars aufschloß. Wenigstens dieses Problem hatte er nie mehr. Er konnte getrost einsteigen, ohne befürchten zu müssen, daß ihn dann das Parkplatzsyndrom überfiel: Schweißausbrüche, Muskelkrämpfe, Nervenzuckungen, Hautzittern – wohin immer er wollte, er konnte sein Minicar benutzen, ohne bereits beim Starten von der Angst geplagt zu werden, wo er dann das Auto abstellen sollte; er mußte nicht jeden Abend mit wachsender Verzweiflung seinen Block umkreisen, mit abgeschnürter Kehle und ausgedörrtem Mund nach einem Parkplatz Ausschau halten, mit immer höher aufschaukelnder Angst, nie und nirgends einen Platz zu finden, immer und ewig in dieser engen

Blechbüchse eingesperrt zu bleiben. Er war für alle Zeiten gegen das Parkplatzsyndrom gefeit und mußte nie mehr zum Mentadon greifen, und wenn er eines Tages noch herausbekam, wie das *tectabel* funktionierte, war er aller Sorgen ledig. Aller.

Diese Idioten beim Patentamt! War es nicht gleichgültig, warum etwas funktionierte, wenn es nur funktionierte?

Wenn man gegenüber der Pharma-Industrie ebenso borniert verfahren wäre, gäbe es kein einziges der unzählbaren Medikamente, ohne die die Menschheit nicht mehr existieren konnte, nicht einmal Penicillin. Oder das Aspirin, das die Menschen in aller Welt jahrzehntelang geschluckt hatten, bevor man herausfand, wieso es eigentlich wirkte. Die Pharmazeuten wußten doch nie, warum ein neues Präparat im Körper wirkte, sie waren ja schon froh, wenn es außer den erwünschten Wirkungen nicht allzu gravierende unerwünschte Nebeneffekte hatte.

Und die Kollegen in den astrophysikalischen Labors in den streng geheimen oberen Etagen der UNICIM kümmerten sich einen Scheiß darum, ob sie jemals begründen konnten, warum und wie ihr Schwerkraftmanipulator wirkte. Falls sie ihn überhaupt entwickeln konnten. Diese Ignoranten kümmerten sich nicht einmal darum, daß ihnen längst jede theoretische Grundlage unter den Füßen verschwunden war. Sredzki hatte sich in die allgemeine Entwicklungsabteilung versetzen lassen, als auch noch Professor Cheesers anerkannte, daß es keine Gravitonen gab. Er wollte nicht länger an einer aussichtslosen Sache arbeiten. Alle ernstzunehmenden Wissenschaftler akzeptierten inzwischen, daß Schwerkraft nicht eigentlich eine Kraft war, sondern eine Eigenschaft der Raum-Zeit, die ihre Struktur bei der Anwesenheit eines Körpers krümmte. Doch die »Himmelsstürmer«, wie man die Astrophysiker in den Dachetagen nannte, ignorierten alle Erkenntnisse seit Einstein und verschanzten sich dahinter, daß es schließlich Gravitationswellen gab, wenn ein Stern zu einem Schwarzen Loch schrumpfte oder in ein Schwarzes Loch abstürzte. Sredzki bezweifelte, daß auch nur einer seiner ehemaligen Kollegen noch ernsthaft die Existenz von Gravitonen nachweisen wollte, diese Scharlatane hingen nur an ihren lebenslänglichen, hochdotierten Jobs; die Direktion kümmerte sich ohnehin nicht um physikalische Gesetze, dem Aufsichtsrat der UNICIM war es egal, ob es nun Gravitonen gab oder nicht, solange die Militärs, ohne mit der Wimper zu zucken, Jahr für Jahr den horrenden Etat der Labors bezahlten, Milliarden für ihre Hoffnung ausgaben, mit den Gravitations-Manipulatoren eine unschlagbare Waffe in die Hände zu bekommen. Und wenn das tatsächlich gelingen sollte, würden sie sich einen Dreck aus den Auflagen des Patentamtes machen; einem Außenseiter wie ihm jedoch ...

Sredzki hatte keine Ahnung, wie das *tectabel* funktionierte. Er hatte verzweifelt die Datenbanken durchforscht, sogar die alte Literatur gewälzt; nirgends auch nur die Andeutung eines Hinweises; alle Versuche, dem Geheimnis mathematisch auf den Grund zu kommen, endeten jedesmal frustrierend, idiotisch, irrational – nicht mit irrationalen oder imaginären Zahlen, damit hätte er irgendwie weiterkommen können, nein, schlichtweg absurd: null minus unendlich. Aber es funktionierte!

Er hätte sein Gerät längst der UNICIM oder einem anderen Konzern angeboten, wenn er nicht Angst haben müßte, daß man ihm das *tectabel* für ein Butterbrot abnahm. Vielleicht nicht einmal das – wenn er es aus der Hand gab, war er machtlos; jeder gewiefte Hardware-Konstrukteur konnte in kurzer Zeit identifizieren, wie das Gerät aufgebaut war.

Sredzki seufzte, startete das Minicar, kurvte hinauf zur Nulletage, tauchte aus dem Tummel auf die erste Mittelspur der Magistrale und beschleunigte. Obwohl noch Rush-hour war, wurden die drei mittleren Fahrbahnen nicht sonderlich stark benutzt. Es gab nicht mehr viele, die im eigenen Wagen in die City fuhren; Sredzki sah vor allem Taxis und die vollklimatisierten schwarzen Limousinen der Direktionen mit den brünierten Scheiben; nur rechts von ihm, auf der Spur am Gehsteig, schob sich eine endlose Blechlawine vorwärts: Taxi an Taxi, Stoßstange an Stoßstange. Die Wagen krochen im Schneckentempo, viel langsamer als die Fußgänger, hielten alle zwei Meter, ruckten an, um sogleich wieder stehenzubleiben, wenn vorne am Bahnhof die S-2-Berechtigten ausstiegen. Aber es war immer noch besser, eine Stunde im Taxi zu sitzen, als die Metro zu benutzen oder sich zu Fuß in dem hautnah dahinströmenden Fluß der Passanten mittreiben zu lassen, den Hinterkopf oder die Schulter des Vordermannes direkt vor den Augen und im Nacken den Atem des Hintermannes.

Als ihn damals die Metrophobie packte und er vor Schneuzen kaum noch leben konnte, hatte Sredzki verzweifelt überlegt, wie er zu einem S-Status kommen, sich so hervortun könnte, daß die Direktion ihn als unabkömmlich einstufte und er mit dem Taxi nach Hause fahren durfte. Er hatte cht einmal Aussicht auf den S-2, der wenigstens die Fahrt zum Bahnhof einbrachte; die Direktionssekretärin hatte ihn nur mitleidig angeblickt, als er vorsichtig vorfühlte. Die Wartelisten für normale Sterbliche waren aussichtslos lang, und über Beziehungen verfügte er nicht. Sredzki hatte schon geglaubt, er müsse seinen Job aufgeben und sich nach einem der so begehrten Handlangerposten in der Nähe seiner Wohnung umsehen, da entdeckte er zum Glück das *tectabel.*

Sredzki bog von der Magistrale in die Schnellstraße ab. Nun noch eine halbe Stunde, und er war in seiner Trabantenstadt. Und er mußte nicht verzweifelt durch sein Wohngebiet kreisen, um einen Parkplatz zu finden, er nicht. Er drosselte das Tempo, lehnte sich entspannt zurück und ließ sich links und rechts überholen. Er war der einzige Privatfahrer, der so gelassen in seinem Wagen saß. Mit einem zufriedenen Lächeln registrierte er, wie die anderen die

Hände um das Lenkrad krampften und mit stierem Blick durch die Frontscheibe starrten.

Er verließ die Schnellstraße, lenkte das Minicar auf die mit breiten orangeroten Leuchtstreifen gekennzeichnete Sicherheitszone vor seinem Block, die für Polizei, Feuerwehr und Krankenwagen reserviert war, und stieg aus. Ein freundlicher Autofahrer wollte ihn mit Hupen und Gebärden darauf aufmerksam machen, wo er den Wagen abgestellt hatte, Sredzki winkte lächelnd zurück. Der andere schüttelte den Kopf. Sicher dachte er, er habe einen Verrückten vor sich; schließlich lernte jeder schon in der ersten Fahrschulstunde, daß Wagen, die hier unberechtigt abgestellt wurden, innerhalb von Sekunden automatisch identifiziert und wenige Minuten später abgeschleppt wurden, mehr noch, dem Fahrer drohte nicht nur eine drastische Geldstrafe, ihm wurde auch für alle Zeiten die Fahrerlaubnis entzogen. Sredzki blickte sich schnell nach allen Seiten um. Niemand sonst nahm Notiz von seinem Vergehen. Er wunderte sich, daß ihm überhaupt jemand Aufmerksamkeit geschenkt hatte.

– Gleichgültigkeit ist die Kehrseite der Enge, hatte Jean ihm erklärt, Isolation und Egozentrik sind die unvermeidlichen Folgen der Beengung, die uns bedrückt. Je mehr die anderen dir auf den Pelz rücken, desto mehr schottest du dich ab. Jean mußte es wissen, er war schließlich Soziobiologe.

Das kann nicht anders sein, hatte Jean erklärt. Vergiß nicht, trotz aller Zivilisation sind wir Menschen immer noch Säugetiere und schleppen, weiß Gott, mehr als genug aus unserer tierischen Vergangenheit mit uns herum. Was sind schon zehntausend Jahre gesellschaftliche Entwicklung gegen die zehn Millionen Jahre, in denen sich unsere Art herausgebildet hat? Und wie jedes Tier hat auch der Mensch das Bedürfnis nach einem unverletzbaren Umraum. Jedes Lebewesen trägt sozusagen ein unsichtbares Territorium mit sich herum, und auch wir haben das genetisch fixierte Bedürfnis, unser persönliches Territorium zu verteidigen. Wer dieses Schutzgebiet verletzt, wirkt auf uns als Aggressor. –

Sredzki hatte es überprüft, Jean hatte recht. Wenn einem jemand zu nahe kam, hatte man das Bedürfnis, ihn wegzuscheuchen. Oder vor ihm zurückzuweichen. Wie aber konnte man das in der Metro, im Lift?

– Du stehst Bauch an Bauch mit dem anderen, Auge in Auge, hatte Jean gesagt, ihr atmet euch sogar an, aber ihr könnt nicht zurückweichen, euch nicht mal wegdrehen: dort steht nur ein anderer. Was macht ihr? Ihr betrachtet den anderen als Unperson, als würdet ihr ihn nicht wahrnehmen – es sei denn, ihr kennt euch gut. Der andere existiert in diesem Moment nicht für dich. Nur so kannst du es ertragen, daß er in dein persönliches Schutzgebiet eingedrungen ist, ohne ihm in die Fresse zu schlagen. –

In jedem Punkt mußte er Jean recht geben. Selbst in der Wohnung des Freundes, in der er sich doch, weiß der Himmel, wie zu Hause fühlen durfte, fragte er automatisch, ob er mal Marianne anrufen dürfe, erklärte laut, daß er jetzt zur Toilette ginge ... Als Jean bei ihm zu Besuch war und ohne ein Wort der Erklärung aus dem Zimmer verschwand (mit Absicht, wie er dann erklärte, um ihm diesen Automatismus zu verdeutlichen), war Sredzki völlig verunsichert, und als Jean dann noch, ohne Erlaubnis einzuholen, an den Kühlschrank ging, fühlte er Wut in sich aufsteigen. Dabei hätte er Jean alles gegeben. Aber er hätte fragen müssen!

Ebenso im Restaurant. Man mußte um Erlaubnis fragen, wenn man bei jemandem am Tisch Platz nehmen wollte, dabei war der andere auch nur zahlender Gast. Selbst wenn der Kellner einen dort plazierte, fragte man automatisch: Sie gestatten? Als sich einmal ein junger Bursche ohne Frage, ohne Gruß zu Sredzki an den Tisch setzte, hätte er ihn am liebsten mit Fäusten fortgescheucht; der andere war nicht nur ein Flegel, sondern ein Feind, der ihn bedrohte.

– Wer zuerst ein Gebiet besetzt, hat dort gewisse Anrechte, erklärte Jean, als Sredzki ihm davon erzählte. Das ist uns Menschen in den Millionen Jahren der Entwicklung einprogrammiert worden, weil es für das Überleben unserer Art wichtig war. Schon einjährige Kinder verteidigen »ihr Territorium« auf dem Spielplatz. Das ist angeboren. Du kannst versuchen, deine Gefühle zu beherrschen, aber sie wirken trotzdem. Und so geht es uns heute ständig. Überall Enge, Bedrängnis; durch die Übervölkerung ist das Angustus-Problem allumfassend geworden. Übervölkerung führt bei allen Lebewesen zu Aggressionen. Selbst Kanarienvögel fallen dann übereinander her und zerfleischen sich mit den Schnäbeln. Jede Affenhorde zerfällt, sobald die Population eines Gebietes zu groß wird; die strukturierte, sozial gegliederte, hierarchisch geordnete Gemeinschaft bricht zusammen. Ein wilder Existenzkampf setzt ein, jeder gegen jeden, selbst die Jungen werden nicht mehr geschont; die von der Enge ausgelöste Existenzangst zerstört alle Tötungs- und Aggressionshemmungen. –

Und wir sind doch nicht so lange von unseren Vettern, den Affen, geschieden, hatte Sredzki gemeint.

– Du hast bestimmt mal von den Lemmingen gehört, diesen kleinen Wühlmäusen in Norwegen, sagte Jean, die sich alle paar Jahre zu Millionen ins Eismeer stürzen. In den Medien wird dann wieder über den »geheimnisvollen Selbstmordtrieb« der Lemminge berichtet. Ein Selbstmordtrieb? Quatsch. Die Ursache ist Enge. Wenn die Population in ihrem Gebiet zu groß wird, verfallen die Lemminge ihrem genetisch fixierten Wandertrieb, brechen auf, um neues Gebiet zu suchen, und da sie an Hängen siedeln, streben sie talwärts, behalten die einmal eingeschlagene Richtung stur bei, und wenn sie Pech haben, stoßen sie auf die Küste und stürzen ins Meer. Zum Glück besitzen wir Menschen keinen unbezwingbaren Wandertrieb. –

Wohin sollten wir auch aufbrechen, dachte Sredzki. Es

gab keine einsamen Gegenden mehr, selbst in Alaska und Sibirien war jeder bewohnbare Fleck besetzt.

– Nur wir Menschen können uns selbst umbringen, erklärte Jean, und es ist ein Wunder, daß die Selbstmordrate nicht noch viel höher liegt. Enge ist längst der gravierendste Streßfaktor. Andauernd verletzt jemand unsere instinktiv empfundene persönliche Schutzzone, steht so dicht neben dir, wie du es auf Dauer nicht einmal bei deiner Liebsten ertragen könntest. Wenn du nicht zu den oberen Zehntausend gehörst, zwingt man dich, deine ohnehin winzige Bude noch mit anderen zu teilen; der eine nimmt dir den Parkplatz vor der Nase weg, der andere den Stuhl in der Kantine ... aber wir sind ja zivilisiert, wir beißen den anderen nicht fort, wir verdrängen unsere Aggressionen. Wenn du Glück hast und kein introvertierter Typ bist, tobst du sie im Sport aus oder an deinen Untergebenen, deinen Kindern, deinem Partner. Wenn alle ihre Aggressionen ausleben würden, gäbe es nur noch Mord und Totschlag auf unserem Planeten. Ich frage mich immer wieder, warum nicht viel öfter Massenausbrüche erfolgen wie bei den Randalen auf den Sportplätzen oder Popveranstaltungen, warum es nicht viel mehr Banden gibt, die ihren Frust an anderen auslassen, viel mehr Paniken in den Metros und auf den Straßen. Aber die meisten schlucken Frust und Angst hinunter; eines Tages packt sie dann die Angustiase, und sie schlucken Pillen, um nicht wahnsinnig zu werden. Oder verfallen in Isolation, in quasiautistische Selbstabschirmung, nehmen die anderen nur noch zur Kenntnis, soweit es sie unmittelbar betrifft. Wundere dich nicht über die wachsende Gleichgültigkeit und den grassierenden Egoismus, mein Lieber, das sind natürliche Selbstschutzmechanismen. Es ist wie bei einem Tiefseetaucher: Je höher der Druck von außen wird, desto massiver muß dein Panzer sein, damit du überlebst. –

Sredzki nahm die Aktentasche aus dem Wagen und warf die Tür zu. Er schloß nicht ab, ließ sogar den Schlüssel im

Zündschloß stecken, holte das *tectabel* aus der Brusttasche, trat drei Schritte zurück, richtete das Gerät auf sein Minicar, drückte ab.

Ein undurchsichtiger Nebel schien sich um das Auto zu legen. Sredzki wußte aus langer Beobachtung, daß dieser Nebel, was immer das sein mochte, nicht von außen das Auto umhüllte, sondern in seinem Innern freigesetzt wurde, und seit ein paar Tagen glaubte er auch zu sehen, daß der Wagen in diesem Bruchteil einer Sekunde vom Dach aus schichtenweise – oder besser: zeilenweise? – abgetragen wurde. Zugleich schoß ein kaum wahrnehmbares Leuchten wie ein superdünner Laserstrahl aus dem Nebel in das *tectabel.* Im Nu lagen die orangeroten Leuchtstreifen der Sicherheitszone wieder verlassen da. Sredzki starrte noch einen Augenblick auf den leeren Beton, dann nahm er die Aktentasche und wandte sich ab.

Eines Tages würde er wissen, was in diesem Augenblick geschah und warum, jetzt mußte er sich damit begnügen, daß es funktionierte, daß sein Minicar nun in dem Hyperchip des *tectabel* gespeichert war. Und daß es morgen auf die umgekehrte Weise ebenso blitzschnell wieder materialisiert werden konnte, wann und wo auch immer er das *tectabel* in Gang setzte.

Er steckte das Gerät ein, schloß den Reißverschluß, überzeugte sich noch einmal, daß er tatsächlich geschlossen war und daß sich in der Tasche kein Loch befand. Eine schon automatische Geste, seit er damals das *tectabel* verloren hatte.

Er war so erschrocken gewesen, als er es bemerkt hatte, daß er in einem totalen Blackout auf den Teppich sank. Zum Glück erholte er sich schnell wieder, rannte los, fand das Gerät unbeschädigt im Treppenhaus, zwischen dem achten und neunten Stockwerk. Er mußte sich an die Wand lehnen, tief Luft holen, bis das Gefühl der Erleichterung einsetzte. Er hatte keine Angst um sein Auto gehabt, er besaß genügend Ersparnisse, um sich jederzeit ein neues kaufen zu können, und seit immer mehr Leute vom Parkplatzsyndrom befallen wurden und das Autofahren aufgeben mußten, wurden einem die Minicars ja geradezu nachgeworfen. Aber er mußte damit rechnen, daß der Finder das Gerät ausprobieren würde, sehen wollte, was er da gefunden hatte, und blind die Tastatur durchspielte ... Bei diesem Gedanken mußte Sredzki damals so laut lachen, daß die Leute sich nach ihm umdrehten. Er stellte sich vor, wie erschrocken der Finder sein mußte, wenn plötzlich ein Auto in seine Stube wuchs, den Tisch beiseite schob, die Schrankwand eindrückte.

Um nichts in der Welt durfte er das *tectabel* verlieren und damit die Hoffnung, durch seine Erfindung reich und berühmt zu werden. Er hatte seine Frau gebeten, Spezialtaschen in seine Jacken zu nähen, und er mußte sie erst überzeugen, statt des leichter zu verarbeitenden Klettverschlusses Reißverschlüsse zu nehmen. Er behauptete, die Taschen seien für einen noch geheimen Spezialcomputer, den sonst niemand im Institut besaß, und er ließ Marianne feierlich schwören, das Gerät nie zu berühren.

Trotz ihres Schwurs versteckte er das *tectabel*, sobald er in der Wohnung war. Marianne würde am Ende doch nicht der Versuchung widerstehen können, das Gerät einmal in die Hand zu nehmen und daran herumzuspielen, nicht nur, weil sie neugierig war, vor allem aus der Überzeugung, daß sie alles mindestens so gut konnte wie ihr Mann.

Sredzki hatte lange nach einem geeigneten Versteck gesucht. Die Wohnung war einfach zu klein, jeder Zentimeter genutzt. Dann erinnerte er sich daran, daß sie vor drei Jahren eines der Ostereier wochenlang nicht gefunden hatten – Marianne bestand darauf, die traditionellen Feste auch auf traditionelle Weise zu feiern. Jedes Jahr mußten Ostereier bemalt und versteckt werden, mußten am Nikolaustag die Schuhe geputzt hinter der Tür stehen, und am Morgen sprang Marianne, ganz gegen ihre Gewohnheit, aus dem Bett, um nachzusehen, was »ihr Nikolaus« dieses

Jahr in ihren Schuh gesteckt hatte. Natürlich gab es einen Weihnachtsbaum, wenn die Sredzkis sich auch nicht – noch nicht! – einen richtigen Baum leisten konnten, sondern nur einen aufblasbaren aus Plast, der nach dem Fest wieder zusammengerollt und auf den Hängeboden gepackt wurde. Marianne war nur durch sein eindeutiges Veto davon abzuhalten gewesen, einen Weihnachtsmann zu engagieren; auch seine Argumentation, heutzutage dürfe man nicht einmal mehr dem Weihnachtsmann trauen, hatte sie nicht überzeugt. Dabei war ein Weihnachtsmann doch eine geradezu ideale Möglichkeit, fremde Wohnungen auszukundschaften, um sie später auszurauben.

Das Osterei fanden sie schließlich ganz unten im Korb mit der Flickwäsche; vielleicht läge es heute noch dort, wenn es nicht angefangen hätte, entsetzlich zu stinken. Doch Sredzki verwarf das Versteck im Wäschekorb schon zwei Tage später. Marianne war unberechenbar in ihrem Eifer, die Mini-Wohnung maximal umzuräumen, weil, wie sie erklärte, wenn Sredzki aufmuckte, sie in dieser Karnickelbuchte wahnsinnig würde, wenn sie nicht wenigstens alle paar Wochen etwas veränderte. Es war nicht auszuschließen, daß sie eines Tages auf die Idee kam, die Flickwäsche in einen anderen Behälter umzuquartieren. An den Hängeboden jedoch ging sie nie mehr, seit sie einmal mit der Hand in eine Kolonie von Schaben gefaßt hatte.

Also lüftete Sredzki jetzt jeden Abend kurz die Klappe des Hängebodens und legte das *tectabel* hinein, sozusagen im Vorübergehen; um in der niedrigen Wohnung überhaupt einen nennenswerten Hängeboden unterbringen zu können, hatten sie ihn direkt auf die Türrahmen gesetzt. Sredzki berührte ihn mit den Haarspitzen, und Jean mußte den Kopf einziehen, wenn er zu Besuch kam.

Der Vorraum seines Wohnsilos war wie üblich gedrängt voller Leute, die auf einen Platz in einem der Lifts warteten. Sredzki stellte sich nirgends an, sondern drängelte sich zum Treppenhaus durch. Dabei wäre es so einfach, dachte er: Ein Druck auf das *tectabel*, und die Leute verschwänden, er könnte sofort einsteigen, sogar einmal ganz allein in einem Lift fahren. Und wenn er die Leute, kurz bevor die Tür des Fahrstuhls sich schloß, wieder aus dem Chip freiließ, würden sie nicht einmal ahnen, daß sie für eine halbe Minute verschwunden gewesen waren, nur ...

Das *tectabel* funktionierte bei jeder Art von Metall und Kunststoff, doch bei Gegenständen aus Holz gab es irreparable Deformationen, und Lebewesen, überhaupt jede Form organischer Materie, wurden von dem *tectabel* zwar geschluckt, jedoch nie wieder herausgegeben.

Er hatte mit Jean darüber gesprochen – mit wem sonst? Jean war sein bester Freund. Trotzdem verriet Sredzki ihm nicht das Konstruktionsgeheimnis. Wem konnte man noch vertrauen, wenn es um eine derartige Erfindung ging! Sredzki gestand sich, daß er nicht einmal für sich selbst die Hand ins Feuer legen könnte, wenn ein anderer das *tectabel* erfunden hätte: Die Versuchung war zu groß. Aber mit irgend jemand mußte er darüber sprechen, und Jean war Biologe. Vielleicht gelang es ihnen gemeinsam, das Problem der Speicherung organischer Materie zu lösen.

Jean war begeistert. Das wäre die Lösung des Angustus-Problems! Man müßte nicht länger darauf bauen, daß die Bevölkerungszahlen eines fernen Tages durch die ohnehin sinkenden und durch die drastischen Gesetze noch künstlich niedrig gehaltenen Geburtenzahlen und die hohe Sterberate auf ein erträgliches Niveau sanken, man könnte auf der Stelle das Problem der Übervölkerung lösen, indem man die Menschheit in tageweise lebende Portionen aufteilte, wie er es einmal in einem Science-fiction-Roman gelesen hatte, sie mit einem Schlag vierteln, achteln, sogar auf ein Prozent jeweils real existierender Menschen reduzieren.

Sredzki war natürlich selbst schon auf diese Idee gekommen, und insgeheim sah er sich längst als Retter der Menschheit, als eines der Genies, die in allen Geschichtsdateien verzeichnet waren. Oft träumte er vor dem Einschlafen von der Zeremonie in Stockholm, stellte sich vor, wie er den Nobelpreis verliehen bekam. Es war in der Tat eine geniale Lösung: Die einen leben montags, die anderen dienstags ... und alle befreit von den Kümmernissen der Angustiase, eine nicht nur praktische, sondern auch ästhetisch höchst befriedigende Lösung, genügend Raum für alle, große Wohnungen – die man allerdings an den anderen Tagen mit anderen teilen mußte –, endlich ausreichend Urlaubsplätze, Platz in jedem Bus, jeder Metro. Bei den Verkehrsmitteln könnte man sogar einsparen, wenn die Benutzer sich beim Einsteigen von einem Beamten tectabeln ließen und erst am Ziel wieder Gestalt annahmen. Hunderttausende fänden Platz in einem einzigen Flugzeug, auch die Raumfahrt wäre nicht länger die Sache weniger Experten, jedermann könnte auf diese Weise zu den entferntesten Sternen reisen, und man müßte nicht einmal Sauerstoff und Nahrung mitnehmen ... Möglichkeiten über Möglichkeiten.

Sicher würde eine völlig neue Gesellschaftsform entstehen, eine Klassengesellschaft aus unterschiedlich Lebenszeitberechtigten, und sosehr Sredzki jetzt immer gegen die Bonzen und die Obzen – die oberen Zehntausend – wetterte, dann war er für eine strikt hierarchisch geordnete Gesellschaft, denn als der Erfinder würde er natürlich zur obersten Klasse gehören, zu der Handvoll, die Tag für Tag real existieren durften. Noch aber war es nicht soweit.

Sredzki experimentierte eifrig, veränderte die Speicherkapazität, das Material der Chips, die Koordinaten des Memory-Systems, variierte die Module des datapac: bisher ohne jeden Erfolg. Solange er nicht wußte, wie das *tectabel* funktionierte, blieben es blinde Schüsse in eine Blackbox. Warum, zum Teufel, schluckte das *tectabel* anstandslos einen Drehkran, nicht aber eine Fliege? Das heißt, es schluckte sie schon, sogar einen Elefanten – Sredzki hatte es ausprobiert.

Noch heute war es für die Leute vom Zoo ein unlösbares Rätsel, wie ihr tonnenschwerer Elefant von einer Sekunde zur anderen aus seinem Gehege verschwinden konnte, sich in Luft auflöste. Vor den Augen der Besucher! Das »Geheimnis des Elefanten« hatte wochenlang alle Boulevardzeitungen und Fernsehmagazine beherrscht, Experten aller Fachrichtungen wurden um ihre Meinung gebeten, die absurdesten Theorien ausgesprochen. Am längsten hielt sich die Vermutung, Außerirdische hätten den Elefanten entführt, denn keine irdische Kraft hätte den Koloß verschwinden lassen können. Niemand ahnte, daß Sredzki den Elefanten in der Jackentasche davongetragen hatte, daß der Chip jetzt bei ihm auf dem Hängeboden lag. Sredzki hoffte ja, daß das *tectabel* den Elefanten eines Tages wieder ausspucken würde, und er dachte oft daran, wo er das dann geschehen lassen sollte, beispielsweise in einer Sitzung der Direktion, direkt auf dem großen Eichentisch.

Sogar einen achtzigstöckigen Betonklotz fraß das *tectabel* anstandslos, Sredzki hatte nachts auf der Baustelle der neuen Trabantenstadt experimentiert. Beton wurde ohne jede Veränderung wieder materialisiert. Manchmal überkam ihn die Lust, den Wolkenkratzer der UNICIM in seiner Tasche verschwinden zu lassen. Oder dem Direktor den Sessel unter dem Hintern wegzuzaubern. Oder als Zauberer aufzutreten: die sensationellste Magier-Show aller Zeiten. Doch er mußte jedes Aufsehen vermeiden, solange er das Patent noch nicht besaß.

In der siebzehnten Etage machte Sredzki seine gewohnte Pause. Nicht nur, weil er von Herzrasen und Seitenstichen geplagt wurde – die weiteren sechs Stockwerke wollte er gelassen und mit entspannter Miene bewältigen. Hier oben, wo der Strom der Bewohner sich schon stark verdünnte, lauerten oft Skins, um ihre Frustrationen durch das Verprügeln und Ausrauben wehrloser Mieter abzureagieren. Meistens lungerten sie nur herum und rauchten Marihuana, machten zotige Bemerkungen, blickten nur finster drohend und amüsierten sich über die verängstigten Passanten. Irgendwann aber – bislang konnten auch die Psychologen nicht hinter den Mechanismus kommen, der die Gewalt auslöste – stürzten sie sich plötzlich auf einen, griffen ihn offensichtlich wahllos heraus und machten ihn fertig. Sredzki hatte nicht die Absicht, jemals Opfer der Skins zu werden, die Treppen hinunterzustürzen, mit zerschlagenen Gliedern im Krankenhaus zu landen. Aber er schloß sich keinem der Mieterkonvois an, die im Ernstfall doch keinen Schutz gewährten, im Gegenteil, er wartete in einer Ecke, preßte sich gegen die Wand und zog den Bauch ein, um den Verkehr nicht zu behindern. Als er einen Augenblick der einzige im Treppenhaus war, zog er das *tectabel* heraus und stieg vergnügt pfeifend weiter.

Tatsächlich lungerten Skins auf der Plattform der zwanzigsten Etage. Ihre verbiesterten Gesichter, die verkniffenen Mienen, die fahrigen Bewegungen, mit denen sie an den Joints zogen, verrieten, daß sie heute noch kein Opfer gefunden hatten. Sie standen in Doppelreihe, versperrten den Weg, blickten Sredzki drohend an. Er zögerte nicht den Bruchteil einer Sekunde, hörte nicht auf zu pfeifen, ging stur drauflos.

Er mußte das *tectabel* nicht benutzen, sein unbekümmertes Lächeln brach die Barriere auf, die Skins machten bereitwillig Platz. Offensichtlich hatten sie ein Gespür dafür, wen sie ungestraft behelligen durften und wen nicht, und Sredzki strahlte die Siegesgewißheit eines Supermans aus – er hatte diese Miene sorgsam im Fernsehen studiert und lange vor dem Spiegel geprobt. Vielleicht aber erkannten sie ihn auch, wußten, daß er irgendwie mit dem Verschwinden der Skin-Bande vor einem halben Jahr zu tun hatte. Sredzki glaubte damals, hastige Schritte über sich gehört zu haben. Die sechzehn Skins lagen nun neben dem Elefanten in der kleinen Blechschachtel, in der Sredzki seine Chips aufbewahrte.

Ja, das *tectabel* war eine furchtbare Waffe. Mit einem

Karton solcher Geräte konnte man ganze Armeen spurlos verschwinden lassen, konnte sogar die Waffen anschließend wieder materialisieren und weiterverwenden. Dieser Gedanke machte Sredzki Sorgen: Würde man ihn nicht auf der Stelle als Staatsgeheimnis unter Verschluß nehmen? War es nicht besser, seine Erfindung, selbst wenn er das Problem der Rematerialisation von Lebewesen gelöst hatte, weiter geheimzuhalten, sie erst im hohen Alter zu präsentieren, um noch in den Genuß all der Ehrungen zu kommen, davor aber nur privat zu nutzen? Zum Beispiel, um Marianne gelegentlich für ein paar Stunden aus dem Verkehr zu ziehen.

Er liebte seine Frau. Jetzt, nach zehn Jahren, fast noch mehr als in den Flitterwochen. Aber Marianne, das konnte man selbst bei der größten Liebe nicht übersehen, war oft lästig. Sie ließ ihm keine Ruhe, keine Zeit, die er unbeaufsichtigt verbringen konnte, selbst die Zeit für seine Erfindung mußte er sich mit Lügen stehlen. Marianne wollte, daß sie die Stunden, die sie beide zu Hause waren, ungeteilt verbrachten, Seite an Seite, am liebsten Körper an Körper, selbst beim Rätselraten, Fernsehen, Lesen, Schwatzen. Wenn sie in der Kochnische oder im Bad zu tun hatte, ließ sie die Tür offen, um ihn jederzeit ansprechen zu können, und was immer sie ihm mitzuteilen hatte, er sollte es sich auf der Stelle und ohne Zeichen von Ungeduld oder Unaufmerksamkeit anhören. Marianne erwartete auch, daß er sich an alles, was sie betraf, erinnerte. Aber Sredzki fühlte sich nicht nur in seiner Geduld und seinem Gedächtnis überfordert, auch körperlich: jeden Tag, und oft nicht nur einmal, und immer dasselbe …

Er konnte sich ein Leben ohne Marianne nicht vorstellen, zugleich aber fragte er sich zunehmend, ob sie tatsächlich noch immer die ideale Partnerin war. Damals gewiß, aber Menschen verändern sich. Das hatte der Computer nicht berücksichtigt.

Sie hatten sich per Computer kennengelernt, durch das

»IDEAL Partnerstudio«. Sredzki studierte noch, als er glaubte, nicht länger ohne Frau leben zu können. Flüchtige Bekanntschaften und gelegentliche Abenteuer befriedigten ihn nicht, er hielt nichts von »Safer Sex«. Also holte er sich den Fragebogen der IDEAL und füllte ihn penibel aus, nannte korrekt seine bisherigen Daten, zählte selbst die Schnupfen auf, brachte die genetischen Gutachten bei, nannte seine Gewohnheiten, spezifiziert nach entbehrlichen und wahrscheinlich unabdingbaren, seine Vorlieben und Abneigungen auf allen Gebieten, vom Essen über Kleidung, Kultur und Freizeit bis zum Sex – dieser Bereich umfaßte ein besonders umfangreiches Dossier, war bis ins kleinste detailliert. Sredzki kreuzte getreulich an, was ihm gefiel, zur Sicherheit machte er ein paar Kreuze mehr: dort, wo er zwar noch keine Erfahrungen hatte, aber dachte, daß es ihm Spaß machen könnte. Dann ließ er sich im Videostudio der IDEAL aufnehmen, agierte eine Stunde lang vor der Kamera, posierte in Kleidung und nackt, in Totale und Großaufnahme, sprach die noch unbekannte ideale Partnerin mit ein paar Sätzen an, las ein Stück aus seinem Lieblingsroman, rezitierte sogar ein Gedicht, zahlte den horrenden Beitrag und wartete geduldig.

Charles, sein Freund und Zimmergenosse in der Studienzeit, nannte ihn einen Narren, weil er freiwillig alle Daten preisgab, sogar die intimsten. Ob er denn nicht Angst habe, sie würden auf der Stelle an die Dateien der Polizei, zumindest der Geheimdienste überspielt? Sredzki hatte lachend abgewinkt. Warum sollte ein Geheimdienst an ihm interessiert sein? Und wenn, würde er sich die Daten auch so beschaffen können. Aber nicht so leicht, meinte Charles, nicht so detailliert: Man sollte diesen Vereinen die Arbeit nicht noch leichter machen. Tatsächlich wurde Sredzki nach der Diplomprüfung angesprochen, er habe doch eine Vorliebe für fremde Länder, ob er nicht als Außenmitarbeiter ...? Selbst daß er nun behauptete, nicht alles richtig angekreuzt zu haben, er sei bisexuell veranlagt, half nichts. Im Gegenteil, man sagte, das sei nur nützlich. Sredzki blieb nichts anderes übrig, als dem Drängen nachzugeben und sich dem Trainingsprogramm zu unterwerfen, und ihn rettete nur, daß er den Computer überlistete und einen unverantwortlich hohen Grad an Vergeßlichkeit simulierte.

Daß ein zu dieser Zeit idealer Partner es nicht auf Dauer bleiben mußte, davor hatte Charles ihn nicht gewarnt. Und Sredzki hatte sich verändert, natürlich auch Marianne. Aber während sie das in den ersten Jahren gemeinsam erlebten, sich unbewußt an die Veränderungen gewöhnten, merkte er seit längerem, genauer, seit der Erfindung des *tectabel*, daß sich eine Kluft zwischen ihnen auftat. Nun, es war noch keine unüberbrückbare Kluft, das würde es sicher auch nie werden, aber doch ein Spalt. Er spürte doch seine wachsende Ungeduld gegen ihre Bemutterung. Marianne war, so hatte Jean ihm erklärt, der Typ der »Obermutter«, die sich an Stelle des fehlenden Kindes auf ihren Partner stürzte. Sredzki empfand zunehmend Unbehagen, daß sie ihn derart umklammerte, ihm keinen Freiraum gewährte – auch selbst keinen haben wollte.

Sredzki hatte wiederholt vorgeschlagen, sie sollten sich wenigstens einen Abend im Monat nicht sehen, getrennt etwas unternehmen, vergeblich. Er hatte auch immer öfter den Wunsch, wenigstens einmal mit einer anderen Frau zu schlafen. Er glaubte nicht, daß es doch immer dasselbe war; eine andere würde ihm vielleicht diesen oder jenen seiner Wünsche erfüllen, die Marianne ihm mit dem spöttisch vorgetragenen, aber ernstgemeinten Hinweis auf das fehlende Kreuz in den Listen der IDEAL abschlug. Als ob sie bei den wenigen Varianten geblieben wäre, die sie damals angekreuzt hatte. In diesem Punkt jedoch blieb Marianne eisern, sie machte nichts, worauf sie nicht selbst Lust verspürte, das allerdings in einer Vollendung, die Sredzki, wie er sich eingestand, wohl für alle Zeiten an ihr Bett fesselte. Doch jetzt, da endlich ein Impfstoff gegen AIDS auf dem Markt war, könnte er getrost einen Seitensprung riskieren. Wenn Marianne ihm Zeit ließe.

Sei doch froh, meinte Jean, als Sredzki ihm sein Leid klagte, ich wäre überglücklich, wenn ich nur halb soviel Zuwendung bekäme.

Ich auch, erwiderte Sredzki. Wenn es nur die Hälfte wäre!

Jean litt darunter, daß seine Frau ihm zuwenig Aufmerksamkeit schenkte, daß sie ihn nur beachtete und einkalkulierte, soweit es sie selbst interessierte, daß sie für seine Bedürfnisse kein Ohr hatte.

– Er verstünde es zwar, aber er leide trotzdem darunter, hatte Jean erklärt. Du glaubst gar nicht, wie viele Menschen unter der sogenannten Partnerkälte leiden. Wie sollte es anders sein, die Familie war schon immer ein Spiegelbild der Gesellschaft. Wir haben mit immer mehr Menschen zu tun, aber wir kennen immer weniger. Die meisten treten für uns nur als eine Funktion auf. In früheren Zeiten kannte man jeden in seinem Dorf, in seiner Straße; man kannte den Bäcker beim Namen, den Briefträger, die Verkäuferin, wußte von ihrem Leben, kurzum, man existierte für den anderen als Persönlichkeit. Heute sind die meisten, mit denen wir es zu tun haben, zur Funktion degradiert: jemand, der das Geld kassiert, jemand, der die Post in den Kasten steckt, jemand, der dir ein Paar Schuhe verkauft ... Und für meine Frau existiere ich leider auch nur als eine Funktion von ihr. Das ist viel frustrierender als bei dir. Ich würde auf der Stelle tauschen. –

Vielleicht würde Jean es tatsächlich, dachte Sredzki jetzt, da er auf dem letzten Treppenpodest vor seiner Etage noch einmal Rast machte, um nicht keuchend, nach Atem ringend, die Wohnung zu betreten. Er hatte Angst vor Mariannes überbordender Fürsorglichkeit, wenn sie dachte, er sei krank, und er verheimlichte ihr, daß er, wenn er allein war, nicht den Fahrstuhl benutzte.

Jean hatte nicht nur einmal eine Andeutung gemacht,

gewiß, nur flapsige und sicher nicht ernst gemeinte Bemerkungen, wie gut es Sredzki doch in seinen wohligen Bergen habe, er dagegen müsse sein Dasein in tristen Ebenen fristen. Sredzki hatte sogar überlegt, ob ihm ein gelegentlicher Partnertausch gefallen würde. Jeans Pauline glich so gar nicht seiner einst bekundeten Idealfrau, doch offensichtlich hatte sich auch sein Geschmack verändert. Er spürte keine Abneigung bei dem Gedanken, einmal in Paulines Ebenen zu ruhen, hatte auch keine Angst vor ihrer »Partnerkälte«; nach Mariannes verschlingenden Umarmungen mochte das eine wohltuende Alternative sein. Er hatte sogar versucht, mit Pauline zu flirten, aber sie war eisig abweisend, und da begann er Jean zu verstehen. Er beobachtete, wie Jean Marianne anblickte, glaubte eine Zeitlang sogar heimliche Blicke des Einverständnisses zwischen den beiden zu bemerken. Dann verwarf er diesen Gedanken wieder. Selbst wenn Jean es wollte, Marianne gewiß nicht. Eine andere Frage jedoch quälte ihn seitdem: Wieweit konnte er Jean eigentlich vertrauen?

Er hatte weniger Angst, daß Jean ihm die Frau, als daß er ihm das *tectabel* wegnehmen könnte. War die Versuchung, es zu besitzen, nicht selbst für den besten Freund übermächtig groß?

Sredzki entschied, daß er nicht einmal Jean dieser Versuchung ausliefern durfte, und verriet ihm nicht, wie er es vorgehabt hatte, wo er das Gerät versteckte, wenn er es nicht bei sich trug. Er fand sich lieber mit der Tatsache ab, daß es erst einmal verlorenging, wenn er eines Tages einem Unfall oder einem Infarkt zum Opfer fiele. Warum eigentlich sollte er sich Sorgen machen, was mit dem *tectabel* geschah, wenn er nicht mehr lebte? Jetzt jedoch gab er das Gerät nie aus der Hand. Wenn sie gemeinsame Versuche machten, durfte Jean die Anordnung treffen, das *tectabel* jedoch bediente Sredzki. Und Jean war nicht beleidigt über dieses offensichtliche Mißtrauen, er lobte Sredzki sogar für sein Verantwortungsbewußtsein, das nicht einmal vor dem besten Freund haltmachte. Konnte nicht, wer das *tectabel* besaß, die Welt beherrschen, wenn er nur bedenkenlos und gewissenlos genug war?

Sredzki spürte jedesmal, wenn er daran dachte, die ungeheure Verantwortung, die auf ihm lastete. Mit dem *tectabel* konnte man umbringen, wen man wollte, ohne überhaupt in Verdacht zu geraten. Einfach beseitigen. Die ideale Waffe für jeden Staatsstreich. Oder gar die Mafia. Ein gewissenloser Schurke könnte heimlich eine Produktion der Geräte aufziehen und mit einer kleinen Schar ergebener Halunken – denen er ja alle Schätze dieser Welt versprechen konnte! – die Macht an sich reißen. Sogar über die ganze Erde. Wer sollte seinen Leuten widerstehen?

Auch diesen Aspekt hatte Sredzki mehr als einmal erwogen, und er war jedesmal zu dem Schluß gekommen, daß er nicht nach der Macht greifen wollte. Er war nicht der Typ dafür. Nicht gewissenlos und brutal genug. Auch Jean nicht.

Wenn Jean dreist auf seine Marianne scharf sein sollte, er brächte es nicht fertig, ihn aus dem Weg zu räumen, obwohl das mit dem *tectabel* ein Kinderspiel wäre. Eine Gelegenheit, es in die Hand zu bekommen, fand sich allemal, wenn Jean es nur wollte. Aber Sredzki kannte doch seinen Freund, der war viel zu weich, um auch nur einer Fliege ein Haar zu krümmen. Jean mußte jedesmal die Tränen unterdrücken, wenn sie ein Tier eingespeichert hatten und das *tectabel* sich weigerte, es wieder herauszugeben. Selbst bei Ratten bestand er darauf, daß Sredzki die Chips aufhob.

Jean könnte nie das *tectabel* auf einen Menschen richten. Selbst wenn er es sich vornähme, würde er in der entscheidenden Sekunde einen Heulkrampf bekommen und nicht abdrücken. Er würde es nicht einmal fertigbringen, Sredzki für eine Stunde zu tectabeln, wenn das Gerät schon organfertig wäre, um ungestört mit Marianne zu flirten.

Er hätte es auch gar nicht nötig, dachte Sredzki jetzt,

steckte das *tectabel* in die Tasche und zückte das Schlüsselbund. Sowohl Jean wie Marianne arbeiteten in der Frühschicht und hätten jeden Nachmittag sturmfreie Bude, mehr als genug Zeit für ein Techtelmechtel.

Marianne eilte herbei, sobald sie ihn hörte, und in dem engen Flur hatte Sredzki keine Chance, ihr auszuweichen. Sie umarmte ihn, küßte ihn ab, als hätten sie sich seit Wochen nicht mehr gesehen, und Sredzki dachte, während er in ihren Brüsten versank, wie gut es jetzt täte, sie für eine Stunde verschwinden zu lassen, sich in den Sessel zu setzen, die Beine von sich zu strecken und einfach vor sich hin zu dümmeln.

Marianne zog ihm die Jacke aus und hängte sie an die Flurgarderobe, dann zog sie ihn ins Zimmer, drückte ihn auf das Sofa und umschlang ihn erneut. Sredzki erwiderte halbherzig die Kußkaskaden, streichelte ohne Lust ihren Rücken. Endlich ließ sie von ihm ab, drückte ihn ein Stück von sich, hielt ihn aber an den Oberarmen fest und lächelte triumphierend.

»Der Kaffee wartet schon«, sagte sie, »und – du wirst es nicht erraten! – Stachelbeerkuchen. Mit Sahne.«

Sredzki wartete ein paar Sekunden hinter der Tür, um ihr Zeit zu lassen, in der Kochnische zu verschwinden, dann schlich er sich auf den Flur, um das *tectabel* zu verstecken. Er faßte in seine Jacke und erstarrte. Der Reißverschluß stand offen. Das Gerät war nicht da.

»Suchst du etwas?« Marianne steckte den Kopf aus der Kochnische und schmunzelte.

»Ja, ich, das, mein ...«, stotterte Sredzki.

»Das hier etwa?« Sie holte das *tectabel* hinter dem Rükken hervor.

»Vorsicht!« schrie Sredzki. »Leg es ganz, ganz vorsichtig hin, ja?«

»Warum du dich nur so damit hast«, maulte sie. »Das ist schließlich kein Revolver, oder?«

»Schlimmer«, sagte Sredzki. »Bitte, leg es weg.«

»Hände hoch!« rief sie vergnügt. Dann lachte sie, laut und lange. »Du mußt mir nicht länger etwas vormachen, Liebster, ich weiß jetzt, was das ist. Jean hat es mir verraten. Damit wirst du bestimmt viel Geld verdienen: ein Potenz-Potenzierer! Ich hatte mich schon gewundert, du warst in der letzten Zeit so – so eifrig. Auffallend fleißig. Du weißt, was ich meine.«

Konkurrenzverhalten, das Wort schoß ihm ins Gehirn. Jean hatte es unlängst benutzt. Sobald ein neuer Hirsch im Revier auftaucht, wird selbst der müdeste Platzhirsch munter.

»Tu mir einen Gefallen«, bat er. »Berühre die Tasten nicht, leg das Gerät ganz vorsichtig ...«

»Ganz im Gegenteil«, unterbrach sie ihn fröhlich. »Heute sollst du besonders fleißig sein. Ich drücke gleich zweimal. Nein, besser dreimal. Das wird eine himmlische Nacht.«

Duffins Abschied

Mochte der Teufel aus dem Alten klug werden, dachte Gregory Parsons. Der Alte hatte die Lehne seines Sitzes heruntergelassen, lag mit geschlossenen Augen, die Hände hinter dem Kopf verschränkt. Und lächelte!

Parsons korrigierte den Rückspiegel, so daß er Duffin beobachten konnte, ohne die Aufmerksamkeit für den Verkehr zu vernachlässigen. Der zweite Innenspiegel war Duffins Idee gewesen. »Ich will dich sehen, wenn ich mit dir rede«, hatte Duffin erklärt, »ich hasse es, wenn ich meinem Gesprächspartner nicht in die Augen sehen kann.«

Beobachten, hatte Parsons ihn insgeheim berichtigt, belauern, das Mienenspiel kontrollieren, die winzigsten Anzeichen für einen Widerspruch zwischen Worten und Mimik erkennen, ein verräterisches Zucken, den Ansatz zu einem dann unterdrückten Lächeln, das Spiel der Zungenspitze hinter zusammengekniffenen Lippen, das unbewußte Anfeuchten der Lippen, weil der Mund vor Erregung austrocknete ... Duffin war ein legendärer Vernehmer. Und ein nicht zu hintergehender Vorgesetzter. Zumindest, wenn man ihm gegenübersaß.

»Wie haben die Leute das früher nur ausgehalten«, meinte Duffin, »als es noch kein Videophon gab? Worte und Tonfall sind doch nur die halbe Wahrheit, so leicht zu verstellen; aber kein Mensch kann auf Dauer mit dem ganzen Gesicht lügen.«

Duffins Gesicht verriet jetzt unverhohlene Zufriedenheit.

Wieso nur, dachte Parsons. Der Alte hatte doch gerade die schlimmste Schlappe seines Lebens erlitten, war öffentlich gedemütigt worden, öffentlicher ging es nicht mehr:

der legendäre Duffin, dessen Name alle Welt, zumindest die Welt der Geheimdienste kannte, vor laufender Kamera blamiert! Und seit gestern abend dürfte tatsächlich jeder Mensch auf der Erde Duffin kennen; alle Fernsehstationen hatten den sensationellen Streifen ausgestrahlt, alle Zeitungen Bilder gebracht, jeder Rundfunksender darüber berichtet.

Parsons war zutiefst erschrocken, als die Vorankündigung über den Bildschirm flimmerte, mehrfach wiederholt, bei sämtlichen amerikanischen Fernsehstationen. Keine wollte es sich entgehen lassen, diese Sensation sofort nach Verstreichen der Sperrfrist zu bringen, zur besten Sendezeit. Parsons hatte sie im CBS verfolgt und vom Videorecorder die Konkurrenzberichte der NBC und ABC, von ABN und BBS aufzeichnen lassen; überall dieselbe Aufnahme, die der Kameramann des FBI gefilmt hatte, dann aber unterschiedliche Kommentare und Berichte über die beiden »Hauptdarsteller«: Duffin und Ehrlichman. In einem Punkt jedoch waren sich alle Sender einig, auch das kanadische Fernsehen, das die Videoaufnahme nur gekürzt und ohne ausführliche Vita der beiden mit einer viertelstündigen Verspätung brachte: Es war die absolute Top-Sensation des Jahres, wenn nicht des Jahrhunderts. Und Duffin lächelte.

Wie hatte dem Alten das nur passieren können? Parsons hatte immer heftig widersprochen, wenn einer im Amt durchblicken ließ, Duffin würde langsam zu alt für seinen Job, hätte getrost die übliche Pensionierungsfrist einhalten, nicht noch bis Fünfundsechzig weiterarbeiten sollen. Er arbeitete schließlich eng mit dem Alten zusammen, und er hatte nie den Eindruck gehabt, daß Duffin seinem Posten nicht mehr voll gewachsen wäre. Es gab keine Anzeichen von verzögerten Reaktionen oder mangelndem Überblick, keine der vielen möglichen Anzeichen von Verkalkung; Duffins Gedächtnis war nach wie vor unübertroffen, auch das Kurzzeitgedächtnis, das im Alter ja zuerst nachläßt.

Warum hatte Duffin sich überhaupt selbst auf die Reise begeben? Er mußte doch damit rechnen, daß jeder Geheimdienstmann in den Staaten und jeder FBI-Beamte, wahrscheinlich sogar jeder Ortspolizist, sein Gesicht kannte. Duffin war schließlich schon zu Lebzeiten zur Legende geworden; überall wurden die Geheimdienstleute an Beispielen geschult, die man dem Alten zuschrieb, denn Genaues wußte niemand über Duffins Aktionen. Sein Leben war ein Weg ohne exakt definierbare Spuren, selbst sein Name war von Geheimnis umwittert: Montague Duffin de Montpellier. Das Duffin, so munkelte man, sei ein kanadisch verballhornter Dauphin,* Duffin mithin direkter Abkomme der französischen Könige, eines Prinzen, der den Wirren der Großen Französischen Revolution entkommen und nach Kanada geflohen sei. Duffin hatte Parsons einmal lachend die Wahrheit anvertraut: kein Adelssproß, sondern im Gegenteil das Kind einer armen Familie. Die Duffins waren zwar aus Frankreich zugewandert, aber einfache Holzfäller, und das »de Montpellier« stammte daher, daß es mehrere Familien Duffin in der neuen Heimat gegeben hatte, so daß man sie nach den Dörfern unterschied, und seine Vorfahren waren eben die Duffins aus Montpellier, einem winzigen Nest in den Bergen, das längst nicht mehr existierte.

Ein echter Prinz hätte nicht bekannter sein können. Bei jeder nur halbwegs passenden Gelegenheit geisterten die sieben Bilder, die von Duffin existierten, durch die Medien, drei davon aus der jüngsten Zeit: bei der Beerdigung seines Bruders, bei der Verleihung der Ehrendoktorwürde durch die Universität Toronto und anläßlich eines Empfangs für den Ministerpräsidenten der Europäischen Union. Parsons war sicher, daß alle Grenzcomputer in sämtlichen Staaten der Erde diese Bilder eingespeichert hatten. Wo und unter welchem Namen auch immer der Alte eine Grenze überschritt, er wurde im Nu identifiziert,

* Dauphin – Bezeichnung für den französischen Thronfolger

und eine Sekunde später liefe die Nachricht dann über alle Monitore: Duffin ante portas!

Hatte Ehrlichman darauf bestanden, nur mit Duffin persönlich zu verhandeln? Einem Ehrlichman mußte man jeden Wunsch erfüllen. Wer hätte das gedacht: Jeremias Ehrlichman, der langjährige Chef des persönlichen Stabes des US-Präsidenten – ein Spion! Klar, daß diese Enthüllung sämtliche Fernsehprogramme änderte.

Und er hat es nicht einmal geleugnet, dachte Parsons. Ehrlichman hatte nicht einmal sonderlich überrascht gewirkt, als man ihn beim trauten Tête-à-tête mit dem Chef der kanadischen Auslandsspionage ertappte. Ja, er war bleich geworden, man konnte richtig sehen, wie das Blut aus den Wangen wich, wie die Lippen blaß wurden; und er hatte stocksteif dagesessen, sich nicht einmal ansatzweise gewehrt, als der FBI-Mann in seine Taschen griff, hatte mit verkniffenen Lippen starr geradeaus gesehen, als der FBI-Beamte das Schreiben hervorzog und auseinanderfaltete, es ungläubig studierte, Ehrlichman anblickte, dann noch einmal das Blatt, das inzwischen alle Welt mit eigenen Augen hatte sehen können, ein amtliches Schreiben, in dem der CSS* Mister Jeremias Ehrlichman die Beförderung zum Colonel mitteilte. Dieses Schreiben war eine haarsträubende Dummheit, eine Verletzung der elementaren Regeln des Geheimdienstes gewesen. Duffin schien vor Schreck erstarrt, als der FBI-Mann ihm das Papier vor die Nase hielt. Und kreidebleich, als Ehrlichman dann aufsprang, Haltung annahm und sein Statement direkt in die Kamera abgab: »Ich bin kanadischer Staatsbürger und Colonel des CSS, ich werde keine weiteren Erklärungen abgeben.«

Dann hatte man die beiden abgeführt. Der Alte konnte von Glück reden, daß man ihn so schnell wieder laufenließ, dachte Parsons. Er fädelte den Wagen auf den Highway ein, schaltete auf Automatik, ließ die Hände vom

* CSS: Canadian Secret Service – kanadischer Geheimdienst

Lenkrad. Nun konnte er sich bis zur Abfahrt nach Hot Springs ungeteilt dem Alten widmen. Duffin hatte die Augen noch immer geschlossen, doch sein Schmunzeln und das leise Schmatzen der Lippen verriet, daß er nicht schlief. Gleich würde er die Augen aufschlagen und ein Gespräch beginnen, wie er es immer tat, sobald sie auf der Autobahn waren.

Es war nicht nur Glück, korrigierte sich Parsons. Duffin hatte sich in all den Jahren nie in flagranti erwischen lassen, und er hatte nirgends auch nur den geringsten Beweis hinterlassen, nicht einmal die Spur einer Spur, daß er in ungesetzliche Handlungen verstrickt war.

»Was werfen Sie mir vor?« hatte er gestern den FBI-Beamten gefragt. »Ist es verboten, mit einem Mitarbeiter des Präsidenten zu dinieren? Gibt es ein Einreiseverbot für meine Person? Haben Sie einen Haftbefehl gegen mich? Mit welcher Beschuldigung? Sie machen einen Fehler, meine Herren. Befragen Sie Ihre Computer, ich stehe weder auf der Liste der gesuchten Personen, noch bin ich jemals im Zusammenhang mit einer Straftat auch nur als Zeuge gesucht worden. Ich habe mich niemals gegen die Gesetze der Vereinigten Staaten vergangen. Ich verlange, daß Sie meine Rechte respektieren. Ich bin ein unbescholtener Bürger der Republik Kanada. Ob Sie wollen oder nicht, Sie müssen mich wieder gehenlassen, und wenn die gesetzmäßige Frist auch nur um eine Minute überzogen wird, werde ich Sie auf Entschädigung verklagen.«

Sie hatten den Alten tatsächlich auf die Minute genau wieder ziehen lassen, obwohl alle Geheimdienste der Staaten, vom CIC über die CIA bis zur NSA nur zu gerne den alten Fuchs ausgequetscht hätten. Senator Quaile, der Staranwalt der High-Society, begleitete persönlich seinen berühmten Mandanten, als dieser mit Polizeieskorte und einem Riesenpulk von Reportern zum Flughafen gebracht und als unerwünschter Ausländer abgeschoben wurde.

»Hast du es gestern abend gesehen, Gregory?« fragte Duffin jetzt.

Parsons nickte, ohne sich umzudrehen.

»Nun, was sagst du?«

»Scheiße«, antwortete Parsons, »gequirlte Scheiße.«

»Ja«, bestätigte Duffin. Aber er grinste.

Wie konnte ihm nur solch ein Fehler unterlaufen, dachte Parsons. Die Dummheit des Jahrhunderts. Ehrlichman war mit Sicherheit der hochrangigste Spion, den es je gegeben hatte. Als rechte Hand des Präsidenten kam er an alle Unterlagen heran, an alle! Und Ehrlichman war seit fast acht Jahren Chef des persönlichen Stabes, davor ein einflußreicher Mann in der Spitze der CHASE MANHATTAN BANK, die ihre Finger in allen nur möglichen Geschäften rund um den Erdball hatte. Wenn der Präsident im Januar abdanken mußte, wäre Ehrlichman zumindest Vizepräsident der CHASE MANHATTAN geworden oder, wie man munkelte, Präsident der ARMSTRONG-Gruppe, des größten Rüstungs- und Weltraumkonzerns der Welt, also mit den besten Beziehungen zu allen Gruppen des MIKs,* sowohl bei den Militärs als auch in der Industrie. Wie konnte man einen so kostbaren Agenten derart leichtfertig gefährden?

Es war geradezu idiotisch, mit Ehrlichman öffentlich zu dinieren, nun ja, nicht gerade öffentlich, das »Melzer's Inn« in Chesapeak Point war ein äußerst exklusives Restaurant, abgeschirmt von gewöhnlichem Publikum, man mußte schon zur absoluten High-Society zählen, um im »Melzer's Inn« Einlaß zu finden. Aber der CSS verfügte doch in Washington und Umgebung über ein paar geheime Residenzen, in denen die beiden sich unbeobachtet hätten treffen können. Müssen.

»Wie war dein Eindruck?« fragte Duffin. »Los, red schon, Gregory. Und schalt das Funkgerät aus, ich will sichergehen, daß niemand mithören kann.«

* MIK – Militärisch-Industrieller Komplex

»Was soll ich sagen?« antwortete Parsons.

»Weich mir nicht aus, Gregory«, sagte Duffin ärgerlich, »du bist nicht mein Chauffeur. Die Tatsache, daß du mich gelegentlich nach Hause bringen darfst, entbindet dich nicht der Pflicht, mir absolut offen und ehrlich die Meinung zu sagen.«

»Ich fand es schlimm. Entsetzlich. Blamabel und ...«

»Dumm?« Duffin sah ihn lauernd an.

»Ich wollte unverständlich sagen, Sir. Gerade jetzt ...«

»Ja.« Duffin nickte. »Gerade jetzt.«

Er führte beide Hände an den Fingerspitzen zusammen, sah auf sie wie auf ein Kartenhaus, das jeden Augenblick zusammenstürzen konnte. Parsons dachte daran, wie wichtig gerade jetzt, da die Spannungen zwischen Kanada und den USA wieder zunahmen, ein Agent wie Ehrlichman gewesen wäre, wo zu befürchten war, daß Berry Silverstone zum nächsten Präsidenten der USA gewählt wurde, dieser ebenso ultrakonservative wie radikal militante Demagoge, der die Vereinigung des gesamten nordamerikanischen Kontinents vom Eismeer bis zum Golf von Mexiko auf seine Fahne geschrieben hatte. Die UNIONISTEN, die Vertreter dieser Idee in Kanada, hatten durch seine Nominierung zum Präsidentschaftskandidaten der Republikaner mächtigen Aufwind bekommen, forderten immer lauter die Legalisierung des de facto bestehenden Zustands. War nicht der größte Teil der kanadischen Industrie längst in den Händen US-amerikanischer Banken und Konzerne, nicht schon über die Hälfte des Landbesitzes? War es nicht sinnvoller, endlich die Konsequenzen zu ziehen und die beiden Staaten zu vereinen, statt einen sinnlosen und aussichtslosen und ruinösen Kampf um die politische Selbständigkeit zu führen, gar von Konfiszierung und Verstaatlichung zu reden und damit den Zusammenbruch der Wirtschaft zu riskieren?

»Du verstehst es also nicht«, kicherte Duffin.

»Kein Mensch kann verstehen, wieso Sie sich bei einem

Treffen mit Ehrlichman ertappen ließen«, sagte Parsons unwillig. »Wie ein blutiger Anfänger. Vor allem, warum Sie sich selbst mit ihm getroffen haben, dazu auf amerikanischem Boden, ein, entschuldigen Sie, Sir, unverzeihliches Risiko. Und nicht einmal in einer unserer Residenzen – was hätten Sie gemacht, wenn ich mich so benommen hätte?«

»Dich auf der Stelle wegen Unfähigkeit rausgeschmissen, was sonst.«

»Ich fürchte, Sie werden jetzt auch Ihren Hut nehmen müssen.«

»Hab ich schon. Dies ist unsere letzte Fahrt, Gregory. Ich habe heute nachmittag um Dispensierung vom Dienst gebeten.«

War der Alte etwa deshalb so vergnügt? Parsons betrachtete ihn ungläubig im Spiegel. Gewiß, Duffin hatte bereits seit Wochen davon gesprochen, wie sauer es ihm wurde, noch immer ins Amt zu kommen, statt am Hickory Creek zu sitzen und Lachse zu fangen, hatte lauthals geflucht, sich einen Verrückten geschimpft, weil er dem Druck des Ministers nachgegeben und seinen Dienst verlängert hatte.

»Man hat Ihr Abschiedsgesuch sicher mit Erleichterung angenommen«, meinte Parsons bitter.

»Mit Wohlwollen, Gregory, mit Wohlwollen. Man war äußerst großzügig zu mir, ich kann nicht klagen, doppelte Pension und den Canada Dry erster Klasse.«

Canada Dry war im CSS der Spitzname für den Verdienstorden. Weil man selbst bei diesem Anlaß trocken bleiben mußte, nicht einmal dann in der Dienststelle einen Drink spendieren durfte, auch nicht in einer normalen Gaststätte feiern, und sei sie so exklusiv wie die am Chesapeak Point, seit vor Jahren einmal die Top-Leute zweier Abteilungen bei solcher Gelegenheit von einem zufällig anwesenden Reporter fotografiert und enttarnt worden waren. Nur in einem der hermetisch abgeschlossenen Objekte des CSS durfte gefeiert werden, und wer wollte sich schon ungeniert vollaufen lassen, wenn er befürchten mußte, daß jedes Wort auf Band mitgeschnitten wurde? Manche nannten die Auszeichnung auch »Hosenbundorden«, weil man sie nie öffentlich tragen durfte, nur die damit verbundene Rosette der Ehrenlegion. Erst bei der Beerdigung durften die Verdienstorden hinter dem Sarg hergetragen werden, und auch das nur, wenn der Verstorbene es ausdrücklich in seinem Testament verfügt hatte.

»Du hast dich also gewundert, daß ich mich wie ein Trottel aufgeführt habe«, sagte Duffin. »Wenigstens einer, dankeschön. Ich hätte nie geglaubt, wie viele bei uns gar nichts anderes von mir erwarteten. Heute nachmittag haben meine liebe Kollegen unverhohlen von Torschlußpanik gesprochen und Altersdemenz, sie haben es nicht mal mehr für nötig gehalten, mich wenigstens so leise einen verkalkten Trottel zu nennen, daß ich es nicht hören konnte.«

»Sie sind kein Trottel, Sir, das weiß ich. Um so weniger begreife ich das Ganze – auch Ehrlichmans Verhalten. Warum hat er nicht geleugnet, warum hat er sich nicht geweigert, die Beförderung schriftlich bestätigt zu bekommen? Ist er so pervers, daß er dieses Papier besitzen wollte?«

Duffin blickte ihn feixend an. »Ja, pervers ist er.«

»Ohne dieses Papier«, fuhr Parsons fort, »hätte man ihn schlimmstenfalls kritisieren können, daß er sich überhaupt mit einem Mann wie Ihnen traf – nein, er hätte immer behaupten können, er hätte es im Staatsinteresse getan, um wichtige Informationen zu bekommen, oder?«

»Ja, hätte er.«

»Er hätte genügend Zeit gehabt, sich abzusetzen – ist Ehrlichman wirklich kanadischer Staatsbürger?«

»Ja, er hat sich als junger Bursche mal in einem Nest bei Cochrane registrieren lassen. Du weißt, das ging damals, und viele Studenten haben das Angebot unserer Regierung auf eine doppelte Staatsbürgerschaft angenommen, um notfalls nicht zur Armee eingezogen zu werden. Aber Ehrlichman hat nie davon Gebrauch machen müssen. Er hatte es sogar schon vergessen, bis wir ihn daran erinnerten.«

»Jetzt verstehe ich, wieso er überhaupt ansprechbar war«, sagte Parsons. »In seiner Position ist ein Mann, der eine Doppelstaatsbürgerschaft besitzt, wohl unmöglich; zumindest hätte er es nie bis zur rechten Hand des Präsidenten gebracht.«

»Nein, hätte er nicht«, bestätigte Duffin.

»Aber war ihm diese Position so wichtig, daß er sich als Agent anwerben ließ? Bei der CHASE MANHATTAN ist es egal, was für einen Paß einer hat, Hauptsache, er ist der Bank treu ergeben. Und noch eines, Sir, wenn er schon ertappt wurde, warum hat Ehrlichman nicht einmal versucht, es abzustreiten? Behauptet, sie hätten ihm dieses Schreiben unbemerkt in die Tasche geschmuggelt, um ihn zu diffamieren? Man hätte ihm doch erst einmal beweisen müssen, daß er tatsächlich Verrat begangen hat, oder?«

»Hätte man«, sagte Duffin lächelnd. »Die Gesetze der USA sind da eindeutig und die Richter im Supreme Court, und da wird solch ein Fall unbedingt verhandelt, besonders unerbittlich. Weder der Verdacht genügt noch die Wahrscheinlichkeit, man muß dem Angeklagten schon beweisen können, daß er schuldig ist. Ich denke, Ehrlichman wird mit einem blauen Auge davonkommen, wenn er bei seiner Taktik bleibt und keine Aussage macht. Ich bin sicher, man wird ihm keinen konkreten Verrat im einzelnen nachweisen können.«

»Und da er kanadischer Staatsbürger ist«, ergänzte Parsons, »kann man ihm nicht einmal Landesverrat vorwerfen, nur die Fälschung seiner Personaldaten ...«

»Oh, da kommt schon einiges zusammen«, sagte Duffin, »Erschleichung ungerechtfertigter Vorteile, Bruch des Vertrauens zum Schaden des Staates, Annahme finanzieller Vorteile von einer ausländischen Macht ..., das reicht für ein paar Jahre. Aber ohne hieb- und stichfeste Beweise kann man Ehrlichman weder lebenslang einsperren noch auf den elektrischen Stuhl schicken, und Beweise ...« Duffin zeigte seine leeren Hände vor.

»Aber Sie wissen, was alles er uns verraten hat, nicht wahr? Werde ich es jemals erfahren?«

»Das kann ich dir gleich jetzt verraten: nichts.« Duffin lachte herzhaft über Parsons Verblüffung.

»Wie bitte, wie sagten Sie, Sir?«

»Nichts.«

Parsons blickte Duffin verständnislos an. »Aber Ehrlichman hat doch erklärt, daß er Agent des CSS, daß er sogar Oberst sei, ich habe das selbst gehört, und Sie haben es vorhin bestätigt.«

»Jetzt schon. Seit gestern. Ich habe ihm ja höchstpersönlich die Ernennungsurkunde gebracht. – Weißt du, Gregory, Ehrlichman kann so schlecht lügen, zu unglaubwürdig. Deshalb mußten wir ihn tatsächlich zum Colonel machen. Aber er war zu keiner Zeit unser Mann. Ehrlichman war nie ein Agent.«

»Nun verstehe ich überhaupt nichts mehr.«

»Du wirst es gleich verstehen. Aber du behältst es für dich, schwörst du es mir?«

»Beim Leben meiner Kinder.«

»Tu mir einen Gefallen, Gregory, sitz nicht so verkrampft da, mach es dir bequem, ja? Wir haben doch noch eine Viertelstunde bis zur Ausfahrt?«

Parsons blickte zum Terminal. »Vierundzwanzig Minuten.«

»Genug Zeit, um dir alles zu erklären. Ich will nicht, daß du ebenso wie alle anderen an meinem Verstand zweifeln mußt, du nicht. Du weißt, Gregory, du bist mir wie ein Sohn, ich fühle mich für dich verantwortlich, und ich fürchte, daß du mit dieser Geschichte nicht fertig wirst, daß sie dich aus der Bahn wirft. Du sollst die Wahrheit erfahren, aber, das ist die Kehrseite, du darfst mit niemandem darüber sprechen, nicht einmal mit deiner Frau. Es gibt außer dir nur drei Leute, die die Wahrheit kennen: mich, Ehrlichman und den Minister. Wie schwer es dir auch fallen mag, was auch immer du jetzt über mich hören wirst, du mußt schweigen. Ich denke doch, das kannst du, es wird dir leichterfallen als ...«

Duffin sah Parsons in die Augen, seufzte, griff dann nach seinem Aktenkoffer, diesem legendären, abgeschabten Ding aus rohem Elchleder von undefinierbarer Farbe, holte eine Flasche Bourbon und zwei silberne Trinkbecher heraus.

»Du weißt, ich bin ein absoluter Gegner von Alkohol beim Autofahren, aber dies ist ein Ausnahmefall, unsere letzte gemeinsame Fahrt, verstehst du?«

Parsons nickte verwirrt. Er konnte es noch nicht fassen. Duffin war für ihn mehr als ein Vorgesetzter. Viel mehr. Ein unerreichbares Vorbild. Ein Vater. Mehr als ein Ersatz für den früh verstorbenen Vater, ein Förderer, der ihm behutsam über alle Klippen dieses an Fallstricken wahrlich nicht raren Berufs hinweggeholfen hatte. Parsons hatte erst spät mitbekommen, wieviel er Duffin verdankte. Und seit drei Jahren ein Freund, zu dem er mit den brenzligsten Problemen kommen konnte. Duffin hatte immer Zeit für ihn gefunden: Einmal hatte er seinetwegen sogar eine Konferenz mit dem Minister unterbrochen. Und was bedeutete er Duffin? Der Alte hatte oft »mein Sohn« zu ihm gesagt, vielleicht hatte er wirklich eine Art Sohn in ihm gesehen, obwohl er, selbst wenn sie allein im Auto saßen, stets auf der förmlichen Anrede bestand. Sie hatten sich nie privat gesehen, aber der Alte hatte sich stets nach seiner Familie erkundigt, Anteil genommen, sogar einen Spezialisten vermittelt – und bezahlt! –, den die Parsons sich nie hätten leisten können, als die kleine Ev an einer nicht identifizierbaren Allergie erkrankt war. Und nun ...

»Das ist vorerst die letzte Gelegenheit, miteinander zu sprechen.« Duffin goß jedem einen kleinen Schluck ein. »Laß uns zum Abschied noch einmal anstoßen.«

Sie sahen sich an, tranken, Duffin lehnte sich zurück.

»Einem muß ich es erzählen«, sagte er. »Um nicht daran zu ersticken. Und du ...«

Parsons sah ihm in die Augen, nickte. »Ich werde schweigen, Sir.«

»Vor drei Wochen bekam einer unserer Leute in Washington, nennen wir ihn Ypsilon, ein Material angeboten, das Ehrlichman belastete. Der Mann war zum Glück clever und wandte sich direkt an mich, fragte, ob er das Material kaufen sollte. Der Preis war horrend, aber nicht zu hoch, wenn das Material echt war. Ich habe es mit der gebotenen Vorsicht prüfen lassen, es war offensichtlich echt. Ich habe Ypsilon sofort zum Schweigen vergattert, er ist gestern früh zurückgekommen und wurde vorzeitig pensioniert, und nur der Minister weiß, wo er sich jetzt aufhält.

Nun zu Ehrlichman. Jeremias Ehrlichman war zeit seines Lebens ein workaholic*, ein unermüdlich schuftender, vom Ehrgeiz zerfressener Bursche, der nichts anderes im Sinn hatte, als nach oben zu kommen, weniger, um Geld zusammenzuraffen, das ergibt sich dabei von selbst, als Einfluß und Macht in die Hände zu bekommen, und das hat er ja geschafft. Wer ist mächtiger als der Chef des persönlichen Stabes des amerikanischen Präsidenten? Ich glaube, nicht einmal der Präsident selbst. Ehrlichman stellt die Weichen, er bestimmt, wer vorgelassen wird, welches Papier der Präsident wann und von wem vorgelegt bekommt ..., zumal bei einem Präsidenten wie diesem. Es ist wirklich jammerschade, daß er nicht noch ein drittes Mal kandidieren darf. Wenn Silverstone an die Macht kommt ...« Duffin schwieg bedrückt.

»Nun gut. Ehrlichman trinkt nicht, nimmt keine Drogen, nicht einmal Speeds – sein Ehrgeiz ist Droge genug –, er führt eine brave bürgerliche Ehe; er hat erst spät geheiratet, als er eine Frau aus guter Familie bekommen

* workaholic (abgeleitet von Alkoholiker) – einer, der Arbeit wie eine Sucht betreibt

konnte. Doch er hat eine Schwäche: Einmal im Vierteljahr leistet er sich ein ›Extra‹, wie er es nannte. Du kennst mich, Gregory, ich urteile nie über die sexuellen Gewohnheiten anderer, soll jeder nach seiner Fasson selig werden, solange er keinen anderen damit in Bedrängnis bringt. Ehrlichman liebt kleine Mädchen, nicht Kinder, aber das, was man als Nymphen bezeichnet, Teenager, die gerade erst anfangen, Frau zu werden. Und er liebt es auf eine besondere Weise – lach jetzt nicht, er ist eher zu bedauern –, er liebt es, sie zu erschrecken. Er machte sich dann als eine Mischung aus Dracula und Monster zurecht, ein Ungeheuer mit gewaltigen Eckzähnen und langen Krallen – ich mußte lachen, als ich es zum erstenmal sah, lange grüne Gummihandschuhe mit Warzen und Krallen, eine Halbmaske, leichenblaß, mit schrecklich anzusehenden Narben quer über die Wangen ... Er mußte den Eindruck haben, daß sein Opfer zu Tode erschrak.

Aber Ehrlichman hatte sein abartiges Gelüst unter Kontrolle. Eine gewisse Nanny arrangierte ihm seine ›Extras‹, sie bekam das gut bezahlt, auch die Mädchen, junge Prostituierte, davon gibt es ja leider mehr als genug, die den zu Tode erschrockenen Teeny nur markierten und die natürlich nicht wußten, wer das ›Monster‹ war. Das wußte nur Nanny, und die mußte schweigen. Ehrlichman hatte sie in der Hand, ich weiß nicht womit, es war auch unwichtig. Die Sache hätte noch jahrelang gutgehen können, wenn diese Nanny sich nicht hätte frei machen wollen von Ehrlichman. Sie kam auf die Idee, ihn mit der Videokamera aufzunehmen und sich mit dieser Aufnahme freizukaufen.

Die ›Extras‹ geschahen immer in Motels, und du weißt, diese Appartements sind eher karg eingerichtet; aber Nanny fand ein Motel, in dem eine heimliche Aufnahme möglich war. Doch das Mädchen wurde auf dem Weg zu Nanny von der Polizei aufgegriffen. Nanny wollte nicht absagen, griff sich ein junges Ding von der Straße, das Ehrlichmans Geschmack traf und sich bereit erklärte, mitzuspielen. Als die Kleine dann aber nackt im Bett lag und das ›Monster‹ auf sie zukam, erschrak sie tatsächlich und fing an zu schreien, und Ehrlichman griff in seiner Verwirrung zu einem Kissen, um ihre Schreie zu ersticken, bevor das ganze Motel alarmiert wurde. Und er machte es zu gründlich: Sie schwieg für immer.

Die Aufnahme zeigt den gesamten Ablauf, zuletzt Ehrlichman, wie er sich voller Entsetzen vom Bett abwendet und die Maske vom Gesicht reißt, direkt vor der Kamera, eindeutig identifizierbar.

Es gab keinen brauchbaren Hinweis auf den Täter, und die Polizei hat den Fall wohl schon zu den anderen unaufklärbaren Prostituiertenmorden gelegt. Aber Nanny hatte nun Angst um ihr Leben, sie wußte ja, wer der Täter war, und Ehrlichman wußte, daß sie es wußte. Nun, wir haben ihr genug für die Aufnahme bezahlt, daß sie sich weit weg von seinem Einfluß eine neue Identität kaufen konnte.«

»Jetzt verstehe ich, wieso ein Mann wie Ehrlichman erpreßbar wurde«, sagte Parsons, »aber Sie haben ihn schon verloren, bevor er für uns arbeiten konnte.«

»Im Schach würde man Damenopfer dazu sagen. Es war eine einfache Rechnung, Gregory. Wir hätten Ehrlichman ständig unter Druck halten müssen, damit er uns beliefert, ihm sozusagen einen Schatten auf die Fersen nageln – wie, ohne aufzufallen? Einen Mann ins Weiße Haus schleusen? Das haben wir oft genug versucht. Wir hätten ihn nicht einmal telefonisch unter Druck setzen können, ohne aufzufliegen; alle Gespräche werden automatisch aufgezeichnet. Und Ehrlichman, das wurde mir klar, als ich sein Dossier zum erstenmal durchsah, war nicht der Typ, den man zur Spionage erpressen kann. Er wäre ganz schnell aufgeflogen, oder er hätte sich seinen Leuten anvertraut. Er kennt doch alle Geheimdienstchefs persönlich, hätte einen Handel gemacht, sich umdrehen lassen und uns nur noch geliefert, woran der amerikanische Geheimdienst interessiert war – er war einfach nicht gut genug für einen Agenten, er würde dem Druck nicht standhalten. Und das habe ich für meine Idee ausgenutzt; ich habe ihm keine Zeit gelassen nachzudenken. Sobald er mir in unserer Residenz gegenübersaß, war er verloren.«

»Wie sind Sie überhaupt unerkannt in die Staaten gekommen?« erkundigte sich Parsons.

»Getaucht. Hättest du mir altem Knochen das noch zugetraut? Im Taucheranzug bei Prescott durch den Sankt-Lorenz-Strom, auf der anderen Seite hat mich Ypsilon in Empfang genommen und nach Washington gebracht.« Duffin grinste. »Das haben mich die FBI-Leute auch gefragt, sie dachten wohl, sie könnten mich wegen illegalen Grenzübertritts festnageln, aber ich habe sie aufgefordert, sie sollten mal ihre Computer überprüfen, ich sei über Mexiko eingereist. Ich bin dort tatsächlich registriert, sogar mit richtigem Namen – kann ich was dafür, wenn der Computer das nicht weitergab? Computer haben ihre Vorteile, Gregory, man kann sie manipulieren. Und wenn ich nicht jederzeit für Notfälle vorgesorgt hätte, wäre ich meinen Ruf nicht wert. Aber weiter.

Das Hauptproblem war, Ehrlichman in die Residenz zu locken. Vorgestern abend gab der Präsident einen Empfang für die Wahlmannschaft der Republikaner im Ambassador-Hotel, und Ypsilon hat sich als Toilettenmann Zutritt verschafft. Er übergab Ehrlichman unbeobachtet einen Umschlag mit einem Foto des ›Monsters‹ und der Aufforderung, noch am selben Abend Kontakt mit dem Absender aufzunehmen, man müßte über einen gewissen Vorgang sprechen; dann folgten das Datum und der Name des Motels. Ehrlichman kapierte sofort, daß ihm nichts anderes übrigblieb. Und er wußte, sobald er mich sah, wer ihn da erpressen wollte, ich mußte mich nicht erst vorstellen.

Ich habe ihm den Videofilm vorgeführt, eine Kopie, versteht sich. Er war völlig erledigt, brach zusammen, bekam einen Weinkrampf, ich mußte ihn erst wieder aufrichten, damit er mir überhaupt zuhören konnte; er hatte ja keine

Ahnung, daß er aufgenommen worden war, als er das Mädchen umbrachte. Als er sich wieder gefaßt hatte, stellte ich ihn vor die Alternative: Entweder wir ließen ihn auffliegen, und er wanderte wegen Mordes in den Knast, und bei Mord an einer Minderjährigen, zumal unter derart abscheulichen Umständen, bekäme er mit Sicherheit zweimal lebenslänglich, also ohne Chance auf eine vorzeitige Entlassung, oder er machte bei meinem Plan mit.

Er hatte mich zuerst falsch verstanden, dachte, er solle nun als Spion für uns arbeiten, stammelte, daß er das nie könne. Ich habe ihm dreimal erklären müssen, daß ich nicht Spionage von ihm verlange, sondern nur eine öffentliche Erklärung, daß er unser Mann sei. Dafür riskiere er nur fünf oder sechs Jahre, denn da er ja keine Spionage betrieben habe, könne man ihm auch keinen einzigen konkreten Fall nachweisen. Er müsse nur erklären, er sei unser Mitarbeiter, dafür würde ich die Videoaufnahme vernichten, und ich hätte bereits in der Schweiz ein Konto für ihn eingerichtet, zwei Millionen – ich zeigte ihm den Auszug und die Code-Nummer –, bei guter Führung würde er sicher ein Jahr früher entlassen, dann könne er den Rest seines Lebens verbringen, wo immer er wolle. Was hättest du an seiner Stelle getan?«

»Das Angebot angenommen, was sonst? Erledigt war er so oder so, aber auf diese Weise hatte er wenigstens eine Chance. Ein Spion ist allemal ehrenwerter als ein Sexualmörder, und für zwei Millionen kann man überall auf der Welt einen geruhsamen Lebensabend verbringen, genug Geld, um sich wieder junge Mädchen zu mieten – aber wofür soviel Geld?«

»Das hat er mich auch gefragt. Schweigegeld, erklärte ich. Die zwei Millionen und die Videoaufnahme bekäme er nur, wenn er keine Aussage mache, außer daß er kanadischer Staatsbürger und Colonel des CSS sei, sonst kein Wort. Absolut nichts. Das ist ja gerade der Witz, verstehst du?«

»Ich verstehe.« Parsons blickte den Alten mit unverhohlener Bewunderung an. »Auf diese Weise haben Sie die gesamte amerikanische Abwehr verunsichert. Die haben jetzt keine Ahnung, was alles Ehrlichman uns verraten hat, und da er in den letzten acht Jahren an jegliches Material herankam, können wir theoretisch alles wissen, die geheimsten Pläne ...«

»Und es gibt, weiß Gott, geheime Pläne, die uns interessieren«, knurrte Duffin, »sogar Einmarschpläne für den Fall, daß die UNIONISTEN einen Aufstand in Kanada machen und um Hilfe bitten – nun, du weißt ja, wie so etwas gemacht wird. Die Militärs lassen es sich ja nicht nehmen, selbst für die absurdesten Situationen Pläne zu schmieden. Ja, die Brüder müssen jetzt fein säuberlich prüfen: welche Akten sind tatsächlich über seinen Tisch gegangen, an welchen Konferenzen hat er teilgenommen, worüber hat der Präsident mit ihm gesprochen und so weiter, und so weiter. Und bei dieser Gelegenheit fällt tatsächlich das eine oder andere in unsere Hände, unsere Jungs in Washington schlafen nicht. Seit gestern früh ist Alarmstufe eins.

Zweitens: Sie müssen alle Pläne, von denen Ehrlichman wußte, ändern, sämtliche Codes, denn die kannte er alle – das allein wäre die zwei Millionen wert, ein ungeheurer Zeitaufschub.

Vielleicht, das ist der dritte Schlag, wird Silverstone nun nicht Präsident, schließlich ist er ebenso Republikaner wie der gegenwärtige Präsident, und wer will jetzt noch der Zuverlässigkeit eines Republikaners trauen? Der demokratische Kandidat hat heute morgen eine erste Erklärung in dieser Richtung abgegeben.

Viertens: Wer traut noch den vielen Geheimdiensten und Dienststellen, die Ehrlichman überprüft und nicht entdeckt haben, daß er eine Doppelstaatsbürgerschaft hat? Sämtliche Apparate der USA sind erst einmal diskreditiert, auf jeden Fall verunsichert: Wieso hat niemand mitbekommen, daß er unser Mann war? Wer alles hat da geschlafen?

Nein, ich möchte wahrlich nicht in der Haut unserer lieben Kollegen stecken.«

Duffin schenkte sich noch einen Bourbon ein, schlürfte den Schnaps genießerisch. »Dazu kommt, fünftens, daß Ehrlichman Einblick in die gesamte Auslandsspionage hatte, er kontrollierte und koordinierte ja für seinen Dienstherrn die Arbeit der Geheimdienste. Was wissen wir alles, und was haben wir an andere Länder weitergegeben? Ich hätte Ehrlichman zu gerne ein paar Stunden durch die Mangel gedreht, aber ich habe es mir verkniffen, er war zu verwirrt, und, das war ja der Witz, er mußte nicht einmal jetzt Verrat begehen! Vielleicht hätte er es sonst vorgezogen, als Mörder ins Kittchen zu gehen oder sich umzubringen – Verrat ist einfach gegen seine Persönlichkeit. Aber irgendwann haben die Listen auf seinem Tisch gelegen; das wissen alle, sie wissen nur nicht, seit wann er für uns arbeitet. Ich vermute, sie denken, seit vielen Jahren, schließlich wird einer nicht so leicht Colonel, oder?«

Parsons nickte. Dieser alte Fuchs, dachte er.

»Sie müssen befürchten, wir kennen alle ihre Agenten, haben sie nur nicht auffliegen lassen, um unseren Top-Mann in Washington nicht zu gefährden. Wir mußten seit gestern nur aufpassen, wen unsere Vettern plötzlich zurückzogen, wer von den Verdächtigten auf Tauchstation ging, urplötzlich krank wurde oder zu seiner todkranken Mutter reisen mußte ... Na, das kennst du ja. Deshalb der Großalarm, nicht meinetwegen. Ich bin sicher, wir fischen ihr Agentennetz ziemlich ab – das allein, denke ich, war die kleine Summe und die kleine Show im ›Melzer's Inn‹ hundertmal wert.«

»Aber es kostet Ihren guten Ruf«, sagte Parsons, »Sie stehen jetzt vor aller Welt als Trottel da.«

»Na und? Ja, man hat mich öffentlich als Dummkopf vorgeführt, in allen Sendern dieser Welt, ist das wichtig? Ja, man hat mich mit unverhohlen verächtlichen Blicken aus dem CSS hinausgeworfen, die Kollegen haben nicht einmal geklatscht, als der Minister vorhin von meinen ›doch unübersehbaren‹ Verdiensten sprach und mir den Canada Dry überreichte – wie wichtig ist die öffentliche Achtung, Gregory? Man muß von sich selbst überzeugt sein, und das darf ich wohl. Meine wirklichen Verdienste kennt ohnehin nur eine Handvoll Leute, selbst die lobendsten Berichte und die schmeichelhaftesten Biographien sind am Ende nur Spekulationen, und ich darf sie weder bestätigen noch dementieren, so ist nun mal unser Job. Nein, entscheidend ist allein, was man selbst von sich halten kann, wie man sich fühlt, wenn man morgens in den Spiegel schaut. Ich wollte mich ohnehin zur Ruhe setzen, das weiß keiner so gut wie du, zu dir bin ich immer ehrlich gewesen.«

»Das weiß ich, Sir.«

»Laß den Sir, nenn mich Monty, okay?«

»Okay – Monty.«

»Jetzt habe ich mich mit einem Paukenschlag verabschiedet, oder? Vielleicht erlebe ich es noch, daß man die wirkliche Ehrlichman-Story preisgeben darf. In ein paar Jahren macht es nichts mehr aus, wenn die Amis die Wahrheit erfahren. Ja, ich würde schon gerne erleben, daß alle Welt darüber lacht, wie wir sie geleimt haben.«

»Wir?« sagte Parsons. »Du, Monty. Es ist allein dein Verdienst. Ich glaube nicht, daß ein anderer auf solch eine Idee gekommen wäre. Bestimmt erlebst du es, daß du rehabilitiert wirst.«

»Und wenn nicht«, sagte Duffin, »dann sollst du eines Tages für die Veröffentlichung sorgen. Ich habe das schriftlich verfügt, und der Minister hat es gegengezeichnet; das Schreiben befindet sich in seinem persönlichen Safe. Ich habe auch verfügt, daß du den Canada Dry hinter meinem Sarg herträgst. Ich habe ja nichts mehr davon, aber Emily wird sich darüber freuen. So, das war es. Wir kommen gleich an die Abzweigung, nicht wahr?«

»Noch zwei Minuten.«

»Es war mir wichtig, es dir zu erzählen, Gregory. Ich hätte es nicht ertragen, wenn auch du mich für einen Dummkopf halten und mich meiden würdest. Wenn der erste Rummel vorbei ist, komm mich besuchen, ja? Laß uns am Hickory Creek Lachse fangen.«

»Versprochen. Sobald wie nur möglich.«

Duffin goß sich noch einmal ein, sah Parsons schmunzelnd an. »War doch ein würdiger Abschied, oder nicht?«

»Absolut«, sagte Parsons. »Deines Lebens würdig: Die verrückteste Geheimdienstaktion aller Zeiten, wenn ich mich nicht irre.«

»Du irrst dich nicht«, sagte Duffin und trank seinen Bourbon.

Komische Vögel

Du bist das?

Ja. Sven Sjöberg.

Anne Hinrichsen musterte den jungen Mann, der vor ihrer Tür stand, einen Strauß Vergißmeinnicht in der Hand. Wer immer auf die Idee gekommen war, ihn zu ihr zu schicken, er hatte ihren Geschmack getroffen. Und er kannte ihre Vorliebe für Vergißmeinnicht. Sie nahm die Blumen.

Danke schön. Komm rein. Du arbeitest also am Institut für Interstellare Nautik?

Nein, ich studiere dort.

Und wer schickt dich?

Niemand, das war allein meine Idee.

Auch die Blumen?

Ich weiß ja, daß Sie Vergißmeinnicht lieben.

So, das weißt du.

Du meine Güte, dachte sie, dieses Lächeln! Wenn ich noch eine junge Frau wäre ...

Komm! Sie winkte ihn zum Communikator. Wähl mal das Institut an, ich möchte deine Daten sehen. Nicht, daß ich mißtrauisch bin, aber ich möchte wissen, mit wem ich es zu tun habe.

Sie verglich das Bild auf dem Terminal mit ihrem Gast, studierte aufmerksam die Daten. Hast ja mächtig gute Zensuren.

Sjöberg zuckte verlegen mit den Schultern.

Warum bist du zu mir gekommen?

Um Sie kennenzulernen, Ehren Hinrichsen, Sie sind schließlich eine berühmte Frau, eine Art Denkmal ...

So versteinert bin ich hoffentlich noch nicht, unterbrach sie ihn, und es gibt berühmtere und aktuellere.

Aber die Hinrichsen-Routen tragen Ihren Namen.

Stimmt. Ich war die erste – zumindest auf der Erde.

Darüber möchte ich mit Ihnen sprechen.

Ich weiß nicht – sie zögerte –, nun gut, ich bekomme nur noch selten Besuch.

Und schon gar nicht von so attraktiven jungen Männern, dachte sie. Was willst du trinken? Tee, Kaffee, Saft, Wasser, Wein ...

Einen Kirschsaft, bitte.

Sie ging hinaus. Sjöberg sah sich um. Nichts in dem Zimmer verriet, daß hier eine der bekanntesten Astronautinnen der Erde wohnte, im Gegenteil, Anne Hinrichsen schien jeden Hinweis auf den Kosmos aus ihrem Leben verbannt zu haben.

Hilf mir mal!

Er nahm ihr das Tablett ab. Auch seine Blumen standen darauf, in einer unglasierten dunkelbraunen Tonvase.

Wir gehen auf die Terrasse.

Sjöberg blieb überrascht stehen, als er die Terrasse halb überquert hatte und über die Brüstung blicken konnte. Noch nie hatte er das Meer so gesehen: scheinbar unberührt, bis zum Horizont kein Schiff, kein Flugzeug am nahezu wolkenlosen, tiefblauen Himmel; die See brach sich an Sandbänken, schob lange Wellen mit gischtigen Kämmen auf den Strand – so mußte es hier schon vor Jahrtausenden ausgesehen haben.

Schön, nicht wahr? Nimm Platz.

Auf der Terrasse standen zwei Liegestühle, unter einem Sonnenschirm ein Tisch, auf den Sjöberg das Tablett stellte.

Du hast sicher nichts dagegen, daß ich es mir bequem mache, sagte sie und zog die Schleife an ihrem Kimono auf. Keine Angst, wenn ich Besuch habe, trage ich einen Bikini.

Sie hatte noch immer einen durchtrainierten, muskulösen Körper, ihre Haut war braungebrannt und fast ohne Falten.

Wenn du magst, sagte sie, zieh dich auch aus, und wenn es dir zu heiß wird, rück in den Schatten. Ich genieße die Sonne. Ich glaube, ich habe noch nie einen derartigen Sommer erlebt.

Es gibt sonnigere Gegenden, meinte er, und Sie hätten sich gewiß jeden Ort aussuchen können.

Hätte ich. Aber dies ist die Landschaft meiner Kindheit. Ich würde noch lieber auf Hiddensee leben, doch die Insel ist Vogelschutzgebiet.

Sjöberg überlegte nicht lange, er zog sich aus und legte sich in die Sonne, aber sie brannte derart, daß er seinen Stuhl in den Schatten des Schirms rückte.

Anne Hinrichsen musterte ungeniert seinen Körper, goß ihm Kirschsaft ein, sich selbst mixte sie Whisky mit Eiswasser.

Willst du nicht auch einen Glenfiddich, schottischer Malz-Whisky, einmalig gut, kaum zu haben; ein Freund versorgt mich damit.

Nicht bei dieser Hitze, sagte er.

Ich kann ihn bei jedem Wetter trinken. Sie schmunzelte. Ich habe ja viel nachzuholen. Whisky gehört nicht zu den Annehmlichkeiten einer Raumexpedition. Selbst wenn man ein paar Flaschen durch die Kontrollen schmuggelt, die Fahrt hat noch gar nicht richtig angefangen, da ist der Schnaps alle. Den Whisky habe ich sehr vermißt und – weißt du, was dir an Bord am meisten fehlt?

Sjöberg schüttelte den Kopf.

Das Wetter. Man kann ein Raumschiff mit vielerlei Komfort ausstatten, aber eines kannst du unmöglich mitnehmen: Wetter. Deshalb genieße ich es jetzt, jedes Wetter, sogar den Nieselregen, den ich als Kind haßte. Ach, wie habe ich mich nach den Herbststürmen am Strand gesehnt – prost! Sie nahm einen Schluck. Wie kommt es, daß du dich ausgerechnet für mich alte Schachtel interessierst? Ich nehme an, du weißt auch, wie alt ich bin.

Sjöberg nickte. Achtundsiebzig.

Personal time. Nach Erdzeit sind es weit über sechshundert Jahre. Ich bin ein lebendes Fossil. Sie blickte abwesend auf das Meer.

Sjöberg wartete, bis sie sich ihm wieder zuwandte.

Also, was willst du?

Mit Ihnen über die Sirr-Expedition sprechen, die erste Hinrichsen-Route.

Das findest du alles im Archiv.

Ich habe das Logbuch gelesen.

Sie lachte. Ja, wir Menschen sind schon eine komische Spezies, meinte sie, wir sagen immer noch Log-Buch, dabei gab es schon lange vor meiner Zeit Diktabels. Wenn du es gelesen hast ...

Nicht nur einmal.

Warum?

Ich hatte die Idee, meine Diplomarbeit über die Hinrichsen-Routen zu schreiben.

Keine gute Idee. Glaube mir, über dieses Thema ist alles schon geschrieben worden.

Das habe ich gemerkt, sagte er, deshalb arbeite ich jetzt über transverse Trassen, trotzdem – da sind ein paar Fragen hängengeblieben, die mir keine Ruhe lassen. Deshalb habe ich um den Besuch gebeten, Ehren Hinrichsen.

Laß die Formalitäten. Sag Anne zu mir, okay?

Okay. Ich weiß von der Havarie der Sirr: ein Teil des Brennstoffs ging verloren, die Hälfte der Antriebsaggregate – haben Sie wirklich keine Ahnung, wie es zu der Havarie gekommen ist, Anne?

Nein. Was glaubst du, wie die Kommission mich nach der Rückkehr gelöchert hat. Es konnte nie geklärt werden. Ein Meteorit scheint ausgeschlossen, die automatische Abwehr hätte ihn zerstört oder den Kurs korrigiert. Vielleicht eine Welle interstellarer Partikel, die wir auf der langen Fahrt vor uns auftürmten? Unwahrscheinlich, aber nicht unmöglich. Am wahrscheinlichsten, so entschied die Kommission, sei ein kleines, vagabundierendes Schwarzes

Loch; das würde auch die Kursabweichung der Tage zuvor erklären.

Sie waren Erster Navigator der Sirr und damals Wachhabender, warum haben Sie die anderen nicht aus dem Tiefschlaf geholt, warum nicht wenigstens den Kommandanten?

Warum sollte ich? Das Leck wurde auch so abgedichtet, und die Verluste waren mit Bordmitteln nicht wiedergutzumachen. Und eines war sicher: Wir mußten jetzt mit jedem Gramm Energie geizen. Sonst hätte ich sie geweckt.

Sie nahm einen Schluck, sah ihn an. Die Kommission hat mein Verhalten als tadellos qualifiziert.

Ich wollte Sie nicht kritisieren, sagte Sjöberg. Aber warum sind Sie zum Go geflogen, Anne? Dachten Sie wirklich, Sie könnten auf diesem winzigen Mond genügend Energie und eine Reparatur der Aggregate bekommen?

Der Go sollte nur Zwischenstation sein, sagte sie. Er war der einzige Punkt, den ich mit der Landefähre erreichen konnte. Also parkte ich das Raumschiff auf einer stationären Bahn und machte mich auf den Weg. Ich dachte, ich könnte von dort zum Planeten trampen und bei den Tantaliden Hilfe finden. Oder Asyl. Aber man warnte mich: Auf dem Tantalus war Krieg ausgebrochen.

Und da hatten Sie die Idee mit der Hinrichsen-Route. Einfach so. Wie ein Blitz aus heiterem Himmel. Welch ein Glück für die Sirr!

Warum so ironisch, junger Mann? Glück gehört zur Raumfahrt. Weiß der Himmel, es läßt sich nicht alles berechnen. Und viele Entdeckungen werden aus der Not einer Situation geboren. Außerdem – so neu war die Idee nicht. Schon zu Beginn der irdischen Raumfahrt hat man den Katapulteffekt der Planeten benutzt, um Satelliten durch das Sonnensystem zu schießen.

Aber nicht Raumschiffe vom Ausmaß der Sirr, sagte er, und nicht quer durch die Galaxis.

Das war nur eine Frage der Zeit. Einer mußte der erste sein. Was beunruhigt dich da? Daß es eine Frau war?

Natürlich nicht. Also, Sie sind auf dem Go. Erfahren, daß von den Tantaliden keine Hilfe zu erwarten ist, haben Ihre Idee und fliegen zurück zum Raumschiff, um das Ganze mal durchzurechnen. Woher hatten Sie die Daten, Anne?

Er starrte sie an, sie wich seinem Blick nicht aus, lächelte.

Anziehungskraft, Drehimpuls, Bahnverlauf, Fliehkraftbeschleunigung ... von nahezu hundert Sonnensystemen und einem Dutzend Schwarzer Löcher; Sie haben für Ihre Route auch Daten benutzt, die erst seit der Rückkehr der Sirr auf der Erde bekannt sind.

Tatsächlich? Das ist alles so lange her. Ich kann mich kaum noch erinnern.

Versuchen Sie es, bitte.

Sie nahm einen Schluck, sah ihn an.

Bitte, wiederholte er. Ich will es ja nicht veröffentlichen, nur wissen.

Nun gut, junger Freund, sagte sie belustigt, was halten Sie von dieser Version: Ich hatte die Idee schon auf der Sirr und flog zum Go, um mir die fehlenden Daten zu beschaffen, da ich wußte, daß auf diesem Mond mit nahezu allem gehandelt wird.

Das leuchtet schon eher ein, sagte er. Und womit haben Sie die Daten bezahlt? Oder wollen Sie etwa behaupten, man hätte sie Ihnen geschenkt?

Doch, das will ich.

Ein großzügiges Geschenk.

Ja, sehr großzügig.

Und das auf diesem verschrienen Mond!

Sie lächelte versonnen in ihr Glas, blickte ihn dann spöttisch an. Glaube mir, Sven, es geschehen immer noch Wunder. Wenn wir Wunder als etwas definieren, was sich mit Menschenverstand nicht erfassen und nicht erklären läßt.

Noch nicht, sagte er verbissen.

Ich will dir deinen Optimismus nicht nehmen, erwiderte sie. Alles klar?

Die Expedition, sagte er, hatte auf einem Planeten ein bis dahin unbekanntes, superschweres stabiles Element entdeckt.

Wir nannten es Einsteinium.

Die Sirr hat nicht gerade viel davon zur Erde mitgebracht!

Vielleicht, weil es sehr selten vorkommt?

Oder weil Sie damit auf Go bezahlt haben, gab er zurück. War es so?

Kein Kommentar.

Steht das auf den blockierten Speicherplätzen im Logbuch?

Kein Kommentar, wiederholte sie.

Okay. Also, Sie haben die nötigen Daten irgendwie bekommen und fliegen zum Raumschiff zurück. So schnell wie möglich. Sie haben sich nicht einmal zwei Tage auf Go aufgehalten, nicht wahr?

Dies ist doch kein Verhör, oder?

Was hätten Sie getan, Anne, wenn man Sie betrogen hätte, wenn die Daten falsch gewesen wären? Wieder zum Go zurückfliegen? Sie sagten vorhin, Sie hätten die anderen nicht geweckt, weil Sie mit jedem Gramm Energie geizen mußten. Nun plötzlich nicht mehr? Was, wenn Ihre Idee sich als undurchführbar erwiesen hätte?

Was hätte ich deiner Meinung nach tun sollen?

Die Route auf Go durchrechnen. Waren Sie nicht zu vertrauensselig, geradezu leichtfertig?

Wie denn? unterbrach sie ihn heftig. Der Rechner der Landefähre war nicht leistungsstark genug, und auf Go – du kannst auf diesem Mond sehr viel bekommen, natürlich auch Computer, aber es gab dort, zumindest als ich da war, keine Rechenstation, deren Kapazität für derart umfangreiche Berechnungen ausgelegt war. Außerdem hatte ich ein sicheres Gefühl …

Ein Gefühl! Als würden Sie sich auf ein Gefühl verlassen.

Ich bin eine Frau, Sven.

Aber Sie waren auch Erster Navigator, stellvertretender Kommandant, verantwortlich für zweihundert Astronauten.

Sie legte die Hand auf seinen Arm. Vergiß es. Die Kommission hat das alles damals monatelang überprüft. Entspann dich, genieße die Sonne. Wollen wir schwimmen gehen?

Darf ich noch eine Frage stellen?

Gut, eine letzte.

Sie haben zur Berechnung Ihrer Route die vierte Emmerson-Ableitung benutzt, das zeigt das Protokoll des Bordcomputers. Diese Ableitung konnten Sie aber nicht kennen. Ich habe es nachgeprüft, sie war zwar bei Ihrer Rückkehr ein alter Hut, aber sie wurde erst drei Wochen nachdem die Sirr in die Funkstille eintrat, veröffentlicht.

Sie lachte laut auf, hob ihr Glas und prostete ihm zu. Du bist wirklich ein As, sagte sie. Du bist der erste, der das gemerkt hat.

Haben Sie die Ableitung selbst entdeckt? Warum haben Sie sie dann nicht, wie es üblich ist, nach der Rückkehr als Parallelentdeckung registrieren lassen?

Vielleicht habe ich es vergessen? Oder es war mir nicht wichtig. Ich weiß es nicht mehr.

Oder Sie haben die Ableitung erst auf Go erfahren. War es so? Erzählen Sie es mir, bitte.

Warum?

Weil es mich quält. Irgend etwas stimmt nicht an der Geschichte, und ich komme nicht dahinter, was.

Ja, sagte sie, nichts ist quälender als eine Frage, die niemand beantworten kann.

Sie könnten es, nicht wahr?

Sie blickte ihn nachdenklich an. Selbst wenn da noch etwas war, sagte sie, welchen Grund hätte ich, es dir zu erzählen? Nur, um die Neugier eines jungen Burschen zu befriedigen?

Vielleicht, weil es Sie erleichtert, Anne? Nichts ist quälender als ein Geheimnis, das man mit niemandem teilen kann.

Sie seufzte. Vielleicht hast du recht, sagte sie leise.

Bestimmt. Reden Sie, ich verrate es niemandem.

Das könntest du ruhig. Wer würde dir glauben? Nun ist die Alte vollends übergeschnappt, würde man sagen. Vielleicht bin ich es? Zumindest würdest du das denken ...

Nein, niemals, beteuerte er.

Sie goß sich Whisky ein, trank einen Schluck pur, bevor sie Eiswürfel in das Glas tat und Wasser aufgoß. Dann drückte sie die Lehne ihres Stuhles herunter, legte sich hin, verschränkte die Hände unter dem Kopf und blickte in den Himmel.

Also gut, sagte sie, du sollst die Wahrheit hören, die ganze Wahrheit und nichts als die Wahrheit. Ja, es gibt etwas, was nicht im Logbuch verzeichnet ist. Auch nicht auf den blockierten Speicherplätzen, du hast richtig vermutet. Dort steht, daß ich mit dem Einsteinium die Daten für die Route gekauft habe, daß ich deshalb zum Go geflogen bin. Nur, als ich die Sirr verließ, hatte ich noch keine Ahnung von der sogenannten Hinrichsen-Route. Wie oft habe ich bereut, daß ich die Wahrheit verschwiegen habe, schlimmer, daß ich ..., weißt du, ich hatte Angst, daß man mich für verrückt erklärt. Es ist ja auch nicht zu glauben. Und später habe ich nie mehr den Mut gehabt, es jemandem zu sagen. Du hast recht, Sven, es quält mich. Ich habe nicht das Recht, es zu verschweigen, und jetzt, da mein Leben zu Ende geht – sie erstickte seinen Einspruch mit einer Handbewegung –, ich weiß es, noch ein Jahr, höchstens zwei ... Aber versprich mir, es niemandem ...

Ich schwöre es, rief er.

Nicht so pathetisch, junger Mann. Mir genügt, wenn du

mir dein Wort gibst, es erst nach meinem Tod preiszugeben.

Darf ich aufnehmen? Ich habe ein Diktabel in der Jacke.

Sie richtete sich auf, blickte ihn an, mit einem Schlag wirkte sie alt.

Von mir aus. Sie lachte bitter. Nimm es auf. Das Geständnis der Anne Hinrichsen.

Er holte sein Gerät.

Ja, begann sie, ich habe das Einsteinium bis auf eine kleine Probe mit zum Go genommen, aber ich wußte noch nicht, wofür ich es verwenden würde. Es war das einzige an Bord der Sirr, mit dem ich Hilfe erkaufen oder jemanden bestechen konnte, und das schien unsere einzige Chance. Du mußt wissen, bevor ich zum Go fuhr, hatte ich eine andere Variante verwerfen müssen. Ich hatte den Energiebedarf der Sirr berechnet – Meteoritenabwehr, Aussteuerung der stabilen Bahn, Unterhalt der Schlafkojen und der permanenten Systeme –, den Rest wollte ich für einen Spruch in Richtung Erde verwenden, mich dann auch schlafen legen und hoffen, daß man den Notruf zu Hause empfing und uns zurückholte. Es reichte nicht. Der Lichtspruch hätte rund dreißig Jahre gebraucht, die verbleibende Energie noch für knapp siebzig Jahre gereicht. Doch in siebzig Jahren konnte uns selbst das schnellste irdische Raumschiff nicht erreichen. So kam ich darauf, zum Go zu fliegen. Kannst du dir vorstellen, wie verzweifelt ich war, als ich erfuhr, daß vom Tantalus keine Hilfe zu erwarten war? Ich ... sie unterbrach sich.

Nein, ich muß anders anfangen, sagte sie. Ich hatte lange gebraucht, um auf Go jemanden zu finden, mit dem ich mich verständigen konnte. Ich strich stundenlang über den größten Markt des Mondes, bis ich von einem Mann vom Sirius hörte, der Irdisch verstünde und der kompetent für meinen Fall zu sein schien. Als ich ihn endlich gefunden hatte und ihm erklären wollte, worin mein Problem bestand, unterbrach er mich sofort. Doch nicht hier, sagte er.

Er zog mich aus dem Gewimmel des Platzes hinaus in die staubige Ebene unter einen alleinstehenden Baum. Hier, sagte er, kannst du mir alles erzählen.

Wir waren so gut wie allein. Nur ein Stück weiter hockten, unter einem anderen Baum, ein paar merkwürdige Gestalten. Weißt du, Sven, du kannst auf Go die exotischsten Rassen treffen; es hätte mich nicht überrascht, wenn sie gewaltige Schwänze oder sogar drei Köpfe gehabt hätten. Was mich so eigentümlich berührte: Sie sahen wie Hominiden aus, wie Urmenschen. Schädel wie einst die Neandertaler, nein, noch gröber, irgendwie unfertig, primitiv. Auf der Erde hätte ich sie für eine Horde übriggebliebener Ureinwohner gehalten. Sie machten den Eindruck, als hätten sie niemals etwas von Hygiene gehört, hatten langes blauschwarzes, zu dünnen Zöpfen geflochtenes Haar, breite weiße Striche auf Stirn und Wangen – es fehlte eigentlich nur noch ein Pflock durch die Nase.

Ich verstehe, sagte Sjöberg, solche Gestalten habe ich mal in einer Anthropologie-Vorlesung gesehen, ich glaube, australische Steinzeitmenschen.

Ja, etwa so. Und sie waren nackt bis auf einen Umhang aus bunten Federn. Warst du mal in Kolumbien? Dort hängen solche Mäntel aus winzigen Federn im Museum, die alten Inka-Könige haben sie getragen. Später sah ich, daß es keine Federn waren, sondern kleine Schuppen aus einem Material, das ich nicht identifizieren konnte. Aber bleiben wir bei Federmantel, das beschreibt am besten den Eindruck. Wie, zum Teufel, kamen sie hierher? Ureinwohner vom Go konnten es nicht sein, ich wußte ja, daß der Mond ein künstliches Gebilde war, und die Tantaliden haben Rüssel und Schlappohren.

Was sind das für komische Vögel, fragte ich den Sirianer.

Ugs, sagte er verächtlich. Bei euch auf der Erde würde man sie Ugs nennen, von ugly, häßlich.

Wo sie herkamen, wußte er nicht. Sie sind einfach da,

sagte er, und ebenso plötzlich wieder verschwunden. Die Ugs hocken tagelang unter einem Baum, summen vor sich hin, meditieren. Mir hat mal einer erzählt, sie sprächen mit ihren Toten. Die Ugs glauben, daß ihre Ahnen das Universum geschaffen haben und daß sie mit ihrer Seele in einer anderen Zeit leben, einer unendlichen Traumzeit, die allen anderen Rassen versperrt bleibt. Nun ja, eben Primitive.

Verkaufen die hier auch? erkundigte ich mich. Oder will jemand sie verkaufen?

Keine Ahnung, sagte der Sirianer. Vielleicht wollte jemand sie mal verscherbeln und hat sie dann ausgesetzt. Wer sollte so was schon kaufen? Nimm dich nur vor denen in acht. Ugs stinken und stehlen. Sie klauen wie die Raben.

Wir setzten uns so, daß wir die Ugs nicht sehen mußten, und ich erklärte dem Sirianer, man habe mir gesagt, er kenne sich bestens auf Tantalus aus. Ich wolle von ihm erfahren, ob ich eine tantalidische Institution offen um Hilfe für ein irdisches Raumschiff angehen könne oder ob ich jemanden und wen und wie hoch bestechen müsse und ob er vermitteln könne.

Ja, sagte er, er hätte uns helfen können, aber nicht jetzt, und wer weiß, wann. Der letzte Krieg auf Tantalus habe sieben Jahrzehnte gedauert. Ich glaube, ich habe geheult vor Verzweiflung.

Was ich von einer Reparatur auf Plujos halte, fragte der Sirianer. Bis dahin könnten wir es aus eigener Kraft schaffen, und er kenne dort den zuständigen Oberbonzen. Wir handelten ein wenig; für die fünf Gramm Einsteinium, die ich bei mir trug, war er bereit, auf Plujos nachzufragen. Ich versprach ihm weitere vierhundert Gramm – fast unseren gesamten Vorrat –, sobald wir im Dock von Plujos lägen und die Reparatur gesichert sei.

Womit, fragte Sjöberg, hättet ihr dann die Dockarbeiten bezahlt?

Mit den Daten des Fundortes. Ich hatte gemerkt, wie

gierig der Sirianer auf die Koordinaten war, also rechnete ich mir aus, daß man auch auf Plujos noch nicht davon wußte. Nun, er nahm mir das Versprechen ab, mich nicht wegzurühren, er käme auf jeden Fall bis Sonnenuntergang zurück, und zog ab.

Das Warten war entsetzlich, ich konnte die Augen kaum offenhalten, hatte jedoch Angst, daß die Ugs mich im Schlaf überfallen könnten. Ich behielt sie im Auge.

Sie hockten nach wie vor unter ihrem Baum, summten vor sich hin, klatschten dazu in die Hände. Nicht laut, kaum wahrnehmbar für mich. Ab und zu stand einer der Ugs auf, schlug seinen Federmantel um die Hüfte, breitete die Arme aus und umrundete mit verklärtem Gesicht den Baum. Wie ein Kind, das Vogel spielt. Der Nachmittag wollte und wollte nicht vergehen. Als die Schattengrenze sich über den Horizont schob – du mußt wissen, Sven, daß ein Tag auf Go so lang wie sechs Erdentage ist –, kam einer der Ugs auf mich zu, blieb etwa drei Meter vor mir stehen und lächelte mich an. Ich dachte, er wolle betteln. Ich hob die Hände, um ihm zu zeigen, daß ich nichts besaß, was ich ihm geben könnte, da sagte er: Ich wünsche dir einen guten Tag. Darf ich mich zu dir setzen? – Auf irdisch!

Ich war derart verwirrt, daß ich nickte. Er hockte sich neben mich an den Baumstamm. Jetzt, da ich ihm ins Gesicht blickte, erschien er mir überhaupt nicht »ugly«, sondern freundlich, anheimelnd, sogar schön, und er stank auch nicht, im Gegenteil, ich vernahm überhaupt keinen Geruch. Er lächelte schweigend, spielte mit seinen langen, ungewöhnlich beweglichen Zehen im Sand, und ich sah, daß er sieben Zehen hatte. Auch sieben Finger. Fünf Finger und zwei Daumen, an jeder Seite der Hand einen. Verwundert stellte ich fest, daß ich mich geradezu unheimlich wohl in seiner Nähe fühlte, so etwas wie Geborgenheit spürte, Zutrauen – ja, ich hatte Vertrauen zu ihm. Was wollte er?

Ich habe zufällig mitgehört, sagte er, wie du dem Mann dein Problem erläutert hast. Dann bekam ich mit, daß er gar nicht sprach. Gewiß, er bewegte die Lippen ein wenig, aber während ich seine Worte vernahm, befeuchtete seine Zunge die Lippen, und kein Wesen im Universum kann sich gleichzeitig die Lippen lecken und sprechen. Er schickte also seine Gedanken direkt in mein Gehirn. Konnte er auch meine Gedanken lesen?

Nun ja, dachte ich, es gibt vielerorts Erscheinungen, die wir als spiritistisch bezeichnen würden, vor allem bei den primitiven Spezies – er reagierte nicht auf diesen Gedanken, auch nicht, als ich ihn direkt provozierte und dachte: Ugs stinken und stehlen.

Du hast gewiß einen Namen, meinte ich.

Ja, Alpha.

Woher kommst du, Alpha?

Von irgendwo nirgendwo.

Kann ich etwas für euch tun? erkundigte ich mich.

Ja, du könntest uns Wasser holen, sagte er. Auf dem Markt will man uns nichts verkaufen, man jagt uns fort. Er steckte seine Hand unter den Federmantel, und als er sie wieder hervorholte, hatte er Rubine darin, genug, um selbst auf Go ganze Containerladungen Wasser zu kaufen.

Klar, sagte ich. Braucht ihr sonst noch was?

Nein, nur Wasser.

Ich nahm eine Folie, um dem Sirianer eine Nachricht zu hinterlassen, der Ug winkte ab.

Er kommt nicht wieder, erklärte er. Der Sirianer ist ein schlechter Mann, ein Betrüger. Und ein Lügner. Du hast dein Einsteinium an einen Unwürdigen verschwendet.

Dann ist wohl auf Tantalus gar kein Krieg? fragte ich.

Doch, leider.

Eine Welle der Schwermut und Trauer durchflutete mein Gehirn, verebbte aber schnell wieder. Vielleicht können wir etwas für dich tun, sagte Alpha.

Ihr? Wie denn! Wahrscheinlich habe ich ein wütendes

oder ein entsetzlich dummes Gesicht gemacht, doch er blieb freundlich.

Erzähle mir, was mit deinem Raumschiff geschehen ist, sagte er sanft.

Warum, zum Teufel, sollte ich das, erwiderte ich bissig.

Vielleicht fühlst du dich dann erleichtert – er benutzte fast dieselben Worte wie du vorhin, Sven –, und ich erzählte ihm von der Sirr, haarklein, mit allen Details. Woher wir kamen, wo wir zu Hause waren, nannte ihm die Raumkoordinaten der Erde nach dem galaktischen Standard, beschrieb das Ausmaß der Havarie, die uns verbliebene Energie, die Leistung der intakten Aggregate ... Es sprudelte nur so aus mir heraus. Warum auch nicht, dachte ich.

Es dauerte nicht lange, bis ich vom Markt zurück war, über und über mit Kalebassen beladen. Ich hatte so viel Wasser gekauft, wie ich nur tragen konnte, und nur einen Rubin ausgegeben. Die Ugs saßen noch unter dem Baum, sie hatten ihre Umhänge über die Köpfe gezogen, nur die Gesichter schauten heraus. Und ihre nackten Füße, die Zehen bewegten sich kreisend. Alpha lief um sie herum, besser gesagt, er trottete versunken in weitem Bogen um den Baum, klatschte einen eigenartigen Rhythmus mit seinen Händen, die anderen summten mit vorgestülpter Unterlippe einen dumpfen, hin und wieder auf- oder abschwellenden, manchmal auch tremolierenden Ton, etwa so – sie machte es Sjöberg vor –: ouh – ouuh – uooh. Ich legte die Kalebassen in den Sand und wartete, ich wollte ihre Meditation nicht stören. Dann fiel mir auf, daß die Ugs jetzt anders saßen als zuvor.

Ich ging in weitem Abstand um ihren Baum herum. Dabei entdeckte ich, daß der Bogen, den Alpha abschritt, einen ziemlich exakten Kreis bilden mußte, und die Ugs saßen ganz regelmäßig. Es waren acht, außer Alpha, vier lehnten mit dem Rücken am Stamm, vier hatten sich vorgebeugt, immer abwechselnd. Stell dir ein Kreuz vor, Sven, als Schnittpunkt der Baumstamm, dazu ein zweites, ein wenig längeres, um fünfundvierzig Grad gedrehtes Kreuz – dann weißt du, wie sie saßen.

Sjöberg sah sie verständnislos an. Sie richtete sich auf, stellte die Blumenvase auf die Tischplatte. Das ist der Baumstamm, sagte sie, nahm vier Eiswürfel und legte sie kreuzförmig an die Vase. Das sind die vier Ugs, die am Stamm lehnen, und das – sie nahm vier weitere Eiswürfel und formierte damit ein Quadrat – die anderen vier.

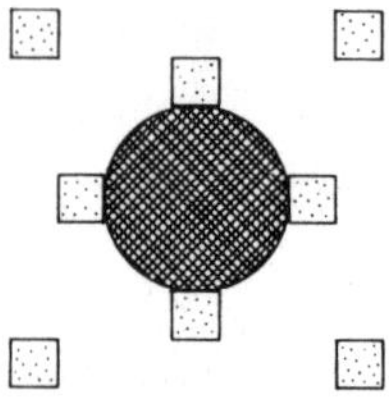

Wahrscheinlich ein uraltes Ritual, dachte ich, vielleicht sind sie jetzt in dieser Traumzeit versunken und sprechen mit den Geistern ihrer Ahnen. Alpha zog seinen Bogen größer, nahm eine der Kalebassen, näherte sich spiralförmig dem Baum, trat zu einem der Ugs, der legte langsam den Kopf in den Nacken, öffnete den Mund, und Alpha goß ihm Wasser hinein, dann dem nächsten, dem dritten … Plötzlich wechselten die Ugs die Position, die vier, die am Stamm gelehnt hatten, beugten sich vor, gleichzeitig lehnten die anderen sich zurück, völlig synchron, es dauerte keine Sekunde, da war das alte Bild wiederhergestellt, nur jetzt um fünfundvierzig Grad gedreht. Das Bild erinnerte mich an etwas, doch ich konnte nicht dahinterkommen, woran.

Ich blieb noch einen Augenblick stehen, lauschte dem monotonen Summsang der Ugs, hielt die Hand mit den verbliebenen Rubinen hin – Alpha tat, als sähe er mich nicht. Schließlich setzte ich mich unter meinen Baum.

Die Ugs wechselten regelmäßig die Sitzordnung, ich sah auf meine Uhr: exakt alle siebzehn Minuten und zwölf Sekunden. Irgendwann schlief ich ein. Die Aufregung und die Anstrengungen der vergangenen Tage forderten ihren Tribut. Ich wachte erst auf, als jemand meinen Namen rief. Alpha stand vor mir.

Woher weiß er meinen Namen? dachte ich. Ich war sicher, ich hatte ihn nie genannt, und Alpha hatte mich nicht nur mit dem Vornamen gerufen, sondern eindeutig Anne Hinrichsen gesagt.

Ich weiß es eben, sagte Alpha. Darf ich mich setzen?

Natürlich. Warum fragst du erst?

Es ist so üblich bei uns. Er setzte sich nicht neben mich an den Baum, sondern hockte sich vor mir in den Sand.

Ich glaube, wir haben die Lösung, sagte er.

Was für eine Lösung? fragte ich.

Für euer Problem. Hast du ein Diktabel?

Klar hatte ich eins, aber was sollte das?

Mußt du darauf sprechen, fragte Alpha, oder kannst du auch darauf denken?

Ich kann darauf denken, sagte ich.

Dann denke, ich diktiere.

Was denn? fragte ich unwillig.

Er hielt mir eine Kalebasse hin. Trink erst.

Ich nahm einen langen Schluck, befeuchtete die Stirn, die Hände, wurde munter, starrte ungläubig den Wilden an, der da vor mir hockte.

Du wolltest dein Diktabel bereitmachen, erinnerte er.

Ich nahm es heraus, schaltete ein, und dann ... Sie setzte sich auf, sah Sjöberg in die Augen. Halte mich ruhig für verrückt, Sven, aber so war es! Er diktierte mir in einem Affentempo lange Kolonnen von Formeln und Zahlen in mein Gehirn, und ich dachte sie weiter auf mein Diktabel – ich hätte wohl auch gar nicht anders gekonnt. Ich war wie gelähmt, fühlte meinen Körper nicht mehr, konnte mich nicht bewegen, ich saß völlig willenlos vor diesem nackten Ug – Alpha hatte jetzt seinen Federmantel zu einer Wulst auf seinem Bauch gerollt, seine Brust war völlig mit einem blauschimmernden Haarpelz bedeckt; er hatte die Augen geschlossen, sein Gesicht war maskenhaft starr, der Mund nur noch ein schmaler Strich, die Nasenlöcher aufgebläht. Er ließ seine Gedanken in mein Gehirn fließen, als sei ich nichts anderes als eine organische Relaisstation. Plötzlich brach der Datenfluß ab, Alpha entspannte sich, lächelte.

Ich denke, das wird dir helfen, sagte er, nickte noch einmal und ging zurück zu den anderen.

Deine Rubine, rief ich ihm nach.

Behalte sie, antwortete er. Er drehte sich nicht mehr um.

Sie sah Sjöberg verlegen an. Verrückt, was?

Völlig verrückt, stieß Sjöberg aus. Ja, das klingt absolut absurd. Und dann?

In diesem Augenblick, sagte sie, wußte ich, woran die Ugs mich erinnert hatten: an das Mandelsche Quadrat! Verstehst du?

Sjöberg schüttelte den Kopf. Nie gehört.

Nein? Entschuldige, ich vergesse, daß du sechshundert Jahre jünger bist. Ich denke unwillkürlich, du müßtest das gleiche wissen wie ich. Zu meiner Zeit war das Mandelsche Quadrat allen ein Begriff, eine geradezu revolutionäre Entdeckung. Bis dahin war es immer noch nicht gelungen, mehr als drei Hyperbyte-Rechner synchron zu schalten, da entdeckte Mandel sein Quadrat, das über diese scheinbar unüberwindliche Grenze der künstlichen Intelligenz führte: acht Rechner, nicht mehr und nicht weniger, voll integriert, jeder mit vier anderen direkt vernetzt. Sie stellte die Vase beiseite und zog mit dem Finger Linien aus Schmelzwasser zwischen den Eiswürfeln.

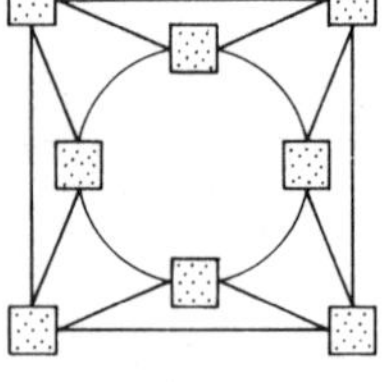

Ach, das meinst du, sagte Sjöberg.

Jetzt bist du übergeschnappt, dachte ich. Was hatten die Ugs mit einem Mandelschen Quadrat zu tun! Ich preßte die Augen zusammen, bis ich Lichtblitze wahrnahm, kniff mir in den Arm, spürte den Schmerz, riß die Augen auf. Die Ugs lagen unter ihrem Baum, und da war nichts von irgendeiner Ordnung. Hatten sie je anders dagesessen? Ein Gedanke bohrte in meinem Gehirn: aufstehen, sofort aufstehen und zur Fähre gehen.

Ich stand auf. Die Schattengrenze hatte sich über die Ebene bis fast an meinen Baum vorgeschoben. In wenigen Minuten würde es kalt werden, und der Sirianer kam bestimmt nicht wieder. Ich stand noch einen Augenblick unentschlossen da und sah zu den Ugs hinüber, sie schienen fest zu schlafen.

Wie in Trance ging ich zur Landefähre, ich konnte keinen klaren Gedanken fassen, mein Gehirn schien leergefegt; erst nach dem zweiten Glas Tee konnte ich wieder denken. Ich war sicher, ich hatte das Ganze nur geträumt. Wenn man nach so langer Zeit im Raum zum erstenmal wieder festen Boden unter den Füßen hat, sind Halluzinationen ja nichts Ungewöhnliches. Aber da waren die Rubine. Und das Relais des Diktabels zeigte an, daß es geladen war. Ich schloß das Diktabel an den Bordcomputer an und überspielte. Der Computer fragte, ob er die Anweisungen ausführen sollte. Welche Anweisungen? dachte ich.

Natürlich, sagte ich. Mir war alles egal. Über eine Stunde war die gesamte Kapazität des Rechners ausgelastet, ich hätte nicht einmal starten können, ohne das Programm, welches auch immer der Computer da bearbeitete, zu unterbrechen. Dann druckte er das Ergebnis aus. Ich starrte auf die Folienbänder. Vor mir lag das, was du als die erste Hinrichsen-Route kennst. Ein exakter Flugplan, wie wir mit eigener Kraft nach Hause kommen konnten: zuerst von einem bestimmten Punkt mit Schub aus der stationären Bahn, mit steigender Beschleunigung in den Bereich eines Schwarzen Loches, dann, von einem angegebenen Punkt, den Katapulteffekt ausnutzend, von dem Schwarzen Loch in den Anziehungsbereich eines Sternes und so weiter, bis zur Erde – kannst du dir vorstellen, wie mir zumute war?

Nein, sagte Sjöberg, das kann wohl niemand. Aber reichte die Kapazität des Bordcomputers denn aus, so etwas zu berechnen?

Nicht, um die Route zu berechnen, damit hatte sogar die Zentraleinheit der Sirr einige Schwierigkeiten, wohl aber, um die fertigen Berechnungen in unsere Parameter zu übertragen. Ich habe dann auf der Sirr alles mehrfach durchgerechnet, auf dem Diktabel waren nicht nur die Daten aller tangierten Systeme gespeichert, auch die notwendigen Formeln – sie lächelte Sjöberg an –, darunter die vierte Emmerson-Ableitung, aber ich war schon an diesem Abend in der Landefähre fest überzeugt, daß alles stimmte. Ich wußte es einfach.

Nachdem ich die Route überprüft hatte, weckte ich den Kommandanten. Ich berichtete zuerst von der Havarie, zeigte ihm die Beschädigungen der Sirr, die Abdeckung des Lecks, legte ihm meine Berechnungen für die erste Variante vor – du erinnerst dich, der Notspruch zur Erde –, sagte ihm, daß wir vom Tantalus keine Hilfe erwarten konnten, dann führte ich ihm »meine« Route vor. Natürlich wollte er sie erst einmal selbst durchrechnen, dann konnte er sich gar nicht fassen vor Begeisterung.

Mädchen, schrie er, wie bist du nur daraufgekommen?

Ich wollte ihm die Wahrheit sagen; wer, wenn nicht Lagrange sollte mir glauben, dieser alte Raumfuchs, der, weiß der Himmel, die seltsamsten Dinge im Kosmos erlebt hat, doch ein unbestimmtes Gefühl mahnte mich zur Vorsicht.

Was würdest du sagen, fragte ich ihn, wenn ich behaupte, ich hätte die Route auf Go geschenkt bekommen?

Ich würde dir kein Wort glauben, erwiderte er. Ausgerechnet auf Go? Die nehmen doch Hurenpreise, wenn du nur einen Schluck Wasser haben willst. Wer sollte dir da so eine Route schenken?

Vielleicht ein paar komische Vögel, sagte ich, und ich erzählte ihm die Begegnung mit den Ugs, so wie dir jetzt, Sven.

Ein schönes Märchen, meinte Lagrange, aber tu mir einen Gefallen, Mädchen, vor allem dir, erzähl das keinem anderen, ja? Sonst stecken sie dich gleich nach der Ankunft wegen Raumkoller in eine psychiatrische Klinik.

Aber wenn es nun wirklich so gewesen wäre, sagte ich, nur mal angenommen ...

Vielleicht bist du verrückt, unterbrach er mich unwillig, aber ich bin es nicht. Und nun verrate mir, wie du wirklich daraufgekommen bist, vor allem, woher hast du die Daten?

Da habe ich ihm gesagt, ich hätte sie für Einsteinium eingehandelt, und das glaubte er sofort. – Bei der Havarie war ein Teil des Einsteiniums verlorengegangen, das erklärte ich jetzt zum Preis für die Daten.

Das deck ich doch, sagte Lagrange. Kannst dich drauf verlassen. Mehr wollte er nicht wissen. Keine Details, sagte er. Wenn du willst, bestätige ich für das Logbuch, daß wir das gemeinsam beschlossen haben. Soll mir nur einer kommen. Er weckte auch nicht die anderen, um die neue Situation zu beraten.

Wozu, meinte er, wir haben ohnehin keine andere Chance. Die sollen sich freuen, daß sie Mutter Erde überhaupt wiedersehen, die Füße sollen sie dir küssen, basta.

Wir lösten uns ab, bis wir das ersten Schwarze Loch passiert und den berechneten Kurs auf das nächste Sonnensystem eingeschlagen hatten, bis also sicher war, daß die Route stimmte. Während er schlief, habe ich das Logbuch manipuliert – du kannst mir glauben, Sven, es ist mir nicht leichtgefallen, es zu fälschen, ist schließlich die schlimmste Sünde für einen Astronauten, aber was sollte ich tun, wenn nicht einmal Lagrange mir glaubte?

Sie goß sich Whisky nach, trank ihn unverdünnt. Jetzt ist mir leichter, sagte sie. Gut, daß du gekommen bist, Sven. Ich hatte mich zwar entschlossen, mein Geheimnis nicht mit ins Grab zu nehmen, aber wer weiß, ob ich allein den Mut aufgebracht hätte.

Bestimmt, sagte Sjöberg.

Ich bin nicht sicher. Gar nicht so einfach, sein Image zu zerkratzen. Sie blickte auf die See, schwieg lange.

Du kannst dir jetzt vorstellen, wie beschissen ich mich fühlte, als ich nach der Rückkehr wie ein Held gefeiert wurde. Aber zugeben, daß ich das Logbuch gefälscht hatte? Zumal man mir kaum geglaubt hätte. Riskieren, daß man mich für verrückt hielt? Also schwieg ich. Aber das Wort Hinrichsen-Route konnte ich nicht mehr hören. Mir wurde schlecht davon, buchstäblich, ich mußte kotzen. Ich wollte nie mehr etwas von Raumfahrt hören.

Deshalb also haben Sie den Platz in der Akademie ausgeschlagen, sagte Sjöberg.

Ich wollte nur noch mit irdischen Dingen zu tun haben. Töpfern zum Beispiel. Sie zeigte auf die Blumenvase.

Ich hatte mich schon gewundert, daß nichts in Ihrem Zimmer an den Kosmos erinnert.

Da hast du etwas übersehen! Sie schmunzelte. Die Rubin-Rosette im Fenster!

Sjöberg drehte sich um. In der Mitte der großen Scheibe funkelten sieben große Rubine im Licht der Sonne.

Und die Ugs? Sie haben sie doch noch einmal gesehen, bevor Sie zur Sirr zurückflogen, nicht wahr?

Sie wich seinem Blick aus, schüttelte stumm den Kopf.

Kommen Sie, Anne, erzählen Sie mir auch den Rest. Eine Frau wie Sie kann einfach nicht abhauen, ohne einen Versuch zu machen, diese »komischen Vögel« wiederzusehen. Unmöglich!

Du hast recht. Sobald ich die Route studiert und mich von meinem Schock erholt hatte, ging ich zurück. Unter dem Baum saß niemand mehr. Ich streifte über den Markt, fragte überall nach ihnen; man begegnete mir mit unverhohlenem Mißtrauen. Schließlich sagte jemand, er habe sie gesehen, die Ugs seien mit der Schattengrenze nach Süden gezogen.

Ich lief ihnen nach, stundenlang. Immer der Spur ihrer nackten Füße im staubigen Sand des Go nach. Ich gab nicht auf, ich mußte sie wiedersehen, mit ihnen sprechen, sie fragen – Hunderte von Fragen gingen mir durch den Kopf, das verstehst du.

Endlich erblickte ich in der Ferne die Tagesgrenze, dann die Ugs, winzige Punkte in der endlosen Ebene. Ich nahm alle Kraft zusammen, lief, als gelte es mein Leben, holte sie ein.

Sie wanderten tatsächlich mit der Schattenlinie, tanzten auf ihr, bildeten eine Reihe mit Alpha in der Mitte, drehten sich wie auf Kommando um und tänzelten rückwärts. Dann schlossen die anderen einen Kreis um Alpha, er behielt die Füße auf der auch aus der Nähe erstaunlich scharf markierten Grenze zwischen Tag und Nacht, begann sich zu drehen, die anderen rotierten entgegengesetzt um ihn, summten eine Melodie, schlugen dazu den Takt mit den Händen, nein, mit den Fingern, ein verwirrendes Spiel, unglaublich rhythmisch und unglaublich laut.

Ich wollte sie nicht stören. Irgendwann, sagte ich mir, würden sie mit ihrem Tanz oder ihrer Meditation schon aufhören, zumal Alpha mich gesehen hatte. Aber da breiteten sie die Arme aus, berührten sich mit den Fingerspitzen, kreiselten immer schneller, und dann – sie sah Sjöberg verlegen an –, dann erhoben sie sich in die Luft! Ganz langsam zuerst, sie schwebten ein paar Minuten eine Handbreit über dem Boden, nur Alphas Zehen berührten ihn noch, die Ugs rotierten jetzt so rasend um ihn, daß er meinem Blick entschwand. Die nackten Füße schoben sich zu einem Band zusammen, die Federmäntel zu einem alle umschließenden, orangeroten Zylinder, dann schossen sie los wie eine Rakete, pfeilgerade, wurden kleiner und kleiner, ein leuchtender Punkt, der zwischen den Sternen des Nachthimmels verschwand.

Sie schwieg erschöpft. Atmete schwer. Verrückt, was?

Ja, sagte Sjöberg.

Aber du glaubst mir, nicht wahr?

Ja. Doch jetzt brauche ich auch einen Schnaps. Auf die Ugs, sagte Sjöberg.

Wo immer sie jetzt sein mögen, antwortete sie. Irgendwo nirgendwo.

Giovanna

In diesem Sommer regnete es viel.

»So müßte unsere Geschichte beginnen«, sagte sie.

»Welche Geschichte?«

»Die Geschichte unserer Liebe.«

Ich fürchte, es gibt bereits eine Geschichte, die so beginnt, am Ende gar einen berühmten Roman. Der Satz kommt mir allzu bekannt vor. Doch vielleicht habe ich ihn auch nur zu oft gedacht, denn es regnete, wann immer wir uns trafen.

Wenn ich an Giovanna denke, höre ich Tropfen auf einen Schirm prasseln oder an Scheiben klopfen; und wenn es regnet, brauche ich nur die Augen zu schließen und still zu verharren, dann ist mir, als fühlte ich wieder den Druck ihrer Lippen, die zärtlichen Finger, die Haut – ihre Haut war seidenglatt und duftete nach Linden im Juni.

Ich denke oft an Giovanna. Jeden Morgen schenke ich mir eine Minute Erinnerung.

Als wir uns kennenlernten, regnete es nicht.

Vielleicht erinnern Sie sich: Der Frühling endete in vierzehn Tagen tropischer Hitze, die das Leben in der Stadt unerträglich werden ließ. Es war der Abend, bevor der Regen kam. Zum erstenmal wehte ein kühlender Wind, die Straßen schöpften Luft, und ich bekam Lust, nicht zu der Geburtstagsfeier zu gehen, sondern weiterzulaufen. – Nur ein paar hundert Schritte, dann bricht die Stadt ab, der Wald beginnt unvermittelt hinter den Wohnblöcken, die in den letzten Jahren die Lauben verdrängten. Ein abrupter Wechsel der Kulisse, wie im Fernsehatelier, wo man mit einer kleinen Drehung vom Mittelalter in ein modernes Schlafzimmer oder in die Nachrichten gerät.

Dieser Wechsel von Stadt zu Wald hatte mich schon das erstemal, als ich Hannes besuchte und aus Versehen zu weit ging, so fasziniert, daß ich noch einmal zurückgehen und den Weg abschreiten mußte, ganz langsam, zwischen den glatten Betonwänden hindurch, geradenwegs auf den letzten Block zu, der sich in den Weg stellt, als wolle er den Ausgang aus der Stadt versperren, und die Straße in einen scharfen Knick zwingt – wenn man um die Ecke biegt, steht man im Wald und ist überwältigt. Und dann ein wenig enttäuscht, daß nicht ein Reh flüchtet oder wenigstens ein Kaninchen.

Doch die Kaninchen sind in die Stadt gezogen und wohnen am Platz der Akademie oder im Friedrichshain. Und an den Kirchen. Aus Giovannas Fenster haben wir zugesehen, wie sie den Rasen zwischen den alten Grabsteinen abgrasten. Wir saßen ganz still, um sie nicht zu vertreiben. Sie machten nicht einmal Anstalten davonzuhoppeln, als ich morgens das Haus verließ, sie sahen nur kurz auf. Am nächsten Morgen nicht einmal mehr das.

Giovanna kam mir bekannt vor, ich überlegte, woher. Als mein Gedächtnis nichts preisgab, dachte ich, ich hätte mich wieder einmal geirrt.

Schon länger mißtraue ich meinen Augen, zu oft haben sie mir Streiche gespielt, gestern erst: Ich glaubte Giovanna auf der Friedrichstraße zu sehen, lief ihr nach, rempelte zwei Dutzend Leute an, schlug einer Frau das Netz aus der Hand, so daß ich erst mit rotem Kopf die Äpfel aufsammeln mußte – da war Giovanna verschwunden. Dabei konnte sie es gar nicht gewesen sein. Wie kann jemand Tausende von Kilometern entfernt und zugleich hier sein, außer in meinen Gedanken? Doch mein Herz schlug so heftig, daß ich nachsehen mußte. –

Ich fragte Hannes, wer sie sei. Ihr Name sagte mir nichts und auch nicht ihr Beruf: Spektralanalytiker. Ich ging zu ihr. Wir wechselten ein paar nichtige Sätze, Versuche. Dann wurde sie zum Tanz geholt. Auch später konnten wir uns nicht unterhalten, nicht nur, weil es so laut war und alle durcheinanderredeten und sich mit ihren Worten zwischen uns drängten: weil ich keinen Satz zu Ende bekam und irgendwann ins Stottern geriet. Giovanna schien alles zu verstehen. Noch später hockte ich zu ihren Füßen, den Kopf auf ihrem Schenkel. Ich hielt ihre Hand und hörte zu, wie sie mit anderen sprach. Ich verstand nicht, wovon, ich nahm nur den Klang ihrer Stimme auf. Ich war glücklich.

Wir tanzten erst, als die anderen nebenan auf dem Fußboden hockten und im Suppentopf nach Klößchen fischten; die Hausfrau wunderte sich, daß es so wenige waren. Wir gestanden nicht, daß wir heimlich in der Küche geangelt hatten.

Mit den kalten Klößen aus der kalten Suppe hat es angefangen; die erste Heimlichkeit, die noch so viele nach sich zog. Ausreden, vorgetäuschte Termine, Absagen unter, ich fürchte, oft fadenscheinigen Gründen, Treffs in entlegenen Straßen – wir konnten keine Minute für andere verschwenden, denn an nichts waren wir ärmer als an Zeit. Wir mußten unsere Freunde bestehlen, ja, ich gestehe, wir haben auch nicht vor Diebstahl an gesellschaftlichem Eigentum zurückgeschreckt und uns während der Dienstzeit getroffen.

An diesem Abend jedoch waren wir bedenkenlos öffentlich verliebt, und alle sahen es. Und viele eher als wir. Unsere Liebe war noch zu jung, um sich ihrer Nacktheit bewußt zu sein. Erst die Erkenntnis läßt uns die Unschuld verlieren, und der Preis für den Apfel ist oft Heimlichkeit oder gar schlechtes Gewissen.

Doch warum sollten wir uns schuldig fühlen? Warum sollte es ungehörig sein, morgens um sechs aneinandergeschmiegt durch die Straßen zu schlendern und die verschlafenen Fassaden abzugucken, hier einen wurmstichigen Türengel zu entdecken und dort einen gußeisernen Löwen, der einst die Einfahrt zum Hof vor den beschlagenen

Rädern der Pferdewagen beschützen mußte – er blickte mißtrauisch, aber vielleicht war er nur traurig, weil er schon so lange nicht mehr den Duft frischer Pferdeäpfel gewittert hatte. Was wissen wir, was im Kopf eines alten, verrosteten Löwen vor sich geht?

Die Leute, denen wir begegneten, betrachteten uns wie Besucher von einem fremden Planeten.

Der Polizist an der Passage senkte den Kopf, doch er lugte unter den Brauen hervor, und sein Mund zuckte verräterisch; es gelang ihm nicht, sein Schmunzeln unter dienstliche Gewalt zu bringen.

Die Sonne konnte noch nicht in die Straßen blicken, sie putzte erst einmal die Scheiben vom vierten Stock aufwärts. Die Friedensgöttin hielt ihren Stab in die Höhe und trieb die steinernen Rosse an. Die Bänke Unter den Linden waren feucht vom Tau. Ich hängte das Schild »Frisch gestrichen!« auf die Rückseite und stand noch einmal auf, es umzudrehen. Ich wollte nicht, daß ein zufälliger Passant über uns lachen durfte. Die Farbe war trocken, aber sie duftete noch. Ihr Geruch vermischte sich mit dem Aroma der Linden. Oder war es der Duft von Giovannas Haut?

Ich küßte ihre Fingerspitzen. Ich hätte sie gern auf den Mund geküßt, doch vor uns machten sich die ersten Autos breit, schwarze Limousinen mit brummigen Dienstgesichtern, die wer weiß was so früh aus ihren Garagen vertrieben hatte. Die Fahrer saßen in offenen Türen und lasen Zeitung, einer die »Junge Welt‹, der war mindestens vierzig. Wir waren noch nicht an der Welt interessiert.

Wir sahen in die Fenster der sowjetischen Botschaft und dachten uns weit weg. Ich träumte von einem Spaziergang am Ufer des morgendlich glatten Jenissej, von leichtem, lautlosem Schwimmen bis zur Erschöpfung und Kaffeekochen an offenem Feuer, und ich wunderte mich, daß ich Giovanna nicht traf, waren wir doch gemeinsam auf die Reise gegangen.

Ich wußte noch nicht, daß sie in Moskau umsteigen

mußte, weil sie in Kosmogorod erwartet wurde, und daß der Gedanke daran ihr an diesem Morgen den ersten Abschiedsschmerz in den Schoß legte. So deutete ich ihren Händedruck und den Seufzer ganz falsch. An der Staatsoper hatten ihre Gedanken mich wieder eingeholt.

»Hinter dem Dom«, sagte sie, »weiß ich einen Platz, den mußt du kennenlernen. Ganz still ist es dort, ganz einsam. Nirgendwo sonst in Berlin ist der Morgen so schön.«

Ich glaubte es ihr. Kein Ort auf der Welt konnte schöner sein als der, an dem ich sie in den Armen halten konnte.

Unser erster Kuß währte sechs S-Bahn-Züge oder sieben oder hundert. Die Bahnen donnerten über die Brücke und hüllten uns in ihren Lärm, daß wir uns aneinanderpressen mußten. Doch zwischen den Zügen umgab uns tatsächlich eine unwirklich menschenleere Stille. Vögel sangen, und wenn ich im Unterricht besser aufgepaßt und nicht heimlich gelesen hätte, könnte ich jetzt anführen, welcherart Vögel es waren; Koller, unser Biolehrer, war ein Talent in bezug auf Vogelstimmen. So kann ich nur mitteilen, daß es nicht Spatzen waren, die uns das Morgenlied sangen.

Daß es auch hier eine Linde war, unter der wir standen, weiß ich erst, seit ich den Ort wieder aufsuchte, um von Giovanna zu träumen. Und erst da habe ich entdeckt, daß die Statuen auf dem Alten Museum kleine Drähte auf ihren Köpfen bereithielten, Blitze von uns abzuhalten, und ich habe mich mit einer Verbeugung dafür bedankt. Auch bei der Linde natürlich, die uns Unterschlupf gewährte. Wir hatten nicht bemerkt, daß sich der Himmel dunkel bezogen hatte. Der Regen weckte uns. Wir stellten uns unter den Blätterschirm. Giovanna verkroch sich unter meinen Armen.

»Du wirst ganz krumm werden«, sagte sie und küßte mich unter das Kinn. »Daß ich so klein bin!«

»Vielleicht werde ich sogar einen Buckel bekommen«, sagte ich. »Aber ich werde ihn tragen wie eine Trophäe.«

»Und ich will ihn streicheln und küssen«, sagte sie leise. »Jeden Morgen und jeden Abend. Das soll Glück bringen.«

»Du glaubst gar nicht, wie viele Buckel ich habe«, flüsterte ich ihr ins Ohr und wußte endlich, wie ich sie nennen konnte: Giovanna. Nach jenem Mädchen aus Florenz, das einen Buckligen mehr als ihr Leben geliebt hat.

»Giovanna«, rief ich.

Sie schlug sogleich die Augen auf und fragte: »Ja?«

Meine kleine Giovanna. Ich sagte ihr nicht, daß ihre Florentiner Schwester als Hexe verbrannt worden war. Man soll Liebende nicht mit dem Tod erschrecken. Und nicht mit dem Abschied.

Sie hat es mir erst vor dem Bahnhof gestanden.

»Ich bringe dich noch ein Stück«, sagte sie. Als ginge es nur bis zum nächsten Café. Ich ahnte nichts, nicht einmal, als sie zum Bahnhof abschwenkte. Die Koffer hatte sie schon am Tag zuvor aufgegeben und ihre Tasche in einem Schließfach deponiert. Ich stutzte einen Moment, als sie ihren Schlüssel in den Briefkasten warf, doch ich war zu sehr damit beschäftigt, einen Fluchtplan für den Nachmittag auszuhecken, um darüber nachzudenken.

Auch an diesem Morgen regnete es, genauer: Ein nasser Dunst fiel vom Himmel und hüllte uns in graue Schleier. Ich fragte nicht, woran sie dachte. Ich glaubte, ich wüßte es. Wir hatten für uns nie viele Worte gebraucht, selbst wenn wir uns eine Zukunft entwarfen, nur Stichworte, zwischen denen die Gedanken Netze spinnen konnten: Nebel am Strand – Unter den Sternen – Die Wirtin bringt Grog – Fliegen können – Aufwachen neben dir, es regnet – Ein Blockhaus am See – Bernstein sammeln ... zwei Dutzend Zukünfte. Und sie hatte die ganze Zeit gewußt, daß es nur zehn Tage Gegenwart waren.

Ich hielt ihre Hand, die wie verloren aus dem schmalen Fenster des blauen Waggons hing.

»Vergiß mich«, sagte sie. »Und danke schön.«

Wofür? Daß ich glücklich sein durfte, einen kurzen verregneten Sommer lang?

Ich habe mir Lindenblüten gepflückt, und wenn ich die

Augen schließe, atme ich wieder den Duft ihrer Haut. Wenn ich morgens zur Arbeit gehe, denke ich über die Wolken, über das Blau des Himmels hinaus, in die schwarze Tiefe am Rande des Alls, wo Giovanna jetzt in ihrem Profilsessel vor irgendeinem unaussprechlichen Gerät sitzt und Analysen anstellt, und ich verbeuge mich wie ein strenggläubiger Mohammedaner in die Richtung meines Mekka. Wie gerne würde ich mir einen grünen Turban binden und auf Pilgerfahrt gehen, doch meine Kaaba ist kein seelenloser Stein, sondern sind zwei große schwarze Pupillen in schmalen Ringen von Regengrau.

Jeden Morgen berechne ich den Kurs ihrer Station, und wenn sie gerade über der anderen Seite unseres Planeten steht, bin ich traurig. Heute nacht habe ich ausgerechnet, wie viele Sekunden noch vergehen müssen, bis Giovanna zurückkehrt. Ich weiß auch schon, auf welchem Bahnsteig ihr Zug einlaufen wird, zwölf Minuten vor sechs, mitteleuropäische Zeit. An einem Morgen im Juli. Ein Jahr und vier Tage nach Null.

Ich hoffe, es regnet.

Doublepie

Er drehte den Kopf nicht zur Seite, er blickte stur zu der großen Standuhr in der Ecke hinter dem Tresen, als ob er gebannt darauf wartete, daß der große Zeiger auf die Zwölf sprang und der Westminstergong ertönte. Aber die Versuchung, sich umzudrehen, war noch immer ungeheuer stark. Er hatte den Mann im Augenwinkel, sah nicht viel mehr von ihm als ein Schemen, doch er erkannte längst aus den vagen Wahrnehmungen, was da geschah. Der Mann hielt das Geschoß wiegend in der Hand, holte aus, nur probehalber, ließ die Hand ausschwingen. Sie warteten fast immer auf einen Gongschlag. Als ob er in der Tat so blöde war, das noch immer nicht mitzubekommen. Der Sekundenzeiger strich über die Vier. Gleich würde der Mann rufen.

»Doublepie!« Ganz sanft, geradezu zärtlich rief er.

Duke wartete, bis der Mann zum zweitenmal rief.

»Doublepie!«

»Jaaa?« antwortete Duke, das A langgedehnt und in einem aufschwellenden, heller werdenden Ton, als könne er es noch nicht fassen, daß jemand ihn rief, als kröche der Ruf im Schneckentempo durch die Ganglien seines Hirns. Ganz langsam drehte er sich herum, tat verwundert, wer ihn wohl gerufen haben mochte, ließ mit dümmlich geöffnetem Mund seinen Blick suchend über die Reihe der grinsenden Männer an der Theke schweifen, fragte noch einmal: »Jaaa?«, dann »Waas iiist?«, auch das gedehnt bis zum Ausufern. Die Männerriege an der Theke grölte laut auf und ahmte ihn im Chor nach: »Waas iiist?«

Der Mann hatte jetzt richtig ausgeholt, hielt das Geschoß in Schulterhöhe, der Sekundenzeiger erreichte die Neun. Einundzwanzig, zweiundzwanzig, dreiundzwanzig – das Timing stimmte, im richtigen Moment hatte er sein Gesicht bis zu dem Mann herumgedreht, blickte ihm in die Augen. Das war ihr Triumph: daß er sie ansah, wenn sie warfen. Er blickte in die grinsende Fresse, den Kopf ein wenig schief gelegt; ein Mann, der nichts versteht, tat, als sehe er die weiße Masse nicht auf sich zuschießen, als könne er gar nicht begreifen, was da geschah. Der Mann lachte gellend. Vierundzwanzig, fünf ... und – der weiße Schaum klatschte in sein Gesicht. Buchstäblich erst in der letzten Sekunde hatte er die Augen geschlossen, als die Torte sein Gesicht schon verdeckte; nicht nur für den Werfer, für jeden mußte es so aussehen, als träfe die Torte ihn bei geöffneten Augen. Das war sein bester Trick.

Mit beiden Händen kratzte er die cremige Masse von seinen Wangen, ließ sie zwischen den gespreizten Beinen zu Boden fallen – wenn er die Augen schloß, öffnete er zugleich die Beine, um sich die Hosen nicht vollzuklekkern –, schlug mit angewiderter Miene die Hände auf und ab, daß die Creme von den Fingern spritzte. Alle grölten, manche lachten, daß ihnen Tränen in die Augen schossen. Sie sahen ihm zu, während sie an ihren Gläsern nippten, warteten darauf, daß er einen Finger in den Mund steckte, die Creme kostete und zuerst verwundert, dann verzückt die Augenbrauen in die Höhe zog und sein »Aaaah!« ausstieß. Offensichtlich waren sie tatsächlich blöde, zu blöde, um sich die Frage zu stellen, ob ein Mensch wirklich nie, nicht einmal bei der zehnten oder zwanzigsten Wiederholung, mitbekommen müßte, daß ihm das Zeug schmeckte.

Er mußte Willie sagen, daß die Bäckerei die Creme noch weniger süß machen sollte.

Die Männer drehten sich weg, wandten sich wieder ihren Nachbarn zu, schwatzten, Duke hörte nicht hin. Es war immer dasselbe: Autos, Weiber, Chefs. Willie warf ihm das Papierhandtuch zu, Duke wischte sich das Gesicht sauber. Auch darüber wunderte sich niemand, wie sauber er wieder war, wenn irgendwann das nächste Geschoß nach ihm geworfen wurde. Niemand schien zu merken, daß er Papp-chemisettes mit Papierkrawatten trug, eines über dem anderen, so daß er, wenn niemand herübersah, das beschmutzte Chemisette mit einem Griff herunterreißen und in den Eimer hinter dem Vorhang werfen konnte. Er mußte fleckenlos sauber sein, wenn der nächste warf, auch das gehörte zum Spiel. Wenn sie nur nicht so oft zu besoffen wären, um sein Gesicht zu treffen. Er hatte nun schon über ein Dutzend völlig gleicher Jacken in seinem Schrank auf der Privattoilette, und der Chinese begrüßte ihn mit ausgesuchter Herzlichkeit: Duke war der beste Kunde der Reinigung. Sein Frisör grüßte nicht mehr, seit er sich jeden Tag eine Glatze rasierte.

Willie brachte den Schnaps, den der Werfer ihm spendierte. Der Schnaps war im Preis inbegriffen. Zehn Pfund pro Wurf. Und nur fünfzig Pennies Unkosten für das Sahnetörtchen. Kein Penny für Willie, das hatte er ausgemacht, als er ihm seine Idee erläuterte. Und wer zahlt den Schnaps? hatte Willie gemosert. Er hatte schnell eingesehen, daß er trotzdem ein Bombengeschäft machte. Duke trank nur stark verdünnten Whisky aus einer Extraflasche – wie hätte er sonst durchhalten sollen! –, und seit er hier den Doublepie machte, war Willies Kneipe Abend für Abend voll. Neuerdings kamen sogar vornehme Leute, Damen in teuren Pelzen. Willie hatte Champagner in seine Getränkeliste aufgenommen und die Kneipe jetzt bis zum frühen Morgen geöffnet, damit die feinen Pinkel der Snobiety als krönenden Abschluß ihrer Partys noch hereinschauen konnten. Doublepie wurden langsam zu einer stadtbekannten Attraktion.

Ja, dachte Duke zufrieden, es war wirklich eine phantastische Idee. Hoffentlich bekam er sie patentiert. Und ein entschieden lukrativerer Job als im MINIPIOL. Er kicherte still in sich hinein. Wenn seine ehemaligen Kollegen beim Ministerium für positive Information und optimistische Lebensanschauung wüßten, was er hier trieb, sein Chef erst – Sir George – würde in Ohnmacht fallen! Dabei hatte er jetzt doch die optimistische und positive Lebensanschauung, die Sir George unerbittlich von seinen Beamten forderte: »Jeder Mitarbeiter unseres Ministeriums muß ein untadeliges Vorbild sein!«

Weiß Gott, er sah optimistisch in die Zukunft. Nicht mehr lange, und er hatte genug Geld für ein eigenes Lokal zusammen, konnte sich selbst einen Doublepie engagieren. Sechzig Pfund hatte er heute bereits verdient, und der Abend hatte gerade erst angefangen: bestimmt schaffte er diese Nacht wieder mehr als zweihundert Pfund.

Duke schlürfte genüßlich seinen dünnen Whisky. Das Lokal in der Haymarket Street wäre genau das Richtige. Er sah die Schrift schon über dem Eingang leuchten: »Bei Laurel & Hardy«. Natürlich mußte er das Lokal neu einrichten, rundum Videowände, damit die Gäste auf jedem Platz die Filme bequem sehen konnten, eine lange Bar durch beide Räume und dort, wo sie zusammenstießen, von jedem Tisch gut sichtbar, einen Platz für seinen Doublepie.

Eine geradezu ideale Lage, dachte er, ab mittags Laufkundschaft aus den Bürosilos – bestimmt würden viele, statt in ihren Pub zu gehen, in sein Lokal kommen, besonders Geschäftsleute, die ihren Kunden nach dem Lunch etwas Besonderes bieten wollten –, am Abend dann die Besucher der Shows und Theater, später die Nachtschwärmer ... Er mußte mindestens zwei Doublepies engagieren. Und gleich ein halbes Dutzend Videokopien von jedem Film ziehen lassen, vor allem von seinem Lieblingsfilm »The Battle of the Century«.

Die »Schlacht des Jahrhunderts« war sein Trumpf, einsame Spitze, ein Schlager, der weltweit für sein Lokal werben würde, keine mühselig zurechtgeflickte Rekonstruktion mit eingesetzten Standfotos – obwohl sogar dieses Flickwerk in den Staaten seit Jahrzehnten ein Renner war –, nein, eine Originalkopie!

Duke hätte nie vermutet, daß er irgend etwas von Wert in der Hinterlassenschaft von Tante Kathleen finden würde, und dann solch ein Schatz! Weiß der Himmel, wie sie zu dieser Kopie gekommen sein mochte; er glaubte zu träumen, als er auf dem Hängeboden in einem Wäschekorb voller Gerümpel die Blechbüchse fand. Ungläubig entzifferte er die verblichene Schrift, löste mit zitternden Fingern das Klebeband – es war tatsächlich »The Battle of the Century«! In erklassigem Zustand. Die Originalfassung, die offensichtlich einzige erhalten gebliebene Kopie dieses »größten Groteskfilms aller Zeiten«, wie Henry Miller gesagt hatte. Auf jeden Fall die größte Sahnetortenschlacht aller Zeiten. Das war ja auch die Absicht der Produzenten gewesen, die 1928 diesen Film gedreht hatten: »A pie picture to end all pie pictures.«*

Wie alle Filme mit Oliver Hardy und Stan Laurel, die man auf dem Kontinent Dick und Doof nannte, fing auch dieser ganz harmlos an.

Hardy versichert Laurel hoch gegen Unfall, wirft ihm dann die berühmte Bananenschale vor die Füße, doch nicht Laurel rutscht darauf aus, sondern ein Bäckerbursche mit einer Torte in der Hand. Dann entwickelt sich die Schlacht, immer mehr Leute werden hineingezogen, Beteiligte und bisher Unbeteiligte, Frauen und Männer, Kinder und Greise, arm und reich, die Eskalation einer sinnlosen, anarchischen Schlacht, jeder gegen jeden, überall zerspritzende Torten, Gesichter, die zu Schaummaskenfratzen erstarren, sich aus der Erstarrung lösen. Die Getroffenen greifen nun auch zu, werfen zurück, aber natürlich duckt sich der Angezielte, und die Torte trifft einen Unschuldigen – wenn er nur an die Szene dachte, in der eine Torte durch das offene Fenster in den weit geöffneten Mund des Mannes auf dem Zahnarztstuhl fliegt! Oder wie eine Torte

* Ein Sahnetortenfilm, um alle Sahnetortenfilme zu beenden. Pie (engl.) – Kuchen: In den USA vor allem die Sahnetörtchen, mit denen in den Slapstickfilmen geworfen wurde.

im Briefkasten landet, den der Postbote gerade leeren will ... Viertausend Wurfgeschosse sollen für diesen Film verbraucht worden sein, die ganze Tagesproduktion einer Großbäckerei in Los Angeles.

Duke besaß bereits ein Dutzend L & H-Filme, als er Tante Kathleen beerbte. Nun begann er mit System zu sammeln, wurde geizig, gönnte sich nicht einmal mehr das Mittagsbier, kratzte jeden entbehrlichen Penny zusammen; er gab nicht auf, bevor er nicht sämtliche Filme von Laurel und Hardy besaß. Schon als Junge hatte er keinen ihrer Filme verpaßt – er war gerade zwölf, als diese Stummfilme ihre dritte Renaissance erlebten –, jetzt hockte er jeden Abend zu Hause und sah sich einen oder zwei, oft sogar drei Streifen an und mußte sich immer wieder vor Lachen krümmen, zum Beispiel, wenn Laurel und Hardy als Aushilfskellner bei Neureichs den Salat wie bestellt »without dressing« servieren, aber nicht, wie gemeint, ohne Salatsauce, sondern wörtlich mißverstanden: ohne Kleidung. Natürlich servieren sie nicht nackt, aber in langen Unterhosen und langärmligen Unterhemden ...

Was Duke besonders begeisterte, war der »double take« – daß die beiden, vor allem der unübertrefflich begriffsstutzige Stan, alles immer erst beim zweitenmal verstanden – und der »slow burn«, dieses überlangsame Abbrennen ihrer Komik, zum Beispiel in »Big Business«: Laurel und Hardy verkaufen dem griesgrämigen James Finlayson mitten im Sommer einen Weihnachtsbaum und geraten in Streit, der zu einer Orgie der Zerstörung eskaliert. Finlayson zerlegt ihnen nach und nach das Auto, Laurel und Hardy demolieren sein Haus, alles im Zeitlupentempo und eins nach dem anderen. Unglaublich komisch, wie sie scheinbar ungerührt, geradezu neugierig zusehen, wie der andere etwas kaputtmacht, dann selbst zur Tat schreiten und sich revanchieren. Auge um Auge, Zahn um Zahn, Fußtritt ans Auto – Fußtritt an die Haustür, zerschlagene Windschutzscheiben – zerschlagene

Fenster … Und die »pie battles« natürlich, die Tortenschlachten …

Eines Abends, Duke sah sich gerade mit Lianne die »Schlacht« an, mußte er daran denken, wie gerne er Sir George einmal eine Torte ins Gesicht klatschen würde. Und daß wohl jeder seinen Sir George hatte. Da kam ihm seine Idee: eine traurige Figur, die alles erst beim zweitenmal verstand und der jedermann für ein paar Pfund eine Sahnetorte stellvertretend ins Gesicht werfen durfte. Er wußte auch gleich den Namen: Doublepie. Ein zugkräftiger Name, ein Markenzeichen. Und er wußte, das war die Chance, seinen Wunschtraum zu verwirklichen: ein Lokal, in dem er seine Laurel & Hardy-Filme zeigen würde und in dem er sein eigener Herr war.

Duke glaubte an seinen Plan, doch er zögerte immer wieder, sich selbständig zu machen. War es nicht unverantwortlich, in diesen unsicheren Zeiten, da Millionen verzweifelt einen Job suchten, den sicheren Posten eines Ministerialbeamten gegen das Risiko eines selbständigen Unternehmers einzutauschen? Als er dann den Artikel im MIRROR las, war er sich sicher und kündigte im MINIPIOL. Mit der Idee des Doublepie würde er das Geld für ein eigenes Lokal zusammenbekommen.

Es hätte nicht erst des Artikels im MIRROR bedurft, Duke wußte auch so, was ihn an diesen Filmen faszinierte, aber jetzt hatte er es schriftlich, von einer soziopsychologischen Kapazität, und diese öffentliche und, da im MIRROR erschienen, überaus seriöse Würdigung bestärkte ihn in seiner Idee. Das Interesse für die alten Slapstickfilme war keine vorübergehende Modeerscheinung wie so vieles andere, sondern ein langanhaltender Trend mit steigender Tendenz, kein nostalgischer Kurzzeitbrenner, sondern Ausdruck eines zeittypischen Phänomens. Der Artikel im MIRROR faßte nur in wissenschaftliche Formulierungen, was Duke Abend für Abend empfand: In diesen Orgien der Zerstörungswut, der sinnlosen Destruktion, der ungehemmten Rachegelüste und unverhohlenen Schadenfreude löste sich die Frustration des Zuschauers. Und auf eine harmlose, also gesellschaftlich sogar nützliche Weise, nicht in solchen Exzessen, wie sie andauernd bei Popfesten und Fußballspielen ausbrachen.

Diese Filme, so hieß es im MIRROR, trafen eine allgemein verbreitete, jedoch meist tief im Innern versteckte Sehnsucht: einmal gegen die allgegenwärtige, allmächtige, übermächtige Obrigkeit aufzubegehren, gegen die Übermacht all der Aufsichtspersonen, Gesetzes- und Ordnungshüter, Weisungs- und Anweisungsberechtigten. Anarchistisches Aufbegehrenwollen und andererseits die Ohnmacht, die anerzogene Autoritätsgläubigkeit, die verinnerlichte Unterwürfigkeit gegenüber jeglicher Autorität – so ging es doch nicht nur Hardy und Laurel: Angst vor den Vorgesetzten, den Beamten, den Hauswirten, den Polizisten ... so ging es fast jedem.

Und hier im Kino oder zu Hause vor dem Videogerät konnte man seine anarchistischen Gelüste ungestraft ausleben, für eine Stunde miterleben, mitfühlen, sich zurückfallen lassen in eine kindliche Welt, in der man noch aufbegehren durfte, sich vollschmieren, im Schlamm wälzen, finstere Rachepläne nicht nur schmieden, sondern ausführen, alles zerschlagen, ohne vorher an die Folgen zu denken, ein Bein stellen, die Tür an die Nase knallen, eine Torte ins Gesicht werfen, den Schlips abschneiden ... Aufruhr spielen. Wie oft hatte Duke daran gedacht, Sir George die Tür gegen die Nase zu knallen, wie oft hatte er sich vorgestellt, wie er ihm eine Sahnetorte ins Gesicht klatschte!

Duke wartete jeden Abend darauf, daß Sir George in Willies Kneipe kam. Gewiß, es war unter seiner Würde, solch eine Spelunke zu betreten, aber vielleicht wollte ihm einmal ein Bekannter diesen Doublepie vorführen? Duke wußte genau, wie es sein würde: Zuerst würde Sir George sichtlich irritiert sein, vielleicht sogar angewidert, dann belustigt das Milieu betrachten, sich zieren, hier etwas zu trinken, dann doch an einem Glas nippen, weil er nicht unnötig auffallen wollte, und irgendwann würde er in die Versuchung kommen, eine Torte nach ihm zu werfen. Sir George würde nicht wissen, nach wem er da warf, nicht nur, weil Duke jetzt eine Glatze hatte; Sir George's Gehirn würde sich weigern, eine derart absurde Verbindung herzustellen: ein ehemaliger Mitarbeiter, ein Distriktsleiter gar als Doublepie? Und Duke würde sich nicht zu erkennen geben. Noch nicht.

Wenn Sir George zu Willie kam, dann würde er auch werfen. Er war stolz darauf, mit jeder Art von Waffe ein perfekter Schütze zu sein, Olympiasieger im Bogenschießen, Landesmeister mit der Armbrust und mit der Maschinenpistole! In seinem Büro übte er täglich mit Wurfpfeilen, und er nutzte jede Gelegenheit, um anderen seine Überlegenheit zu demonstrieren. Er würde beweisen wollen, daß er auch besser als jeder andere eine Sahnetorte werfen konnte.

Duke legte sich jeden Abend eine Torte hinter dem Vorhang zurecht – für den Fall, daß Sir George nach ihm werfen sollte. Dieses eine Mal würde der Doublepie zurückwerfen. Und sich weiden an dem Nichtverstehen des anderen, seiner grenzenlosen Verwunderung, wie ihm da geschah. Wie bei Stan Laurel würde auch Sir George's Gesicht vor Verblüffung erstarren, zu einer Maske aus Sahne, Kuchenbrei und Haaren versteinern, und Duke würde lauthals über diese Fratze lachen – das ganze Lokal. Das Johlen und Grölen der Männer tönte ihm schon jetzt wohlklingend im Ohr. Ganz langsam nur würde sich Sir George aus seiner Erstarrung lösen, hilflos, im Zeitlupentempo, und dann würde er ihn urplötzlich anfauchen, nein, brüllen, daß die Wände wackelten: »Was unterstehen Sie sich, Sie Wurm!« Und Duke würde Sir George ganz erstaunt anblikken und mit dem dümmsten Gesicht, das er machen konnte, fragen: »Was iiist?«, und der Chor der Gäste würde feixend wiederholen: »Waaas iiist?« Dann würde Duke mit spitzem Finger auf Sir George's bekleckerten Anzug zeigen. »Wünschen Sie ein Handtuch, Sir George?« Und erst dann, wenn Sir George vollends verblüfft war, weil er nicht verstehen konnte, woher dieser Doublepie seinen Namen kannte, erst dann würde Duke sich zu erkennen geben.

»Träumst du, Duke?«

Er schreckte hoch, ganz untypisch für Doublepie, bekam sich aber sofort wieder in die Gewalt und setzte das dümmliche Lächeln auf, das man von ihm erwartete. Es war Maggie.

Seit Vater gestorben war, nannte ihn nur noch Maggie Duke. Vater hatte ihm diesen unmöglichen Namen angehängt, der den Spott geradezu herausforderte.* Weil auch er Duke hieß und auch sein Vater und sein Großvater – seit vier Generationen schleppten sie diesen unglückseligen Namen mit, nur weil die Urgroßmutter sich einmal in einen Jazztrompeter verliebt hatte, der Duke hieß. Wie er den Namen gehaßt hatte. Aber nun, da ihn niemand außer Maggie mehr so nannte, sehnte er sich danach.

In seinem Wohnblock war er Sieben-Achtundzwanzig – die Nummer seines Appartements –, bei den Ämtern interessierte sich kein Mensch für den Namen, nur für die Personenkennziffer, selbst im MINIPIOL hatte kaum jemand Duke zu ihm gesagt, seinen Nachnamen kannte wohl nur die Kaderabteilung. Man sprach sich meistens mit »Herr Kollege« an, und bei den Vorgesetzten mußte man sich mit der Dienstnummer melden. Er konnte sogar seine allererste noch auswendig: Doppelnull-Null-Vier-A-Siebzehn. Wenn er einkaufte, war er entweder »Junger Mann« oder, was ihn jedesmal unendlich verdroß, bei den blutjungen Verkäuferinnen »Alterchen«. Und Lianna sagte Sharpy zu ihm; weil er genauso drollige Stirnfalten habe wie ihr chinesischer Shar-Pei-Hund …

Maggie stellte seinen Orangensaft auf den Schemel hinter dem Vorhang und verschwand, nicht ohne ihm zuzulä-

* duke (engl.) – Herzog

cheln und den Mund zu einem symbolischen Kuß zu spitzen. Maggie gab ihm immer wieder zu verstehen, wie gern sie mit ihm ins Bett steigen würde. Wenn Duke es noch nicht getan hatte, dann nicht aus Angst, Krach mit Willie zu bekommen – Willie, so sagte man, sei da sehr großzügig, weil er impotent sei –, Duke konnte sich nicht an den Gedanken gewöhnen, mit diesen zwei Zentnern Fleisch, die viele der Gäste unverhohlen lüstern betrachteten, in einem Bett zu liegen. Ja, wenn Maggie eine Figur wie Lianna hätte …

Er war nicht wenig erstaunt, als er Lianna vor zwei Jahren vor seiner Tür sah. Sie hatte sich überhaupt nicht verändert, Duke fand sogar, sie sei noch schöner geworden.

»Was machst du denn hier?« fragte er.

»Ich wohne hier.« Sie zeigte auf die Tür des gegenüberliegenden Appartements.

Seitdem sahen sie sich regelmäßig, sie ließen dann die Wohnungstüren offen, damit Lianna das Telefon hören konnte. Es frustrierte Duke immer wieder, daß sie mitten im schönsten Film aufspringen mußte, aber wie sie sagte: Der Kunde ist König. Anfangs hatte es ihn irritiert, er wußte nicht, wie er sich verhalten sollte, zumal sie so absolut offen war, ungeniert auch über ihren Job plauderte, aber jetzt hatte er sich daran gewöhnt, daß sie eine, nun ja, Hostess war – selbst in Gedanken war es ihm unmöglich, sie Prostituierte zu nennen. Kein Strichmädchen, ein Callgirl der gehobenen Preisklasse.

Sie kannten sich schon von der Uni, hatten beide Informatorik studiert, im gleichen Semester. Er hatte sich auf der Stelle in Lianna verliebt, aber sie war ihm unerreichbar erschienen: zu schön, zu klug. Lianna hatte ihr Examen mit »summa cum laude« bestanden. Und dann nie einen Job gefunden. Weil jeder Computer sie als Sicherheitsrisiko ausspie.

Dabei hatte Lianna nicht einmal heimlich mit Terroristen oder mit einer der unzähligen Geheimbünde und Verschwörersekten geliebäugelt. Politik war ihr scheißegal, ebenso, ob Professor Hamilton damals zu Recht oder zu Unrecht als Mitglied einer terroristischen Vereinigung verurteilt worden war. Lianna hatte nur ihrem Vater einen Denkzettel verpassen wollen, hatte sich der Protestdemonstration nur angeschlossen, weil ihr Vater im MINISID arbeitete und weil sie wußte, daß die Beamten des Ministeriums für Staatliche Information und Dokumentation alle Demonstrationen filmten und daß diese Filme dann über den Bildschirm ihres Vaters liefen. Sie hatte sich eigens in die Nähe einer Kamera begeben – sie wußte ja von ihrem Vater, wie die versteckt wurden –, hatte sich unter dem als Starkasten getarnten Videoauge aufgestellt und die Zunge gezeigt. Was sie nicht wußte: daß jemand ihrem Vater den Ast absägen wollte und nur auf eine passende Gelegenheit wartete, so daß ihr Vater sie nicht wieder aus dem Computer löschen konnte. Schlimmer: Der Konkurrent speiste Liannas Daten auch noch in die Datei der besonders verdächtigen Sympathisanten der Terroristenszene ein.

»Was soll's, es ist auch nur ein Job«, hatte sie Duke erklärt, »meine Kunden sind alles vornehme, gebildete, wohlhabende Herren; ist doch besser, als irgendwo den ganzen Tag zu schuften, oder?«

Er hatte nie mit Lianna geschlafen, obwohl sie es ihm angeboten hatte. Umsonst. Nicht daß er zu prüde war, um mit einem Callgirl zu schlafen, zu ängstlich; er hatte eine unüberwindbare Furcht, sich mit irgendwas zu infizieren. Aber er träumte oft von ihr. Und sobald er es sich leisten konnte, wollte er sie von ihrem Telefon wegholen. Er würde Lianna sogar heiraten, obwohl er durch seine Filme gewarnt sein sollte: Ehefrauen, das zeigten sie nachdrücklich, waren Ersatzmütter, Mammies, die man hat, wenn man endlich der eigenen Mutter entronnen ist. Trotzdem, eine Hochzeit ganz in Weiß, Lianna mit einem Brautkranz aus rosa Rosen auf ihrem Goldhaar ... Und daß sie als Callgirl gearbeitet hatte – es war sicher gut, wenn wenigstens einer

Erfahrung hatte. Er sehnte den Tag herbei, da er sie ganz für sich besitzen durfte. Wenn er morgens sein Geld einsteckte, dachte er jedesmal, daß er diesem ersehnten Ziel wieder ein ganzes Stück näher gekommen war, seine Träume langsam real wurden. Eines Tages würde er genug Geld besitzen, um mit Lianna eine Weltreise machen zu können.

Er träumte jeden Abend. Mit offenen Augen. Wachträume, während er auf den nächsten Einsatz als Doublepie wartete. Dieses Sitzen und Warten war das schlimmste. Er blickte nicht mehr ungeduldig zur Uhr, das machte es nur noch schlimmer, aber er war jeden Tag heilfroh, wenn er endlich aufstehen und den lahm gewordenen Körper strecken konnte. Und richtig glücklich, daß er dann Harris auf dem Bahnhof vertreten durfte. Wahrscheinlich war er der einzige glückliche Gepäckträger am Waterloo-Bahnhof. Er genoß es geradezu, nach dem endlosen Sitzen und Warten schwere Koffer zu schleppen. Doch was hätte er sonst all die Stunden tun sollen, lesen? Das würde sein Image zerstören. Zu Anfang hatte Willie seinetwegen ein Videogerät hinter der Theke aufgestellt, doch die Gäste lärmten zu laut, als daß Duke etwas hätte verstehen können, und sie hatten auch protestiert. Ob Willie denn diesen Scheiß mitmachen müsse, sie kämen gerade deshalb zu ihm, weil es in seiner Kneipe kein Video gab. In seinen Träumen war Duke schon oft um die Erde gereist, in den Kosmos, zu den fernsten Welten, hatte mit den schönsten Frauen aller Hautfarben geschlafen, die tollsten Orgien erlebt; konnte die Wirklichkeit so schön sein wie seine Träume? Die Hochzeitsnacht mit Lianna so aufregend, wie er sie schon hundertmal geträumt hatte?

Ein anderer Lieblingstraum: daß ihm Flügel wuchsen. Manchmal glaubte er schon, wenn er seinen immer juckenden Rücken an der mit Folie bespannten Wand rieb, daß aus den Schulterblättern tatsächlich Flügel wuchsen. Er würde sie verheimlichen, unter weiten Jacken verstecken, nicht einmal Lianna einweihen, alle Türen sorgsam abschließen und die Vorhänge zuziehen, wenn er sich überzeugte, daß sie wuchsen, wenn er probierte, ob sie schon groß genug waren, um damit abzuheben. Und eines Tages würde er sich in die Luft erheben und davonfliegen: ein neuer Ikarus. Rund um den Erdball. Es mußte wunderbar sein, durch die Lüfte zu schweben. Wie er Henry beneidete, der aus einer wohlhabenden Familie stammte und es sich leisten konnte, Motordrachen zu fliegen ...

Henry hatte ihm auch abgeraten, ins MINIPIOL zu gehen, nein, ihn geradezu beschworen.

»Was willst du da? Du hast Informatorik studiert, nicht Desinformatorik. Was willst du bei Sir George? Da gehst du doch vor die Hunde. Wenn ich das schon höre: positive Information und optimistische Lebensanschauung! Und was ist mit dem Rest der Welt? Glaube mir, es bleibt nicht ungestraft, wenn man nur noch rosarot sieht und für alle anderen Farben des Spektrums blind ist. Du kannst nicht ungestraft unentwegt über die meisten Facetten der Realität hinwegsehen und so tun, als existierten sie gar nicht. Kannst du wirklich zusehen, wie jemand einen Stein fallen läßt, und behaupten, er fällt nicht? Früher oder später wirst du da zum Säufer oder Fixer, zum Psychopathen oder zum hemmungslosen Zyniker.« – Henry unkte immer. Hemmungslos. Gewiß, es gab Trinker und auch Fixer im MINIPIOL, vor allem Tablettenschlucker – Sucht war nun einmal ein zeittypisches Phänomen –, aber mehr als anderswo? Die Leute vom MINISID würden es wissen; im Ministerium für Staatliche Information und Dokumentation wurden sämtliche Informationen gesammelt, auch derartige Nega-Infos, die sie nicht berücksichtigten.

Einmal hatte man Duke angeboten, zum MINISID überzuwechseln; er hatte ohne langes Zögern abgelehnt. War es nicht besser, viel besser, eine Aufgabe von berückender Schönheit, aus all den unsinnigen, unglaublichen, unappetitlichen, den deprimierenden, pessimistischen, widersprüchlichen Tatsachen und Ereignissen das Positive herauszufiltern? Mit optimistischen Informationen den Optimismus zu fördern, den dieses Land, weiß der Himmel, bitter nötig hatte? War es nicht mehr als richtig, wenn man die Menschen nicht hilf- und orientierungslos herumirren, sie sich nicht in den Fallstricken widersprüchlicher Informationen verheddern ließ? Wenn man nicht mehr jede Hiobsbotschaft durch die Medien jagte, nur weil jemand so etwas »interessant« fand, sondern nur das wirklich Typische, das Positive?

Typische Personen in typischen Milieus, typische Prozesse in typischen Entwicklungen, typische Ereignisse unter typischen Umständen – das konnte nicht falsch sein. »TYP & EX«, das war die Losung von MINIPIOL, die richtige Lösung; das »Ex« natürlich nicht von exaltiert, extrem, exzentrisch, sondern von exakt, explizit, exemplarisch! Und wenn es sogar im MINIPIOL Süchtige gab, war das nicht ein Zeichen, wie bitter notwendig ihre Arbeit war? Sollte man den Armen das Leben noch mit schlimmen Nachrichten vergiften?

Er hatte seine Arbeit immer geliebt. Penibel ausgeführt. Nur so war es ihm gelungen, schon mit Achtundzwanzig vom DB zum DEBIL aufzusteigen, vom einfachen Distriktsbetreuer zum Distrikt-Einsatzleiter für Betreuer der Information und Lebensanschauung. Und wenn er vom MINIPIOL weg war, dann lag es, weiß Gott, nicht an dem »entsetzlichen System«, wie Henry es nannte, auch nicht an den, zugegeben, nicht immer leichten Anforderungen der Subordination – der mußte sich nun mal ein jeder Beamter unterwerfen, ein Chef war ein Chef, hatte die uneingeschränkte Macht, wie sonst sollte der Staat funktionieren? Nein, es lag einzig an Sir George, der die Gebote der Subordination wie eine Religion handhabte, nicht nur keinen Widerspruch oder gar Kritik an seinen Entscheidungen duldete, das war sein Recht, aber auch keine Meinung – »Sie haben Informationen zu liefern, meine Herren, nicht Interpretationen!« –, sich gottähnlich dünkte, allwissend und unfehlbar. Und daß er seine Untergebenen nur allzu deutlich seine Macht spüren ließ, sie geradezu genußvoll auskostete. Mußte Sir George ihn so zusammenscheißen, als er damals – einmal, und aus Versehen! – das Prinzip der Nichteinmischung und territorialen Integrität verletzt und eine Information aus dem Bereich eines anderen Betreuers entgegengenommen hatte? Mußte er ihm deshalb die Treueprämie für zehn Jahre vorbildlichen Dienst streichen?

Bei einem anderen Chef hätte Duke es noch dreimal zehn Jahre ausgehalten. Und er hatte keine »Mißbildung« davongetragen, wie Henry prophezeit hatte. Er hatte weder zum Alkohol noch zu Drogen gegriffen und war nicht zum Zyniker geworden. Und war er etwa ein Psychopath?

»Doublepie!«

Schon automatisch überhörte Duke den ersten Anruf, zuckte nicht einmal mit der Wimper, wartete auf den zweiten Ruf, erst dann hob er den Kopf im Zeitlupentempo, sah mit schräggelegtem Kopf und fischig vorgestülpten Lippen in die Runde und fragte sein »Jaaa?« ...

Als Willie Kasse machte, hatte Duke zweihundertvierzig Pfund verdient, abzüglich zwölf Pfund für die Sahnetorten. Kein Wunder, daß er mit müden Augen, aber mit zufriedenem Schmunzeln auf die Straße trat, sich vor der Tür ungeniert reckte und mit weit geöffnetem Mund genüßlich gähnte, daß er dann wie ein ausgelassener Junge auf das Trottoirband sprang und gleich weiter zum nächsten und weiter zum Zentralband und selbst dort noch von einem Bein auf das andere vorwärts hüpfte, als seien die fünfzig Stundenkilometer nicht schnell genug, um ihn davonzutragen. Er schwenkte in der linken Hand seine Plasttüte, klimperte mit der rechten mit den Münzen in seiner Hosentasche, pfiff übermütig »God save the King« und hängte dem König noch einen Doppelton an, weil er in Gedanken seinen eigenen Text mitsang: »God save the Doublepie«, und er verspürte Lust, heute nicht am Nelson-Monument umzusteigen und zum Waterloo-Bahnhof zu moven.

Duke hatte mit dem alten Harris aus seinem Haus verabredet, daß er ihn in den Morgenstunden vertrat, und Harris war froh, daß Duke ihm die Frühzüge abnahm, es fiel ihm doch schon schwer, seinen Dienst »vor dem ersten Hahnenschrei« anzutreten, wie er sagte. Duke war sicher, Harris hatte in seinem ganzen Leben ebensowenig einen Hahnenschrei gehört wie er. Duke machte es nichts aus, er war ja ohnehin wach, und nach den langen Stunden des Stillsitzens gierte er geradezu nach Bewegung und körperlicher Anstrengung, und das Geld konnte er auch gebrauchen.

Er verwarf den Gedanken sofort wieder, er hätte es sich nie verziehen, Harris so zu hintergehen; Harris hatte berechtigte Angst, seinen Job zu verlieren, sobald jemand mitbekam, daß er ihn nicht mehr voll ausfüllen konnte. Also stieg Duke um, aber er zog schon am Monument die Dienstmütze aus der Plasttüte und schwenkte sie vor Nelson mit einer tiefen Verbeugung, wie es einst die Musketiere mit ihren Baretten getan hatten.

Er kam keine Minute zu früh am Bahnhof an, vor dem Portal fuhren die ersten Taxis vor, und Duke hatte das Slow-Band noch nicht verlassen, da rief schon eine junge und ausgesprochen gutaussehende Frau nach einem Dienstmann. Er beeilte sich, damit kein anderer ihm zuvorkam.

Schönheit am Morgen vertreibt alle Sorgen, dachte er, und nachdem er seine Kundin im BALKAN-EXPRESS abgeliefert hatte, sagte er halblaut zu sich: »Eine hübsche Kundin, zwei leichte Koffer und ein reichliches Trinkgeld – der Tag hört gut auf.«

Duke rechnete das Aufwachen in den ersten Nachmittagsstunden als Beginn des Tages und als Tagesende die Stunde, in der er heimkehrte und das Morgenrot schon über die Dächer gekrochen war. Der zweite Kunde, ein Mann im Rollstuhl, steigerte noch sein Wohlgefühl. Duke hatte nicht mehr zu tun, als ihn sicher den Bahnsteig entlangzuschieben, aus dem Stuhl zu heben und in sein Abteil zu tragen, und dafür erhielt er ein geradezu fürstliches Honorar für einen Gepäckträger: zwanzig Pfund. Als er zum Bahnhofsvorplatz zurückeilte und gerade durch die Säulen des Portals schoß, erstarb seine gute Laune jäh.

»Hallo, Dienstmann!« dröhnte es links hinter ihm.

Duke fuhr zusammen, blieb wie angewurzelt stehen. Diese barsche, befehlsgewohnte Stimme kannte er. Er mußte sich nicht erst umdrehen, um den Rufer zu identifizieren. Er zog die Schultern ein, preßte die Unterarme vor die Brust, die Hände zu Fäusten geballt.

Nein, dachte er, das nicht. Sir George's Koffer würde er nicht tragen. Nicht einmal für hundert Pfund. Nicht für tausend! Dieser Gedanke löste seine Verkrampfung. Umdrehen, befahl er sich, langsam umdrehen, ihm frech ins Gesicht sehen, die Augen nicht niederschlagen, den Blick nicht abwenden, ihm in die Augen sehen und nein sagen. Und die Zunge herausstrecken. Oder ausspucken? Wie schade, daß er jetzt keine Sahnetorte bei sich hatte. Das wäre es, dachte er: die Tüte unter der Jacke hervorholen, die Sahnetorte herausziehen, ganz vorsichtig, damit keine Bewegung der Ellenbogen Sir George warnte, das Geschoß wurfgerecht in der Hand zurechtlegen, dann blitzschnell umdrehen, gleichzeitig den Arm hochreißen, aber noch nicht werfen, sich erst einmal an seinem verdatterten Gesicht weiden, auf den Augenblick warten, da er die Erstarrung verliert. Dann die Torte werfen. Mitten in die Fresse. In den sich gerade zu neuem Befehl öffnenden Mund …

»Dienstmann!« So scharf, daß Duke unwillkürlich zusammenzuckte und herumfuhr.

»Jaaaa?«

»Na endlich! Sind wohl taub, was?«

Sir George erkannte ihn nicht. Er hätte nicht einmal König Edward erkannt, wenn der mit der Mütze eines Dienstmannes vor ihm gestanden hätte. Ein Gepäckträger war für

Sir George keine Person, sondern ein Dienstleistungsaggregat. Er nickte schroff mit dem Kopf zu zwei gewaltigen Schrankkoffern hinüber, von denen bereits einer Harris zu Boden gedrückt hätte.

»Wird's bald?« herrschte Sir George ihn an, so laut, daß zwei Gepräckträger am Taxistand aufmerksam wurden und herüberkamen.

»Nichts da!« entschied Sir George. »Für zwei Koffer ist doch wohl einer genug, oder?« Er blickte Duke unter heruntergezogenen Augenbrauen an.

»Na los! Worauf warten wir noch?«

Ein zweiter Ruck mit dem Kopf zwang Duke in Richtung der Koffer, zwischen die Koffer, seine Hände fielen von selbst nach unten, packten die Griffe, wuchteten die Koffer hoch. Er drückte das Kreuz durch, um die Last zu bewältigen, wölbte die Brust, stapfte los.

»Zum BALKAN«, befahl Sir George, »Wagen zwei.«

Duke glaubte, er würde zusammenbrechen, bevor er Wagen zwei erreichte, doch er schaffte es, hatte sogar noch die Kraft, die Koffer einzeln in den Wagen zu heben, mit beiden Händen vorzuschieben, dann einen nach dem anderen in das Abteil zu schleppen und im Gepäckfach unter der gepolsterten Sitzbank zu verstauen.

»Na also.« Sir George nickte zufrieden, sah ihn dann erstaunt an; Duke brauchte einen Augenblick, bis er kapierte und die Mütze vom Kopf riß. Sir George legte einen Schein hinein.

»Danke, Sir, danke«, stotterte Duke. Eine kurze Handbewegung wischte ihn aus dem Abteil. Er war so verdattert, daß er den Ausgang verfehlte, in den nächsten Waggon ging und erst stehenblieb, als die Gardine eines offenen Fensters ihm ins Gesicht wehte. Er zog das Taschentuch heraus und wischte sich den Schweiß von der Stirn, nahm den Schein aus der Mütze, setzte die Mütze auf, sah auf den Schein. Ein Pfund. Nicht einmal der Tarif. Er spuckte auf den Boden. Dieses Schwein.

Jemand kam den Gang entlang, drückte Duke gegen die Wand, schob dabei seinen Kopf zum Fenster hinaus. Duke blieb so stehen, atmete schwer, starrte auf das Schild vor seiner Nase: London – Calais – Brüssel – Frankfurt/Main – Wien – Budapest – Belgrad – Sofia – Athen. Er las langsam, mit leiser Stimme, ließ die Namen auf der Zunge zergehen, schloß dann die Augen, klammerte die Finger an die kühle Kante des Fensterrahmens.

Nein, dachte er, nicht zum Balkan. Nur durch den Tunnel, hinüber zum Festland, in Calais umsteigen, nach Paris. Oder doch erst nach Brüssel? Einmal das Männeken Pis sehen …

»Eh, Kollege!« rief jemand vom Bahnsteig herauf. Kein Kollege, ein Beamter mit der Schärpe der englischen Staatsbahn. »Willst du nicht wieder aussteigen?«

Duke nickte. Ja, dachte er, Gepäckträger reisen nicht.

Der schönste Job der Welt

Annabelle hob den Kopf von ihrem Stickrahmen, als das Licht plötzlich heller wurde, sich verfärbte, nicht schlagartig wie bei einem Alarm und auch nicht orangerot, sondern zu einem etwas gelblicheren Schein, aber doch unübersehbar, und jetzt drangen auch die hellen Stakkatosignale durch die Klänge des Sinfonieorchesters.

Sie legte den Stickrahmen beiseite, griff zum Manual und drückte die Bereitschaftstaste; die Signale erloschen, die Totale der Halle verschwand vom Bildschirm, und das Bild des Eingangs erschien. Eine Frau stand vor dem Gitter, sie drehte der Kamera gerade den Rücken zu, eine junge Frau, die mit ihren hochhackigen Pumps, dem knöchellangen, großgeblümten Rock und der strahlend weißen Bluse in der tristen Wüstenlandschaft völlig deplaciert wirkte.

»Hallo!« rief Annabelle. »Sie wünschen?«

Die Frau drehte sich um, Annabelle erkannte ihre Enkelin.

»Jane? Du hier?«

»Oma?« Jane blickte sich um, suchte sie. »Bist du es? Laß mich rein.«

»Moment, Kindchen, ich komme gleich. Warte, es wird ein paar Minuten dauern.«

Annabelle schaltete das Videobild wieder auf die Halle, sah auf die Automaten, die scheinbar ungeordnet wie eine Herde vorsintflutlicher, metallischer Mammute auf dem gekachelten Boden hockten, lauschte einen Augenblick dem Rhythmus der Maschinen, nickte zufrieden und drückte auf die Sprechtaste.

»Hallo, Meta!«

»Ja, Annabelle?« tönte es zurück.

»Übernimmst du bitte mal? Ich muß nach oben, ich habe Besuch. Ich schalte meine Ebene dann aufs Vestibül.«

»Okay, Annabelle. Inspektion?«

»Nein, privat. Ich erzähl es dir dann.«

Annabelle setzte sich in ihre Rikscha, wie sie das dreirädrige Gocar nannte, fuhr die lange Halle entlang zum Lift. In der Schleuse des Vestibüls mußte sie warten, weil gerade ein Transporter eingecheckt wurde. Sie mußte lachen, als sie sich dabei ertappte, daß sie Jane zuwinkte; ihre Enkelin konnte sie ja nicht durch die verspiegelte Wand erblicken, erst als sie über den weiten, betonierten Vorhof zum Tor fuhr. Annabelle stieg nicht ab, um ihren Besuch zu begrüßen, sie öffnete mit einem Druck auf ihr Manual die meterhohen Gittertore und winkte Jane zu.

»Komm, steig auf.«

»Und der Jet?« fragte Jane. »Soll ich ihn zurückschikken?«

»Laß ihn erst einmal stehen.«

Jane nahm ihre Reisetasche und betrat das Gelände, die Absätze ihrer Schuhe klapperten laut auf den Betonplatten. Sie warf die Tasche auf die Hubplatte des Gocar, kletterte zu Annabelle auf den Sitz, umarmte sie. Annabelle küßte ihre Enkelin auf beide Wangen.

»Wie kommt es, daß du mich besuchst, Kindchen?«

»Aus Neugier, Oma. Du hast mich neugierig gemacht.«

»Ich? Womit denn, wann? Wir haben uns eine Ewigkeit nicht mehr gesehen.«

»Drei Jahre, ist das eine Ewigkeit?«

»Für eine Frau in meinem Alter schon.«

»Ach, man sieht dir die Siebzig nicht an.«

»Achtundsechzig«, korrigierte Annabelle.

»Du hast Mutter geschrieben, du hättest jetzt den schönsten Job der Welt. Mutter konnte oder wollte mir nicht verraten, was das sein sollte, und da ich keine Pläne für die

Semesterferien hatte, dachte ich mir, ich besuche dich mal.«

»Eine gute Idee«, meinte Annabelle, »Besuch ist hier selten.«

»Was machst du hier, Oma? Warum arbeitest du überhaupt wieder? Du als Einstein-Preisträgerin könntest doch an einem der schönsten Flecken der Erde sitzen und deinen Lebensabend genießen, in Florida oder auf Hawaii.«

»Oh, ich genieße ihn, ich genieße ihn sehr.« Annabelle lächelte. »Was soll ich in Florida? Ich hasse diese sogenannten Seniorenparadiese. Den ganzen Tag am überfüllten Strand liegen? Bridgeturniere, Minigolf, Teepartys und Cocktailpartys und Tanzpartys und überall das Geschwätz alter Leute: Zu meiner Zeit ... Nein, Jane, da fühle ich mich hier entschieden wohler.«

»Hier?« Jane zeigte ungläubig auf die rostrote Wüste, die sich bis zum Horizont hinzog, dann auf den Kegel des Vestibüls, dessen metallische Haut in der Sonne gleißte. »Sieht aus wie die Spitze eines Raumschiffs, das auf einem Wüstenplaneten gestrandet ist.«

»Stimmt«, sagte Annabelle. Sie trommelte ungeduldig mit den Fingerspitzen gegen das Lenkrad. Hoffentlich konnten sie bald einchecken, die Hitze trieb sogar ihr Schweißtropfen über Gesicht und Nacken, die Bluse ihrer Enkelin zeigte große Schweißflecken. »Wie war die Reise? Hattest du Schwierigkeiten?«

»Nein«, erwiderte Jane, »in Perth hatte ich sofort Anschluß nach Kalgoorlie, und da wartete bereits der Jet auf mich – ich hatte schon zu Hause den ganzen Flug bei der AUSTRALIAN AIR gebucht.«

»Da wirst du müde sein«, meinte Annabelle. »Ich mache uns gleich einen Kaffee, und dazu gibt es Kirschtorte. Zum Glück hat Nancy heute gebacken, sie ist ja manchmal eine Zimtzicke, aber backen kann sie einfach himmlisch. Fast so gut wie Nicole.« Annabelle seufzte. »Nicole ist meine beste Freundin. Seit der Schulzeit. Sie liegt nun schon seit

Wochen im Krankenhaus, und ich fürchte, man wird sie nicht mehr zurücklassen.«

»Hier sind noch mehr solche Grandmas?«

»Nur Grandmas. Und Grandpas.« Annabelle schmunzelte. »Wie war der Flug im Jet? Bist du schon öfter Jet geflogen? Ich muß dir gestehen, mir wird immer noch unheimlich, wenn ich einsteige.«

»Mir erst! Für mich war es ja das erste Mal.«

»Man fühlt sich so hilflos in diesen automatischen Dingern, nicht wahr?«

»Und wie. Ganz allein mit einer Maschine, von der man nichts versteht, wo man nicht einmal eingreifen könnte – man hat mir zwar versichert, daß die Jets absolut havariefrei sind, trotzdem. Dazu diese Route! Nichts als Wüste, so weit man sehen kann, immer die schnurgeraden Gleise entlang durch eine Landschaft wie auf einem fremden Planeten.«

»Ja, die Nullabor Plains sind nicht gerade der lieblichste Fleck unserer Erde«, gab Annabelle zu. »Kein Baum, kein Strauch, nicht einmal dürres Gras, nirgends sonst gibt es wohl derart totes Land. Und flach wie ein Salzsee. Als man damals die Eisenbahnstrecke durch die Wüste legte, mußte man nicht ein einziges Mal den Boden ausgleichen, so glatt ist diese Ebene.«

»Und warum bist du gerade hier?«

»Später«, sagte Annabelle. Die Tür der Schleuse öffnete sich. »Ich erkläre dir alles, sobald wir gemütlich bei einer Tasse Kaffee sitzen, ja?«

Jane nickte, sah aufmerksam zu, wie die spiegelglatten Metalltüren sich geräuschlos hinter ihnen schlossen, beobachtete, wie das Leuchten der Kontrollampe das Spektrum des Regenbogens durchmaß, bei schon fast schwarzem Dunkelrot öffnete sich das Tor vor ihnen. Annabelle lenkte das Gocar zu einer holzgetäfelten Wand, stieg ab.

»Komm, Kindchen.« Sie öffnete die Tür zu einem lichtdurchfluteten hohen Raum voller Grünpflanzen; aus dem Geäst der Bäume ertönte Vogelgezwitscher.

»Hier lebst du also?« sagte Jane erstaunt. »Ist ja wirklich nicht ungemütlich ...«

»Ich finde es sogar sehr gemütlich«, erwiderte Annabelle, »aber ich lebe nicht hier, das ist unser Kasino.« Sie zeigte auf die Sessel unter einem Eukalyptusbaum. »Setz dich. Ich bin sicher, du hast noch nie so bequem gesessen, Angchor-Stühle, das Neueste vom Neuen, sie passen sich dem Körper an. Da kann ich es stundenlang aushalten, Musik hören, sticken.«

»Du stickst? Ich hatte keine Ahnung, daß heutzutage überhaupt noch jemand sticken kann.«

»Ich habe es auch erst hier gelernt«, sagte Annabelle. »Warte mal.« Sie schaltete die Videowand auf die Kabine in ihrer Ebene, zoomte die Kamera auf den Stickrahmen. »Siehst du, Jane? Meine letzte Stickerei ist bereits auf der Jahresschau in Melbourne ausgestellt worden, und mit dieser gedenke ich einen ersten Preis zu gewinnen, die Rekonstruktion einer Stickerei aus dem sechzehnten Jahrhundert: Amor und Psyche, ein Paar aus der antiken Sagenwelt. Amor, mußt du wissen ...«

»Ich weiß, wer Amor und Psyche waren, Oma. Erklär mir lieber, was du hier machst.«

Annabelle schaltete das Video auf die Totale der Halle. »Das ist mein Reich, Jane.«

»Eine Halle voller Automaten? Kannst du die denn bedienen?«

»Da ist nicht viel zu bedienen«, erklärte Annabelle. »Es sind Q-3-Automaten, vollautomatisch und selbstregenerierend, wir programmieren und kontrollieren sie nur. Eigentlich sind wir überflüssig, man könnte das auch per Fernbedienung machen, aber niemandem ist wohl bei dem Gedanken, die Kollegen Computer und Automaten ganz sich selbst zu überlassen, diese schon gar nicht – entschuldige mich einen Augenblick.«

Annabelle meldete sich bei Meta zurück, goß dann Kaffee in zwei alte hauchdünne chinesische Porzellantassen, stellte Teller auf den Tisch, holte die Kirschtorte und Sahne aus dem Kühlschrank.

»Wer war das?« erkundigte sich Jane. »Eine Kollegin?«

»Ja. Meta Schneidereit. Den Namen hast du sicher schon gehört, sie hat den Quantendiffer-Effekt entdeckt.«

Jane nickte. »Habt ihr noch mehr solcher Experten hier?«

»Du würdest dich wundern. Eine geradezu phantastische Ansammlung von intelligenten Leuten. Gewiß, alte Leute, nicht mehr agil genug, um den Streß in einem Institut durchzustehen, aber wir haben noch Ideen! Du solltest mal bei einem unserer Brainstormings dabeisein.«

»Und wo sind sie jetzt?«

»In unserer Siedlung, eine Oase direkt am Meer, es wird dir gefallen. Zu einer Schicht gehören immer drei, zur Zeit sind es Meta, Nancy und ich.«

»Und wo steckt deine Meta? Ich habe niemanden auf dem Bildschirm entdeckt.«

»Das Bild zeigt meine Ebene, Meta ist auf Ebene drei. Es gibt hier drei Ebenen. Unter der Erde. Die Kuppel, die du gesehen hast, ist nur der Eingang zum Werk.«

»Fahren wir dann nach unten? Wenn ich schon mal hier bin ...«

»Das geht nicht«, sagte Annabelle, »du bist noch zu jung.«

»Ich bin doch kein Kind mehr! Ich werde vierundzwanzig, hast du das vergessen?«

»Eben, viel zu jung.«

»Und wie alt müßte ich sein, um in eure Keller zu dürfen?«

»Mindestens sechzig«, erklärte Annabelle. »Nimmst du Zucker zum Kaffee?«

Jane antwortete nicht, sie blickte auf den Bildschirm, über den gerade eine Folge von Zahlen und Tabellen wanderte. Sie merkte, daß auch ihre Großmutter gespannt auf die Zahlen sah, dann zufrieden nickte.

»Was geht hier vor, Oma? Was ist das, was da in der Wüste lagert? Aus dem Jet war es schlecht zu erkennen. Zuerst dachte ich, es seien Felsen, eine vom Wind freigelegte Steinformation; ich habe so etwas mal in einem Film über Australien gesehen, aber da waren die Felssäulen nicht so gleichmäßig, standen auch nicht so dicht.«

»Bestimmt waren das die Steine der Pinnacles-Wüste«, meinte Annabelle. »Das hier sind keine Steine – du hast keine Ahnung, was es sein könnte?«

»Nicht einmal den Schimmer einer Ahnung.«

»Das ist gut.«

»Was soll gut daran sein, wenn ich etwas nicht weiß?«

»Wenn du es nicht mehr kennst«, korrigierte Annabelle, »vor allem nicht in Aktion. Als ich so alt war wie du, hatten wir vor nichts mehr Angst als vor diesem Teufelszeug.«

»Sind es etwa – Atombomben?«

»Nein, aber etwas Ähnliches, Bomben und Geschützgranaten mit chemischen Kampfstoffen, Gift.«

»Deshalb haben die Leute von der AUSTRALIAN AIR mich so merkwürdig angesehen, als ich sagte, daß ich nach Victoria Place wollte.«

»Haben sie das?« Annabelle kicherte, griff zur Kuchengabel.

Jane blickte ihre Großmutter entgeistert an. Das kann doch nicht wahr sein, dachte sie, deine Großmutter, diese so arglos wirkende alte Frau, die da seelenruhig Kirschtorte in den Mund stopft ... Sie studierte Großmutters Gesicht, die fast weiße, durchsichtig scheinende, über und über von winzigen Runzeln durchfurchte Haut, sah auf die vollen schlohweißen Haare, die von einem Stirnband zusammengehalten wurden und bis über die Schulter herunterfielen, auf den bequemen Batikkittel in blauen und braunen Tönen, dessen kunstvoll verschlungene Muster afrikanisch wirkten.

Annabelle blickte von ihrem Kuchen auf, sah die Augen ihrer Enkelin auf dem Kittel ruhen. »Gefällt dir der Kulu?«

»Ja, sehr. Afrikanisch, nicht wahr?«

»Nachempfunden. Von Nicole. Das ist ihr Hobby. Wenn du magst, suchen wir dir nachher einen aus.« Annabelle blickte zur Uhr. »Gut eine Stunde, dann werde ich abgelöst. Wir arbeiten hier in Vier-Stunden-Schichten, das ist ...«

»Was, zum Teufel, macht ihr hier?« unterbrach sie Jane. »Ihr produziert Bomben, ja? Wozu, in aller Welt? Wollt ihr alten Leutchen noch mal Krieg führen? Gegen wen?«

Annabelle starrte sie entsetzt an. »Wie kommst du auf solch eine Idee, Kindchen?«

»Irgend etwas Geheimnisvolles geht hier doch vor. Die Leute von der AUSTRALIEN AIR haben mich angesehen, als hätten sie eine Verrückte vor sich, und Mutter, weißt du – eine Weile dachte ich, Victoria Place sei eine psychiatrische Klinik, deine Briefe sahen jedoch nicht nach einer Irrsinnigen aus, nun aber ...«

»Jane, Liebling«, rief Annabelle, »was denkst du von deiner Großmutter? Wir produzieren doch keine Bomben!«

»Wozu dann dieses verschwiegene Werk mitten in der Wüste? Warum tun alle so geheimnisvoll, als wüßten sie überhaupt nicht, was Victoria Place ist?«

»Ich habe bis vor drei Jahren auch nichts von Victoria Place gewußt«, sagte Annabelle. »Ja, niemand spricht gerne darüber, dabei ist es kein Geheimnis – ich habe es von Nicole erfahren. Sie suchte mich auf. Was hockst du hier rum und versauerst, sagte sie, komm mit mir nach Australien. Ich erklärte sie für verrückt. Was sollte ich in Australien? Doch als sie mir verriet, was sie tun wollte ... Wir produzieren die Bomben nicht, wir vernichten sie! Das da draußen in der Wüste sind Bomben mit chemischen Kampfstoffen, die aus aller Welt hierhergebracht wurden. Hier, abseits von allen bewohnten Gebieten, demontieren wir sie, vernichten die Gifte. Deshalb darf kein Fremder nach unten; es könnte ja sein, daß doch einmal eine

Bombe explodiert oder Gift entweicht, dann wird das Werk in Sekundenschnelle hermetisch geschlossen.«

»Und wenn du gerade unten wärst?«

»Würde ich sterben«, erklärte Annabelle ruhig. »Aber doch besser, ich altes Eisen als ein junger Mensch. Es war wirklich eine gute Idee von Nicole. Wir haben unser Leben gelebt. Wir sind Freiwillige, die diese Arbeit voller Freude machen.« Sie nahm einen Schluck Kaffee, blickte ihre Enkelin ernst an. »Davon haben wir geträumt, als wir so jung waren wie du, Jane: eine Welt ohne Waffen. Kann es einen schöneren Lebensabend geben, als diesen Traum zu verwirklichen? Ich finde, das ist entschieden besser, als die letzten Jahre mit Nichtstun oder mit geschäftigem Freizeitrummel zu vergeuden. Da arbeite ich doch lieber hier. Glaub mir, das ist der schönste Job meines Lebens.«

Bestürzender Einbruch des Unberechenbaren

»Aber das ändert doch nichts daran, daß die Expedition ein voller Erfolg war!« Bareschnikow sah hinüber zu Shelton, der verbissen sein Kinn knetete.

»Nicht für dich und für mich«, erwiderte Shelton, »auch nicht für die Welt der Wissenschaft, obwohl ... Und die Medien?« Er beugte sich vor, legte seine Hand auf Bareschnikows Arm. »Glaub mir, Igor, wenn unsere Zeitungen und Fernsehstationen davon erfahren, werden sie sich nur noch darauf stürzen. Wie die Geier. Wird es bei euch anders sein?«

Bareschnikow zuckte mit den Schultern. »Wir haben keine Skandalpresse.«

»Auch eure Medien werden es mit Sicherheit diskutieren«, sagte Shelton. »Als neuen, hochinteressanten Aspekt der Raumfahrt. Ihr seid doch geradezu darauf versessen, alles in aller Breite zu erörtern. Wochenlang.«

»Wir müssen das verhindern«, stieß Bareschnikow aus. »Wir können doch nicht den Erfolg unserer Expedition durch solch einen banalen Punkt diskreditieren lassen.«

»Ich habe schon seit Wochen ein ungutes Gefühl«, sagte Shelton. »Es ging alles zu glatt. Ein derart komplexes Unternehmen kann einfach nicht ohne Panne ablaufen.«

Ja, dachte Bareschnikow, es war viel zu glatt gegangen. Keine der vielen denkbaren Pannen war eingetreten, nichts von all den Problemen, die die Planungsstäbe bedacht, die Computer durchgespielt, die Wissenschaftler, Techniker und Kosmonauten im Brainstorming diskutiert hatten; das Vorausschiff hatte exakt am geplanten Punkt im Orbit auf sie gewartet, das Andocken erfolgte wie im Simulator der Exerzierstation, alle Aggregate befanden sich in einwandfreiem Zustand, sie hatten sogar einen halben Tag beim Entmotten der Geräte eingespart. Die Landung auf dem Mars war perfekt, die Marsmobile hatten sie sicher durch die staubigen und steinigen roten Wüsten geführt, durch die bis zu sechstausend Meter tiefen Gräben des Valles Marineris, ein überwältigendes Erlebnis; die Ausmaße dieser Schluchten ließen den Grand Canyon in Arizona, in dem sie trainiert hatten, zu einem Spielzeuggraben für Ameisen schrumpfen.

Nichts hatte sie aufhalten können, weder Kälte noch Stürme. In einer Nacht war das Thermometer auf 124 Grad minus gefallen, dreimal waren die Expeditionsgruppen von Orkanen überfallen worden, nicht überrascht, sie hatten sich rechtzeitig mit den Rotorschauflern eingraben können, bevor die kilometerhohe Staubwand über sie hinwegfegte; das orbitale meteorologische System, das seit der Jahrhundertwende den Mars umkreiste, arbeitete hervorragend. Auch die im Vergleich zur Erde geringe, zu der in MARS I jedoch vervielfachte Schwerkraft hatte ihnen nicht mehr als vorhergesehen ausgemacht, jetzt zahlten sich die harten Trainingswochen, über die sie alle gestöhnt hatten, die mehrfachen Wechsel zwischen erdnaher Raumstation und Erdenschwere aus. Sie hopsten bald in meterweiten Froschsprüngen über die Marsoberfläche, als hätten sie sich nie anders fortbewegt. Sie konnten den Zeitplan unterschreiten und so einen Ausflug zu den Vorgebirgen des 27 Kilometer hohen Olympus Mons machen, des höchsten Berges des Sonnensystems. Anzeichen von Leben hatten sie ebensowenig gefunden wie die VIKING- und PHOBOS-Sonden und die Robotermissionen, aber vielleicht entdeckten die irdischen Labors etwas in den Bodenproben.

Nein, es hatte weder technische noch organisatorische oder wissenschaftliche Pannen gegeben, nur ein paar problematische Situationen, wie sie immer bei derartigen Vorstößen in Neuland auftreten; die Crew der MARS I hatte sie schnell, präzise und effektiv gelöst. Auch daß der Funkkontakt zur Erde seit Tagen praktisch zusammengebrochen war, irritierte sie nicht. Bei einer so langen Reise mußte das ein paarmal geschehen; die Sonne ist nun mal kein gleichmäßig arbeitender Reaktor. Sobald ihre Aktivität anwächst, die Sonnenflecken sich ausbreiten, gewaltige Flares Millionen von Kilometern weit herausgeschleudert werden, ein Höllenorkan von Protonen durch das Sonnensystem rast, wird selbst auf der durch ihr Magnetfeld geschützten Erde der Funkverkehr problematisch und im sonnennahen Raum unmöglich.

»Wer hätte an so etwas gedacht«, stöhnte Bareschnikow.

»Niemand«, bestätigte Shelton.

»Die Heisenbergsche Unschärferelation trifft eben nicht nur auf Elementarteilchen zu«, sagte Bareschnikow, »sondern auch auf die Menschen: Wie viele Informationen man auch hat, ihr zukünftiges Verhalten kann lediglich als Wahrscheinlichkeit beschrieben werden.«

»Postermans Postulat«, sagte Shelton und grinste. »Posterman ist zwar kein Nobelpreisträger, sondern nur ein Komiker, aber er hat recht: je besser die Berechnungen, um so dümmer die Fehler. Ja, mein Lieber, die verwirrenden Aspekte der Realität fallen mit Vorliebe dort über uns her, wo wir sie am wenigsten erwarten. Und die Schwachstelle eines jeden Systems, das haben wir doch schon in der Schule gelernt, ist immer wieder der Mensch; er bleibt unberechenbar.«

Die Organisatoren der Marsexpedition in Moskau und Washington hatten natürlich auch die zwischenmenschlichen Aspekte bedacht. Achtzehn Monate sind eine verdammt lange Zeit, wenn man in einem engen Raumschiff aufeinanderhockt, sich kaum aus dem Weg gehen kann, auf Gedeih und Verderb miteinander auskommen muß, lange genug, um jede Besatzung in Bedrängnis zu bringen, mehr als genügend Zeit für Mißverständnisse, Spannungen, Rivalitäten, für Augenblicke der Enttäuschung und des Zweifels, in denen der Beherrschteste zu unbedachten

Äußerungen neigt, sich der stärkste Charakter zu unbeabsichtigten Fehlreaktionen hinreißen läßt, zumal wenn die Besatzung aus zwei so gegensätzlichen Staaten kommt. Unterschieden nicht nur durch die Ideologie, durch die Ansichten über Gott und die Welt, sondern vor allem durch die Lebensgewohnheiten, die Denkweise, unterschieden bis hin zur Körpersprache.

Die von vielen beschworene Sprachbarriere, vor der vor allem die Psychologen gewarnt hatten, weil sie in Katastrophensituationen zu hochgefährlichen Verzögerungen in der Kommunikation führen könnte – im All und erst recht in der lebensfeindlichen Welt des Mars konnte schon eine Zehntelsekunde über Leben oder Tod entscheiden –, war noch das geringste Problem. Schon lange vor dem Start beherrschten alle nahezu perfekt Russisch und Englisch, sprachen wahllos durcheinander, und tatsächlich gab es nicht ein einziges Mal Verständigungsschwierigkeiten. Die zwölf von der MARS I widerlegten alle pessimistischen Prognosen, daß es früher oder später unweigerlich zu kritischen, wenn nicht sogar katastrophalen Situationen kommen müsse. Sie waren in den Jahren der Vorbereitung zu Freunden geworden, Verschworene, besessen von der Aufgabe, zum Mars zu fliegen.

Das Problem, über das die beiden Kommandanten in diesem Augenblick grübelten, kam nicht daher, daß sich zwei von ihnen nicht mehr, sondern daß sie sich zu gut verstanden.

Die Organisatoren hatten lange über die Zusammensetzung der Mannschaft debattiert. Weniger über die fachlichen Qualifikationen als über die »Geschlechterfrage«. War es denkbar, noch im 21. Jahrhundert die Frauen von solch einer Expedition auszuschließen? Die Psychologen vor allem plädierten für eine gemischte Besatzung, das würde bei einer derart langen Reise harmonisierend wirken. Obwohl es anfangs aussichtslos schien, fand man schließlich Ehepaare, die sowohl die geforderten Berufe und Fähigkeiten in sich vereinten und alle Tests bestanden als auch seit Jahren harmonisch zusammenlebten, so daß die Gewähr gegeben schien, auch den, wie es Akademiepräsident Winogradow formulierte, »verflixten sexuellen Aspekt unter Kontrolle zu bringen«.

»Was haben Sie gegen Sex?« spöttelte damals John Bolton, sein amerikanisches Pendant.

»Nichts«, erklärte Winogradow, »aber ein Liebesdrama an Bord der MARS I wäre wohl eine Katastrophe.«

Und genau das war geschehen.

Nicht auf der Hinreise, da waren alle noch angespannt bis zum letzten, und das Tagesprogramm ließ nur wenig Zeit für Privates: individuelle Programme zum Training der körperlichen, geistigen und psychologischen Fitneß, umfangreiche Forschungsprogramme über die Struktur des Raumes, vor allem umfangreiche Versuche, die Krümmung der Raum-Zeit-Struktur zu messen, eine Flut astrophysikalischer und astronomischer Beobachtungen. Die MARS I führte auch Radar-, Röntgen- und Gammastrahlteleskope mit, dazu kamen die technologischen Experimente, die Entwicklung von neuen Werkstoffen und Emulsionen und die Züchtung exotischer Kristalle, wie sie nur unter den Bedingungen der Schwerelosigkeit möglich sind, weshalb diese Labors am Ende des Zentraltunnels lagen, in dem die durch Rotation hervorgerufene künstliche Schwerkraft gleich Null war. Die MARS I hatte ein regelrechtes Produktionsprogramm, das die Monate der Reise ökonomisch nutzbar machte, außerdem wurden regelmäßig die Aufgaben auf dem Mars durchgenommen und am Computer simuliert, damit die Kosmonauten dann in jeder Situation mit schlafwandlerischer Sicherheit reagieren könnten. Raumfahrt und Sex schienen einander nicht freundlich.

Gewiß, kurz nach dem Start waren alle Paare mal ins »Ehebett« gekrochen, um zu sehen, wie es bei der geringen Schwerkraft war, doch nur die Kuwinadses fanden es anregend und nervenkitzelnd, die anderen bezeichneten es als eher irritierend und abregend und schlüpften an den meisten Abenden gleich in die Schlafsäcke ihrer engen Einmannkojen; das »Ehebett« wurde wenig benutzt. Das änderte sich erst nach dem Einschwenken in den Marsorbit: um die Spannung auf ein erträgliches Maß abzubauen.

In den zwanzig Tagen auf dem roten Planeten verschwendete wohl niemand von ihnen auch nur einen Gedanken an Sex, aber auf der Heimreise, als fast alle Aufgaben erfüllt, die Geräte, die zur Erde zurückkehrten, wieder eingemottet und alle Daten eingespeichert waren, die ersten Auswertungsprogramme liefen, als die Erregung langsam abklang und dem Gefühl der Ermattung dann die Euphorie des Erfolgs folgte, die beschwingte Laune der Sieger, als sie, zum erstenmal nach fast einem Jahr, wieder ohne Mühe einschlafen und völlig gelöst aufwachen konnten, als sie die Abende in der Messe hockten, sich die Videos ansahen, für die sie auf dem Hinflug kein Interesse gefunden hatten, Wein tranken, Witze rissen und sich komische und absonderliche Episoden erzählten, als die Ehepaare einander mit lange nicht mehr erlebten Gefühlsausbrüchen überraschten und das »Ehebett« Hochkonjunktur hatte, nur wenige Wochen vor der Heimkehr, brach das Unvorhergesehene über sie herein.

Auch Sue und Hank Baker waren auf der Hinreise zwei- oder dreimal ins »Ehebett« gekrochen – um den Schein zu wahren. Hank hatte seiner Frau schon vor Jahren seine homosexuellen Neigungen gestanden; damals schworen sie sich, es niemanden auch nur ahnen zu lassen, weil sie sonst trotz ihrer wissenschaftlichen Qualifikation nicht einmal eine vage Chance hätten, an der Marsexpedition teilzunehmen. Die Bakers mußten das harmonische Paar nicht heucheln, sie waren es, wenn auch jetzt auf andere, respektvolle, freundschaftliche Weise, und sie waren überglücklich, als sie die Monate der Vorbereitung überstanden hatten und in die Kernmannschaft aufgenommen wurden. Hier an Bord der MARS I, unter fünf ausgesuchten Ehepaaren, da waren Sue und Hank sich einig gewesen, konnte nichts mehr geschehen. Hank würde nie in Versuchung geraten, und Sue hatte das Kapitel Sex abgeschlossen, sich mit Haut und Haaren ihrer Forschungsarbeit verschrieben.

Nun jedoch hatte Hank sich in Wassili Iwanow verliebt. Und schlimmer noch, auch Wassili in Hank.

Vor vierundzwanzig Stunden noch hätte Wassili einen Lachanfall bekommen, hätte jemand ihm prophezeit, er würde sich eines Tages in einen Mann verlieben. Sicher, die Ehe mit Jelena verlief schon lange in ruhigen Bahnen, aber die Iwanows hielten das beide für nur zu natürlich; nach fast zwanzig Jahren mußte Liebe wohl weniger überschwenglich sein. Möglicherweise hätte Wassili nie erfahren, daß Liebe unter Männern etwas anderes sein konnte als ein ihn nie betreffendes Phänomen, doch an diesem Tag irrte er sich in seinem Bordprogramm, stieg, weiß der Himmel warum, zu früh in die Duschkabine und stand unvermutet Hank Baker gegenüber.

Er war verwirrt, unfähig, sich zu bewegen, zuerst nur vor Überraschung, dann weil er merkte, wie der Anblick des nackten Hank ihn erregte. Er zitterte, seine Haut vibrierte, und er wurde rot. Er konnte sich nicht umdrehen und die Kabine verlassen.

Auch Hank traf es völlig unerwartet. Er erstarrte, als er sah, wie Wassili bei seinem Anblick reagierte. Er nicht weniger. Kein Wunder nach den langen Monaten der Enthaltsamkeit; sie waren ja schon ein halbes Jahr vor dem Start im Camp isoliert gewesen, auch die zwei Jahre davor, seit sie zur Auswahl gehörten, hatte Hank enthaltsam gelebt, um sich und Sue die Chance nicht zu nehmen. Er lächelte verlegen. Als Wassili wie versteinert stehenblieb, tippte Hank mit den Fingerspitzen auf Wassilis Brust. Wassili versperrte den Ausgang, starrte ihn an, rot bis über die Ohren. Hank ließ seine Fingerspitzen über Wassilis Haut gleiten, und als er nicht abgewehrt wurde, zog er ihn an sich.

»Ich war wehrlos«, gestand Wassili seiner Frau spät am Abend. Er hatte versucht, dieses Erlebnis tief in seinem Innern zu vergraben, zu verdrängen, auszulöschen, doch er konnte es nicht. Er mußte darüber sprechen, und mit wem, wenn nicht mit Jelena.

»Ich verstehe es nicht«, sagte er, »aber ... ich konnte nicht hinausgehen ..., und ich wollte auch nicht, daß Hank ging ... und dann ...«

Jelena war einen Augenblick lang starr vor Entsetzen, dann zog sie Wassili neben sich, legte ihren Arm um seine Schulter, gab ihm zu verstehen, daß sie auch jetzt bereit war, zuzuhören, Verständnis zu zeigen. Absolute Ehrlichkeit und der bedingungslose Drang, den anderen in jeder Situation verstehen zu wollen, waren seit je die Grundlage ihres Lebens, ihrer Liebe gewesen. Wassili ließ ihr Zeit, den Schock zu überwinden, und Jelena bedrängte ihn nicht, sie schwieg, streichelte nur seine Schulter, um ihn so zu ermutigen, sein Herz zu erleichtern. Sie war überrascht, daß sie weder Empörung noch Abscheu fühlte. Eifersucht? Ja, vielleicht. Vor allem Ratlosigkeit, ein Gefühl hilfloser Leere. Nicht mit einem einzigen Gedanken hatte sie je daran gedacht, daß ihnen so etwas widerfahren könnte. Sie hatten dieses Thema nie gescheut, wie so viele andere, im Gegenteil, wo immer es sich ergab, polemisierten sie gegen Diskriminierung, forderten heftig Toleranz, nicht nur für Andersdenkende, auch für Andersliebende. Während der Diskussion über die rechtliche Legalisierung homosexueller Lebensgemeinschaften waren sie vehement für die Gleichstellung von Männer- oder Frauenpaaren mit den »normalen Ehepaaren« eingetreten, hatten Leserbriefe geschrieben. Zu ihrem Freundeskreis gehörten auch Homosexuelle, und von ihren Nenntanten Olga und Tamara, die nun schon fünfzig Jahre zusammenlebten, behauptete Jelena immer, sie seien das glücklichste Ehepaar, das sie kenne. Es hatte sie auch nicht peinlich berührt, sondern belustigt, als ihr Freund Boris eines Tages geschminkt zu ihnen kam; sie hatte ihm noch Kosmetiktips gegeben, doch Wassili, ihr Wassja ...?

»Schlimm«, stöhnte Wassili.

»Ja«, erwiderte Jelena. »Aber vielen Männern um die Vierzig passiert das mal, das weiß man doch. Es bedeutet nichts. Es ist gut, daß du darüber gesprochen hast. Du mußt es verarbeiten, dann kannst du es vergessen.«

»Vergessen?« Wassili schwieg lange. »Kann ich das? Will ich es überhaupt? Ich fürchte, es ist schlimmer ... keine ›einmalige Verirrung‹ ... Ich verstehe es nicht, aber ... lach mich aus, Jeluschka, spuck mich an ..., aber wenn ich Hank sehe, läuft es mir heiß den Rücken hinunter ... Ich muß mich wegdrehen, damit niemand mitbekommt, daß ich rot werde.«

Jelena nahm die Hand von seiner Schulter, sah ihn fassungslos an. »Willst du sagen, du hättest dich verliebt?«

Wassili starrte auf seine Hände. Jelena stand auf, blickte auf das Bild an ihrem Schrank, als könne aus dem sonnendurchflirrten sibirischen Birkenwald Hilfe kommen.

»Verzeih mir«, bat Wassili leise.

»Was gibt es da zu verzeihen«, sagte sie, ohne sich umzudrehen. »Wir haben ja auch darüber gesprochen: Was ist, wenn sich einer von uns mal verliebt? Es ist nur, daß es mich so ...« Sie unterbrach sich. »Nein, es trifft den anderen immer unvorbereitet. Es ist jedoch so verwirrend, daß es nun keine Olga oder Natascha ist, sondern ...« Sie drehte sich um, Wassili wich ihrem Blick aus. »Ich glaube es nicht!« stieß sie hervor. »Ich kann es nicht glauben. Es war eine Verirrung, so was kommt vor. Geh ihm ein paar Tage aus dem Weg und ...«

»Ich bin ihm den ganzen Tag aus dem Weg gegangen«, sagte Wassili verzweifelt. »Soweit es nur möglich war. Aber ich mußte mich dazu zwingen.«

»Und Hank, ist er dir auch ausgewichen?«

Wassili nickte. »Ja. Und es hat mir weh getan, als ich es merkte.«

»Du Armer.« Es lag keine Ironie in ihrer Stimme.

Wassili sprang auf, wollte die Kabine verlassen. Jelena hielt ihn zurück. »Laß mich jetzt nicht allein«, sagte sie.

Sie sahen sich an, Tränen in den Augen.

»Steh nicht so da wie ein armer Sünder«, schrie sie ihn an. »Haltung, Wassili Michailowitsch! Das ist nur ein Testprogramm, und wir – wir werden auch damit fertig werden. Irgendwie ...«

Sie fielen sich in die Arme, schmiegten sich aneinander, hielten die Tränen nicht länger zurück.

Auch Hank hatte es seiner Frau gestanden. Noch vor dem gemeinsamen Abendessen. Einmal, um ihr zu erklären, warum er mit Joan Stockman getauscht und ihren Dienst im Observatorium übernommen hatte, zum anderen, weil er damals Sue versprochen hatte, daß sie unverzüglich von jeder Affäre erfuhr. Nur die Tatsache, keine Details, Sue wurde nicht von voyeuristischer Neugier geplagt, sie wollte jedoch nicht eines Tages von anderen damit überrascht werden. Hank gebrauchte die gleichen Wörter wie Wassili: überrumpelt, wehrlos, der Situation ausgeliefert.

»Und nun?« fragte Sue. »Was soll daraus werden?«

»Nichts. Wassili wird schweigen. Er wird entsetzt über sich sein, sich schämen, es war bestimmt das erste Mal. Niemand wird davon erfahren.«

»Und Jelena?«

Hank schüttelte den Kopf. »Die schon gar nicht. Keine Angst, Sue, ich werde so tun, als wäre nichts geschehen, und Wassili soweit als möglich aus dem Weg gehen.«

Sue hatte nur noch eine Frage: ob es ihm schwerfallen würde, Wassili zu meiden.

Hank nickte. Sehr schwer. »Ich fürchte«, sagte er, »ich habe mich verliebt.«

Sue konnte ihn verstehen. Wassili war ein Mann zum Verlieben. Schon sein jungenhaftes, ansteckendes Lachen, die Grübchen in seinen Wangen, seine nie zu bändigende Stirnlocke und die großen dunklen Augen, sein phänomenaler Baß, mit dem er alte russische Lieder sang, daß es im Raumschiff wie in einer Kathedrale tönte.

Da die Ortung und Peilung eine ihrer Funktionen auf dieser Expedition war, hatte Sue oft hautnah mit Wassili zusammengearbeitet, ihn in den verzwicktesten Situationen erlebt. Selbst bei der, weiß der Himmel, komplizierten Landung auf dem Mars hatte er nie die Ruhe, die Übersicht verloren. Auch in dem menschenfeindlichen Gelände des roten Planeten war sein Humor nicht versiegt. Wassili war der letzte, dem das Lachen ausging, und der erste, der es wiederfand, mit seinem schlagfertigen Mutterwitz löste er die lähmenden Verkrampfungen der anderen. Ein brillanter Organisator, reaktionsschnell, ein, wie Shelton es formuliert hatte, »Hochgeschwindigkeitsdenker und gottbegnadeter Handwerker«, der mit dem störrischsten Gerät klarkam, dabei nie autoritär war, wie so viele Techniker gegenüber Laien auf ihrem Gebiet, auch nicht penetrant pedantisch, wie sonst oft Piloten, sondern einfühlsam, geduldig, verständnisvoll – alles in allem eine erstaunliche Mischung aus Kompetenz und Charme.

Ja, dachte sie, wenn ich in den letzten Jahren je in die Versuchung geraten wäre, mich zu verlieben, dann bestimmt in Wassili.

Sie beobachtete Hank aus den Augenwinkeln. Er hatte ein Buch in die Hand genommen, aber er war offensichtlich mit den Gedanken ganz woanders. Er hatte es so leicht dahingesagt, daß er ja Erfahrung mit unerwiderter Liebe habe, aber ihr konnte er nichts vormachen; sie wußte, wie empfindsam, wie verletzlich er war.

Hanks überraschende Empfindsamkeit, die ihn aus der Masse der burschikosen Studenten in Princeton heraushob, war der Grund, warum sie sich in ihn verliebt hatte, sein Sinn für Musik und Poesie, der ihr neue Welten erschloß, die wundervollen, stillen, zärtlichen Abende. Und seine Gedichte! Erst vor wenigen Tagen hatte Hank ihr Gedichte vorgelesen, in denen er seine Empfindungen auf dem Mars ausdrückte. Sie sagte ihm, daß sie phantastisch waren, viel zu gut, um in der Schublade vergraben zu werden; wenigstens diese müsse er publizieren. Hank blieb unerbittlich.

»Ich bin nicht als Dichter bei dieser Mission, sondern als Mediziner und Mikrobiologe. Du kannst sie ja nach meinem Tode veröffentlichen, besser jedoch, du verbrennst sie. Mein Seelenleben geht nur mich etwas an. Und dich, meine Liebe.«

Ja, auf eine Weise liebte Hank sie wohl immer noch. »Schade, daß du kein Jüngling bist«, hatte er damals zu ihr gesagt, »ich mag dich, unverändert, aber ich kann und ich will mich nicht länger gegen meine Sehnsüchte wehren. Ich merke doch, wie es mich zerfrißt.«

Wie sehr er jetzt leiden mußte. Und doch beneidete Sue ihn. Um das Gefühl, zu lieben. Armer Hank, dachte sie, die Wochen bis zur Ankunft auf der Erde würden nicht leicht für ihn werden. Sie mußte ihm helfen, so gut sie nur konnte.

Es lag nicht nur an der Selbstbeherrschung von Hank und Wassili, ihrer eisernen Disziplin, die ja eine der Voraussetzungen für ihre Aufnahme in die Mannschaft gewesen war, daß die Sache so lange vor den anderen verborgen blieb. Es war vor allem dem geschickten, unauffälligen Taktieren von Sue und Jelena zu verdanken, die, ohne voneinander zu wissen, die Dienstpläne mit plausiblen Gründen ändern ließen und die Bahnen ihrer Männer so lenkten, daß Hank und Wassili sich so wenig wie möglich begegneten. Aber es ist unmöglich, in einer Gruppe von Menschen, die derart eng miteinander verbunden sind, etwas lange geheimzuhalten. Irgendwann entstehen Turbulenzen im täglichen Ablauf, Kleinigkeiten nur, schnell abgewendete Blicke, irritierende Reaktionen auf eine harmlose Bemerkung… Dutzende von Nichtigkeiten, die jedoch ein unerklärliches Mißbehagen säen. Am auffälligsten: daß Wassili kaum noch lachte und nur noch schwermütige Lieder sang.

Niemandem konnte auf Dauer verborgen bleiben, daß Wassili und Hank sich aus dem Weg gingen, aber die Uneingeweihten dachten nur an eine vorübergehende Verstimmung zwischen den beiden. Mag sein, daß die Crew der MARS I auch noch die drei Wochen bis zur Landung überstanden hätte, ohne offen mit dem Problem konfrontiert zu werden – seitdem das Bremsmanöver eingesetzt hatte, überdeckte die Hochstimmung der bevorstehenden Heimkehr ohnehin alle anderen Gedanken –, wenn nicht Hank, als er sich aus dem Observatorium in den Zentralgang gleiten ließ, mit Wassili zusammengestoßen wäre. Es war eher ein Wunder, daß so etwas nicht längst geschehen war.

Hank zog Wassili ins Observatorium. »Ich finde die Situation unerträglich«, sagte er. »Wollen wir nicht versuchen, wieder wie früher miteinander umzugehen? Ich leide darunter, daß wir nicht einmal mehr einen harmlosen Satz wechseln können.«

»Mir geht es nicht anders«, gestand Wassili.

»Dann vergiß, was geschehen ist.« Hank hielt ihm die Hand hin. »Verziehen und vergessen, okay?«

Wassili hob hilflos die Hände, kaute auf der Unterlippe. »Ich habe nichts zu verzeihen«, sagte er. »Und vergessen?« Er gab sich einen Ruck und blickte Hank in die Augen. »Ich kann es nicht vergessen. Ich will es auch gar nicht, im Gegenteil – verstehst du?«

»Und wie ich dich verstehe!« Ein Lachen zog über Hanks Gesicht. »Also dann … du … wir …« Sie drückten sich die Hände.

»Es ist mir unendlich schwergefallen, meine Gefühle zu verbergen«, sagte Hank, »aber ich wollte dich nicht verletzen.«

»Mir ist es genauso ergangen! Ich konnte dir nur aus dem Weg gehen.«

»Jetzt müssen wir das nicht mehr, Wassja.«

»Nein? Ich fürchte doch.« Wassili löste seine Hände, kreuzte die Arme über der Brust, legte die linke Hand an die Wange, wandte sich ab. Er trat an den Tisch und blätterte in den Sternenkarten.

»Du hast recht.« Hank seufzte. »Wie würden die anderen reagieren? Und jetzt, da ich nicht mehr deinetwegen meine Gefühle beherrschen muß, wird es mir noch schwererfallen. Hier können wir uns ja nicht einmal heimlich treffen.«

Wassili drehte sich um. »Trotzdem, Hank, ich denke, es wird jetzt leichter, da wir wissen ... Wir wollen zusammenbleiben, wenn das hier zu Ende ist, einverstanden?«

»Das fragst du noch?«

»Ich frage mich, wie ich es Jelena beibringe.«

Jelena konnte zwar tagsüber die Starke spielen, sich nichts anmerken lassen, doch sie lag Nacht für Nacht lange in ihrem Schlafsack wach, weinte, grübelte, wollte es nicht wahrhaben, suchte verzweifelt nach einem Ausweg. Sie hatte sich schon mit der Erkenntnis abgefunden, daß ihre Ehe wahrscheinlich zu Ende war, dann klammerte sie sich wieder an die Hoffnung, daß alles wie ein Alptraum verfliegen würde, sobald Wassili Hank nicht mehr sah. Alle Stadien hatte sie durchlebt, Haß, Depression, Zuversicht, Selbstmitleid, Hoffnung, Angst – vor dem Verlust eines Teils ihres Lebens; das größte Unglück, das jeden trifft, der plötzlich den Partner verliert –, auch das Gefühl selbstloser Größe: es Wassili nicht unnötig schwer zu machen. Sie liebte ihn doch, wollte, daß er glücklich war.

Wenn es tatsächlich Liebe ist, sagte sie sich, dann ist kein Kraut dagegen gewachsen. Sie hatte das doch oft genug im Freundeskreis erlebt; wenn der eine gegen die Liebe des anderen ankämpft, sind am Ende beide unglücklich. Aber es kann unmöglich Liebe sein, an diesen Gedanken klammerte sie sich.

Bevor Wassili jetzt den ersten Satz zu Ende gestottert hatte, wußte sie, es ist entschieden. Vorbei. Sie hörte stumm zu, wunderte sich nur, daß sie nicht in Tränen ausbrach, daß sie dasitzen und zuhören konnte, als ginge es sie kaum etwas an. Als Wassili verlegen schwieg, stand sie auf und ging zur Tür.

»Wohin willst du?« fragte Wassili erschrocken.

Sie zuckte mit den Schultern, dann lachte sie. »Keine Angst, Wassja, ich stürze mich weder von einem Hochhaus, noch gehe ich ins Wasser.«

Sie schwebte wie benommen durch den Zentralgang des Raumschiffs, das Blut hämmerte in ihren Ohren, sie ließ sich nach links gleiten, landete vor dem Observatorium. Was wollte sie hier? Hatte ihr Unterbewußtsein sie hierhergeführt? Wozu sollte sie mit Hank sprechen. Oder doch? Ihm ins Gesicht sehen, sich an seiner Verlegenheit weiden? Sie war froh, als sie Joan im Observatorium vorfand. Sie wolle nicht stören, erklärte Jelena, sie habe nur Sehnsucht nach der Erde, ob sie mal einen Blick drauf werfen dürfe?

Joan stellte ihr eines der Teleskope ein. Die Erde zeigte ihre Sonnenseite, eine tennisballgroße Kugel, hellblau vor dem Schwarz der Unendlichkeit, schräg dahinter die gelbe Sichel des Mondes. Drei Wochen noch, dachte sie. Wieder festen Boden unter den Füßen. Blumen, Bäume, Wolken, Vögel. Und Regen. Im dichten Regen am Jenissej spazierengehen. Nach Tscheljagorsk fahren, durch die Birkenwälder streifen. Wieder zu Hause. Mutter Erde. Davor jedoch lag noch so vieles. Die Quarantäne, Auswertungen, Repräsentationen ... Auch neue Aufgaben, auf die sie sich stürzen konnte. Vor allem eine völlig veränderte Situation. Was auch immer, es würde besser sein als diese letzten Tage im Raumschiff. Diese Enge. Jelena merkte, daß sie langsam ruhig wurde. Weiß Gott, dachte sie, es hätte schlimmer kommen können, viel schlimmer. Sie spürte plötzlich das Bedürfnis, zu Sue zu gehen.

Sue nahm sie in den Arm, führte sie zu ihrer Koje, streichelte ihren Rücken. »Komm, Schwester im Leid, wein dich aus.«

»Das habe ich hinter mir«, sagte Jelena, ihr gelang sogar ein Lächeln. »Aber sprechen, das Herz erleichtern. Du weißt doch: Wem das Herz voll ist, dem läuft der Mund über.«

Sie saßen bis tief in die Nacht beieinander. Jelena redete sich ihren Kummer von der Seele, und Sue war froh, daß sie selbst kaum sprechen mußte, nicht Jelena belügen. Sie konnte ihr doch unmöglich gestehen, daß sie schon lange von Hanks Homosexualität wußte, sie gedeckt hatte. Jelena würde Hank als Verführer ansehen.

»Und nun?« fragte Sue schließlich. »Was willst du tun?«

»Was kann ich denn tun? Nichts, das macht es doppelt schwer. Wir können nur unsere Wunden lecken und mit der Trauerarbeit beginnen, was sonst?«

»Es den beiden nicht unnötig schwer machen«, meinte Sue.

Ja, darauf einigten sie sich. Und daß sie sich gegenseitig daran erinnern, einander helfen wollten, wenn es einmal zu schwerfiel. Liebe ohne Egoismus, das mußte jetzt ihr Motto sein. Und sie sollten es den anderen sagen, meinte Jelena.

»Ich weiß nicht – überfordern wir sie da nicht? Wie sollen sie es verstehen?«

»Wenn nicht verstehen, dann wenigstens tolerieren«, sagte Jelena. »Wir bringen doch auch Verständnis auf.«

»Weil wir sie immer noch lieben. Aber die anderen, werden sie Hank und Wassja nicht verachten, verurteilen?«

»Sie haben ein Recht darauf, es von uns und nicht durch einen dummen Zufall zu erfahren, davon gehe ich nicht ab. All die Jahre sind wir bedingungslos offen und ehrlich zueinander gewesen, so muß es bleiben. Sonst würde auch alles andere an Wert verlieren. Hab Vertrauen, Sue.«

»Wir sollten es wenigstens vorher mit den Männern beraten.«

»Nein.« Jelena schüttelte energisch den Kopf. »Sie haben ihre Entscheidung getroffen, dies hier ist unsere. Morgen, gleich nach dem Frühstück, gehen wir beide zu den Kommandanten.«

Kein Wunder, daß Bareschnikow und Shelton nach diesem Gespräch der Sinn nicht mehr nach Berichten und Bilanzen stand. Sie hatten sich in die Messe zurückgezogen, an den einzigen großen Tisch, der jetzt mit Stapeln von Papier und Disketten bedeckt war, die aufgearbeitet werden mußten, aber sie grübelten vor sich hin, fluchten hin und wieder. Shelton hielt es nicht länger in seinem Sitz, er sprang auf, tigerte durch den Raum, zog Runde um Runde in dem schmalen Gang zwischen Wand und Sitzen, baute sich schließlich vor Bareschnikow auf, sah grimmig auf ihn hinab, als sei er und nicht Hank und Wassili die Quelle seines Verdrusses.

»Keine Kommandantensache, findest du nicht auch, Igor?«

Bareschnikow wackelte nachdenklich mit dem Kopf.

»Wir haben kein Recht, darüber zu befinden«, sagte Shelton.

»Aber die Pflicht, uns eine Meinung zu bilden.«

»Eine Meinung, ja, aber kein Urteil.«

Bareschnikow nickte zustimmend. »Im Reglement steht nichts für solch einen Fall, also gelten die Gesetze der Erde.«

»Und bei unterschiedlichen Gesetzen in unseren Staaten die für den Betroffenen günstigere Variante. Eure Gesetze sind hier großzügiger als unsere, also gelten sie. Wenn die beiden es wollten, könnten wir sogar ihre Lebensgemeinschaft amtlich registrieren.«

»Vorher müßten wohl die beiden Ehen geschieden werden, oder?« Bareschnikow kratzte sich am Kopf, verzog sein Gesicht zu einer Grimasse. »Findest du das okay, was die beiden machen? Ich denke, wir sollten sie uns vorknöpfen, Lee.«

»Aus welchem Grund? Du kannst es nicht mal als Verletzung der Disziplin werten. Selbst wenn ...« Shelton lachte. »Wie wolltest du sie bestrafen? Mit einer Rüge, einer Mißbilligung? Wegen Liebe?«

»Liebe!« Bareschnikow raufte sich die Haare.

»Es geht uns nichts an, Igor, nicht als Kommandanten. Es ist allein die Sache der Iwanows und Bakers.«

»Nun gut, Lee, aber der Teufel soll sie holen, wenn sie uns in peinliche Situationen bringen.«

»Es geht dir wohl mächtig gegen den Strich, was?«

»Ja. Mit dem Verstand ist alles klar. Keine Diskriminierung. Gesetz ist Gesetz. Aber mit dem Gefühl? Muß ich es verstehen? Ich kann's nicht, niemals.« Er schickte einen hundsgemeinen russischen Fluch hinterher.

»Mehr Toleranz, mein Lieber.«

»Aber um Takt darf man wohl bitten.« Bareschnikow knurrte. »Ich habe keine Lust, zwei turtelnde Täuberiche um mich herumflattern zu sehen.«

»Einverstanden. Glaub mir, Igor, mir gefällt die Sache auch nicht, aber es ändert nichts daran, daß Hank und Wassili großartige Leistungen vollbracht haben.«

»Wer wird daran noch denken?« Bareschnikow stand auf, reckte sich, ballte die Fäuste. »Diese Geschichte darf nicht die Erfolge der Expedition diskriminieren. Niemand darf davon erfahren, da sind wir uns doch einig?«

»Ja. Aber die Besatzung muß es wissen. Die beiden Frauen haben recht: Was auch immer geschieht, zwischen uns muß Offenheit herrschen. – Was lachst du?«

»Du hast die ganze Zeit reines Englisch gesprochen, aber dann hast du nicht ›openess‹ gesagt, sondern ›glasnost‹.«

»Ja?« Shelton grinste. »Ist nun mal ein weltweiter Begriff geworden.«

Sie beriefen eine Vollversammlung ein. Sue gab die Erklärung ab. »Wir sind die Hauptbetroffenen«, schloß sie, »Jelena und ich. Wir haben uns entschieden, daß wir es akzeptieren wollen, und wir bitten euch, es ebenso zu akzeptieren.«

Jelena war weniger beherrscht. Sie sprach langsam, Wort für Wort, man merkte, wie schwer es ihr fiel. Und als sie jetzt alle Augen auf sich gerichtet sah, verfiel sie in einen pathetischen Ton, den niemand außer Wassili an ihr kannte. »Ich will nur noch einiges ergänzen«, sagte sie. »Wir haben so vieles zusammen durchgestanden, ich bitte euch, laßt unsere wundervolle Freundschaft jetzt nicht zerbrechen, verurteilt die beiden nicht.«

Niemand sagte ein Wort der Verurteilung, alle sahen betroffen auf die leere Tischplatte oder auf ihre Hände.

Bareschnikow durchbrach das Schweigen. »Verdammt noch mal«, polterte er los, »dies ist kein Trauerfall, oder? Keine Katastrophe. Wir haben ganz andere Stürme überstanden. Es gibt keinen Grund, die Köpfe hängenzulassen, weil zwei von uns sich lieben. Wenn es auch etwas verwirrend ist, das muß ich gestehen.« Er schob seine Hände über den Tisch, die linke zu Wassili hinüber, die rechte zu Hank. »Ich verstehe es nicht, und ich kann es auch nicht billigen, aber – meine Freundschaft bleibt euch.«

»Meine auch«, erklärte Shelton. »Wie wir es uns geschworen haben: durch dick und dünn.«

Zwölf Paar Hände trafen sich auf dem Tisch.

»Und jetzt«, sagte Bareschnikow, »laßt uns schwören, daß es unter uns bleibt. Zumindest so lange, bis der Medienrummel vorbei ist.«

Sie hatten sich unnötig Gedanken gemacht. Auf der Erde hatte man keine Zeit für Liebesaffären, nicht einmal für eine so ungewöhnliche.

Auch als das Raumschiff in den Magnetschatten der Erde tauchte und die Störungen minimal wurden, beschränkte die Bodenstation den Kontakt auf das Notwendigste; Bildübertragungen und private Gespräche wurden rundweg abgelehnt.

»Was ist los?« erkundigte sich Shelton, der zusammen mit Wassili die Annäherung an die Erde durchführte, beim Diensthabenden. »Habt Ihr Probleme?«

»Nicht mit euch. Wir brauchen vorübergehend jede Frequenz.«

»Muß ja was unerhört Wichtiges sein, wenn ihr die ersten Marsheimkehrer so empfangt«, meinte Shelton. »Habt ihr etwa Kontakt zu Außerirdischen?«

»Das nicht. Nur technische Probleme. Wir arbeiten daran.«

Eine Stunde später kam die Order, das Programm für eine Kurskorrektur zu berechnen. Der ursprüngliche Plan sah vor, daß die MARS I die Erde verhältnismäßig niedrig ein paarmal umkreisen sollte, um das Raumschiff bis zur Grenze der Temperaturverträglichkeit durch den Luftwiderstand der Atmosphäre abzubremsen und letzte Bahnkorrekturen vorzunehmen, und dann sollte sie im Pazifik niedergehen. Nach der neuen Variante sollte die MARS I in einen erdfernen Orbit einschwenken, auf dem sie einige Zeit warten könnte.

»Was soll der Quatsch?« erkundigte sich Shelton.

»Nur eine Vorsichtsmaßnahme«, erklärte der Diensthabende, »eine Variante für alle Fälle. Ihr sollt sie ja nicht ausführen, nur mal berechnen.«

»Aber warum?«

»Ich bin nicht befugt, Erklärungen abzugeben. Chieforder.«

»Gut, dann sollen die Chiefs uns das erklären«, sagte Shelton. »Ich laß mich nicht mit Ausreden abspeisen.«

Zehn Minuten später meldete sich Garin, der sowjetische Co-Chief des Marsunternehmens, und er hielt sich nicht mit langen Vorreden auf. »Wir wollten euch die Aufregung noch ein paar Tage ersparen«, erklärte Garin. »Es ist keine Vorsichtsmaßnahme, Lee, wir müssen den Plan ändern. Ihr könnt nicht im Pazifik runterkommen, wir haben die Algenpest.«

»Na und? Wir wollen ja nicht baden.«

»Es sind Gonyaulax-Algen, verstehst du?«

»Nein, nie gehört.«

»Hier unten kennt inzwischen jedes Kind diesen Namen. Erinnerst du dich an das Robbensterben kurz vor eurem Start? Das waren Gonyaulax. Diese Killeralgen sondern Saxotoxin ab, ein Nervengift, von dem schon ein tausendstel Gramm genügt, um einen Menschen zu töten.«

»Verdammte Scheiße«, fluchte Shelton. »Okay, wir warten natürlich, bis ihr ein neues Zielgebiet bestimmt habt. Ist der ganze Pazifik verseucht?«

»Noch schlimmer«, sagte Garin. »Alle Meere.«

Shelton und Wassili brauchten mehr als eine Schrecksekunde, bis sie begriffen, was Garin da gesagt hatte.

»Das kann doch nicht wahr sein!« schrie Shelton.

»Leider doch. Seit vierzehn Tagen ist der Pazifik tot, seit einer Woche der Atlantik und der Indische Ozean, vorgestern kam die Meldung, daß sogar das Tote Meer hin ist, heute früh erreichten die Algenteppiche die Antarktis. Ich weiß nicht, ob es noch irgendwo Fische im Meer gibt, die Delphine und Wale scheinen ausgestorben. Vor den Küsten liegen stinkende Teppiche aus angeschwemmten verwesenden Fischen, alle Häfen und Küsten sind verlassen, die Schiffahrt ist eingestellt – kannst du dir vorstellen, was hier los ist?«

Shelton antwortete nicht. Es kann nicht sein, dachte er, es ist unmöglich. Und dann: Also hat Devaux recht gehabt.

Die MARS-Crew hatte seinerzeit durchgesetzt, daß ihr Trainingsprogramm unterbrochen wurde, um die Debatte in der UNO verfolgen zu können, vor allem die letzte Nacht, den letzten Austausch der Argumente vor der Abstimmung zwischen Devaux, dem Sprecher der »Fundis«, und Eildermann, dem Vertreter der »Realos«, eine Nacht, wie Kotschemassow, ihr Trainingsleiter, sagte, wie damals, als die ersten Menschen auf dem Mond landeten und man überall auf der Erde vor dem Fernseher saß und die Direktübertragung verfolgte. Er sah in diesem Augenblick, Jahre später und Hunderttausende von Kilometern von der Erde entfernt, Devaux vor sich, als sei es erst gestern gewesen, wie der kleine hagere Mann mit geradezu verzweifelten Gesten die Delegierten beschwor, die Gefahr nicht zu unterschätzen. Die nun schon jährlich auftretenden Algenpesten müßten nicht auf regionale Gewässerbereiche beschränkt bleiben, die entsetzlichen Hungerkatastrophen nach den Algenpesten im Chinesischen Meer und im Indischen Ozean seien nur ein Vorgeschmack der Katastrophe, wenn die Pest sich einmal über alle Meere zugleich ausbreite.

Der Wahrscheinlichkeitsgehalt, hielt Eildermann dagegen, sei so niedrig, daß man ihn vernachlässigen könne: 1 zu 100000. Die Fundamentalisten sollten keine Panik verbreiten, keine utopischen Forderungen stellen, man müsse - und man könne nur das Reale, das Machbare in Angriff nehmen.

Ja, rief Devaux dazwischen und wischte mit seinen rudernden Armen beinahe die Mikrophone von seinem Rednerpult, aber die Wahrscheinlichkeitsrechnungen hatten auch besagt, daß in hunderttausend Jahren nur einmal ein Linienflugzeug durch Unwetter gezwungen sein könne, von seinem Kurs abzuweichen und dabei auf ein Kernkraftwerk abzustürzen, und doch sei es zu der Katastrophe von Schwarzenhausen gekommen. Selbst eine Wahrscheinlichkeit von eins zu einer Milliarde sei zu hoch, denn dieser eine Fall könne schon morgen eintreten. Keine Kompromisse, rief Devaux, die Menschheit habe keine Zeit mehr für Kompromisse, die Algenpesten führten nicht nur zum zeitweiligen Absterben weiter Meeresbereiche und damit zu dramatischen Nahrungsmitteldefiziten bei allen

Völkern, die sich in hohem Maße von Fisch ernährten, sie beschleunigten auch das ohnehin beängstigende Tempo, mit dem Tier- und Pflanzenarten völlig ausstürben, und sie brächten eine weit größere Gefahr mit sich: daß die Milliarden von Tonnen Kohlendioxid und Stickstoff, die im Meerwasser gelöst sind, freigesetzt würden und dadurch das Klimagleichgewicht auf der Erde zusammenbreche.

Und die radikale Lösung, erwiderte Eildermann, brächte die Gefahr, daß die Volkswirtschaften zusammenbrechen.

Shelton hatte sich nie entscheiden können, er neigte zu den Argumenten der »Fundis«, aber ihre Methoden gefielen ihm nicht. Die radikalen Fraktionen der »Fundis« schreckten nicht einmal vor der Entführung von Wissenschaftlern zurück, um auf ihre Argumentation aufmerksam zu machen. Wie wohl die meisten Menschen hielt er den UNO-Beschluß für richtig, die gemäßigte Form der »Londoner Konvention zum Schutz der Meere« zu verabschieden: Sofortiger Stopp für die Einleitung von Schwermetallen in die Flüsse, für das Verbrennen von Giftmüll über See, für das Verklappen giftiger Substanzen ins Meer, jedoch nur eine realistische, schrittweise Reduzierung von Düngemitteln und Pestiziden, von Kohlen- und Chlorwasserstoffen, die zur Überdüngung der Meere und damit letztendlich zu den Algenpesten führten. Immerhin zehn Prozent weniger in jedem Jahr, und die Produktion phosphathaltiger Waschmittel wurde weltweit innerhalb einer Woche eingestellt – die Menschheit auf dem Wege zur Vernunft.

Wie alle anderen der MARS-Crew war Shelton bitter enttäuscht, daß sich nicht einmal jetzt alle Staaten auf ein umfassendes Abrüstungsprogramm einigen konnten, wie es die USA und die UdSSR in einer gemeinsamen Erklärung forderten, um Kapital und Industriekapazitäten für Umweltschutzmaßnahmen frei zu machen. Sie hatten sich damit abgefunden – nein, zugestimmt! –, daß ihr Traum sterben würde und die jahrelangen Vorbereitungen umsonst gewesen sein sollten, als die beiden Weltmächte sich darauf einigten, mit gutem Beispiel voranzugehen, die Rüstungsproduktion weitgehend einzustellen – sie hätten ohnehin genug, meinten spöttische Kommentare – und die Kosmosprogramme radikal zusammenzustreichen. Und waren überglücklich, als der Flug zum Mars doch stattfand, weil ein Abbruch so kurz vor dem Start ebenso teuer wie die Durchführung gewesen wäre.

»Hört ihr mich noch?« fragte Garin.

»Es ist also eingetreten«, sagte Shelton verzweifelt, »aber die Londoner Konvention ...«

»Zu spät«, unterbrach ihn Garin, »viel zu spät. Selbst wenn von einer Minute zur anderen absolut nichts mehr ins Meer geleitet worden wäre – wie lange brauchst du, um dein Raumschiff zu stoppen, wenn du die Aggregate von vollem Antrieb auf Bremsschub umstellst?«

»Ziemlich lange«, meinte Shelton.

Und das Raumschiff Erde hat keine Bremsaggregate, dachte er. Sogar bei einer Nullemission hätte es wohl Jahre, wenn nicht Jahrzehnte gedauert, bis sich die Meere erholten, bis die Flüsse keine Nitrate und Phosphate mehr in die Ozeane transportierten. Die Konvention war nur ein erster Schritt, und selbst der ...

»Es ist das alte Lied, Lee, In Zweifelsfällen siegen die ökonomischen und politischen Interessen über die ökologischen. Sondergenehmigungen, Ausnahmebestimmungen, Augenauswischerei bei offensichtlichen Verstößen ... Es wird schon nicht so schlimm kommen, wie die Ökopaxe unken. Sollen die Wissenschaftler doch erst mal exakte Berechnungen vorlegen. Als ob sich ein derartig gigantisches Puzzle wie die Ökologie eines Planeten so einfach berechnen ließe. Jetzt haben wir die Bescherung: ein katastrophaler Einbruch der unberechenbaren Wirklichkeit in unser Wunschdenken.«

»Und wie sollen wir nun herunterkommen?« fragte Shelton.

»Es wäre Wahnsinn, euch in diese Suppe zu schicken. Die Meere sind nicht nur tot, sie sind auch tödlich.«

»Wir haben den Mars überlebt«, erklärte Shelton, da werden wir auch noch ...«

»Wollt ihr an Land schwimmen?« unterbrach ihn Garin. »Eine Bergungsflotte kann ich euch nicht schicken, schon, weil es nicht mehr genügend Skaphander und hermetische Taucheranzüge gibt, um die Mannschaft auszurüsten. Es wäre ein Todeskommando, euch aus dem Wasser zu fischen. Vergiß nicht: ein Spritzer genügt.«

»Mit Hubschraubern«, schlug Shelton vor.

»Irgendwo auf dem Meer? Auch dazu brauchte ich wenigstens ein Bergungsschiff, und im günstigsten Fall könnten wir euch selbst bergen, die MARS wäre verloren. Ich muß dir wohl nicht erklären, daß sie spätestens in hundert Metern Tiefe wie eine Sardinenbüchse zusamengequetscht wird. Glaub mir, es gibt nur eine Möglichkeit: Wir holen euch aus dem Orbit. So schnell wie nur möglich. Wer weiß, was noch alles passiert. Jede Stunde neue Hiobsbotschaften. Wir haben vor einer Woche begonnen, zwei Gleiter zu aktivieren, einen sowjetischen und einen amerikanischen; die Jungs arbeiten rund um die Uhr, um sie für das Andokken auszurüsten. Wenn ihr auf persönliches Gepäck verzichtet, können wir wenigstens alle wichtigen Unterlagen retten.«

»Und unsere Experimente im Raum, die neuen Legierungen, die Kristalle, unsere ganze Arbeit? Und die Bodenproben vom Mars?«

»Ich weiß, was du jetzt fühlst«, sagte Garin, »aber wir haben andere Sorgen, andere Verluste.«

»Und die MARS?«

»Bleibt im Orbit.«

»Okay. Aber bringt Treibstoff mit, unserer reicht dann nur noch sieben oder acht Wochen für die notwendigen Bahnkorrekturen.«

»Zehn«, korrigierte Garin. »Nach unserem Computer.«

»Trotzdem«, sagte Shelton. »Wer weiß, wie lange es dauert, bis wir unser Schiff runterholen können.«

»Kein Treibstoff«, erklärte Garin, »Treibstoff ist verdammt knapp geworden. Fast alle Ölfördergebiete liegen im Meer.«

Wassili und Shelton blickten sich entsetzt an. Wenn nicht ein Wunder geschah, war das Schicksal der MARS I besiegelt. Die Bodenstation würde nicht warten, sie würden die MARS I gezielt abstürzen lassen, damit die nicht verglühenden Teile nicht über Land herunterkämen, vor allem der Reaktorblock.

»Das kann nicht wahr sein«, stöhnte Shelton. »Sag, daß es nicht wahr ist, Chief.«

»Doch, Lee. Wir sind froh, wenn es uns gelingt, euch heil herunterzuholen.«

»Laß uns in der Ostsee runtergehen«, schlug Shelton vor, »die ...«

»Bis ihr hier seid, ist die Ostsee auch schon dahin.«

»Die ist nicht so tief«, fuhr Shelton fort. »Wir könnten uns auf Grund legen und warten.«

»Wie lange? Niemand kann sagen, wann die Pest aufhört. Es gibt ernstzunehmende Wissenschaftler, die meinen, es könnte Jahrzehnte dauern. Außerdem wäre die Ostsee ein unverantwortliches Risiko, eine winzige Abweichung, und ihr kommt über Land runter.«

»Und landen? Irgendwo in der Wüste? Schickt uns nur einen Gleiter und den Treibstoff des anderen bringt mit. Damit landen wir dann in der Sahara oder in Sibirien. Wenn wir mit vollem Bremsschub runtergehen ...«

»Wir wollen uns nichts vormachen«, sagte Garin. »Euer Raumschiff ist nicht für eine Landung ausgelegt, oder?«

Shelton antwortete nicht. Wassili sah besorgt zu ihm hinüber. Shelton war in sich zusammengesunken und starrte auf den blinden Bildschirm. Wassili konnte sich denken, welche Gedanken jetzt durch sein Hirn zogen. Shelton hatte immer spöttisch gegrinst, wenn einer von ihnen Raumschiff sagte. Unter einem Raumschiff müsse man sich wohl etwas anderes vorstellen als solch eine dünnwandige Blechbüchse. Ein vollmanövrierfähiges Schiff, mit dem man mehrfach landen und starten könne, mit leistungsstarken Aggregaten und ausreichend Treibstoff für Manöver im All. Nicht nur gerade genug, um nach Hause zu kommen und die nötigsten Korrekturen ausführen zu können, fast ohne Reserven.

Die MARS I war nichts als ein, zugegeben einigermaßen komfortables, Heimkehraggregat. Mit jedem Gramm hatte man geizen müssen, bis ins kleinste durchrechnen, was mitgeführt werden konnte. Ohne die Vorräte des Vorausschiffes hätten sie nie auf dem Mars landen können. Und auch das nur mit den kleinen Landefähren, die stabil genug ausgelegt waren, um den Aufprall zu überstehen. Die MARS I nicht. Sie konnte nur wassern. Die glühende Außenhaut hätte beim Eintauchen ins Meer einen schützenden Mantel aus Wasserdampf um das Schiff gebildet, der die Reibung verminderte; sie hätten die MARS I unter Wasser in eine flache, langgezogene Bahn lenken können, auf der sie langsam abgebremst wurde ...

Shelton hatte auch am lautesten dagegen protestiert, als man ihnen offiziell die Bezeichnung »Astronauten« geben wollte. Sternenfahrer! Sie durchquerten nicht einmal ihr Sonnensystem; die größte Entfernung zur Erde, die sie erreichen würden, waren acht Lichtminuten, der nächste Stern aber lag über vier Lichtjahre entfernt.

Schon bevor Shelton die Idee von der Landung aussprach, hatte Wassili den Bordcomputer befragt, ob ihre Bremsaggregate bei vollem Schub ausreichen würden. Jetzt kam die Antwort: Bei einer Landung würde die MARS I zerschellen.

»Seid ihr noch da?« erkundigte sich Garin. »Hallo, hallo, MARS eins, meldet euch!«

»Entschuldige, Chief«, antwortete Shelton, »war nur ...«

»Schon gut. Es bleibt also dabei. Wir holen euch, okay?«

»Okay, okay!« schrie Shelton. »Nichts ist okay. Weiß der Himmel, die Heimkehr hatten wir uns anders vorgestellt.« Er grunzte verächtlich. »Willkommen auf dem blauen Planeten!«

»Auch da muß ich euch enttäuschen«, erwiderte Garin. »Gewiß, solange ihr die Erde als Kugel im Raum seht – aber wenn ihr näher kommt? Es gibt keine blaue See mehr, nur noch rotschimmernde Algenteppiche.«

Shelton hing mit gekrümmten Schultern in seinem Sitz und stierte ins Leere. Auch Wassili konnte es noch nicht fassen, sein Gehirn verweigerte jede logische Gedankenkette. Er war kreidebleich, Schweißtropfen liefen ihm über die Stirn. Er faltete die Hände, preßte sie, daß die Knöchel weiß hervortraten und die Fingerkuppen rot anliefen.

»Rot wie die Wüsten des Mars«, sagte er tonlos. »Nur daß es nicht Wüsten aus Sand und Stein, sondern aus Wasser sind.«

Shelton nickte, ohne aufzusehen. »Und noch ein Unterschied, Wassja: Diese Wüsten hat nicht die Natur hervorgebracht, sondern der Mensch. Wenn jetzt das Klima noch aus den Fugen gerät, sehe ich schwarz.« Er lachte bitter. »Rouge et noir. Hoffentlich heißt es nicht: Rien ne va plus.« Shelton versank wieder ins Grübeln.

»Du solltest Igor informieren«, sagte Wassili.

»Ja.« Shelton erhob sich mit müden Bewegungen, blickte Wassili hilflos an, schüttelte den Kopf.

»Nein«, sagte er, »ich berufe eine Vollversammlung ein. Ich habe nicht die Kraft, das zweimal zu erzählen.«

»Mich entschuldigst du wohl«, sagte Wassili. »Ich weiß es ja schon, und darüber reden …? Sag, ich berechne den neuen Kurs.«

Shelton schlurfte aus dem Raum, ein gebrochener Mann.

Wassili blieb bis zum Abend im Cockpit. Einmal kam Bareschnikow; als er sah, daß Wassili am Rechner arbeitete, schlich er sich wieder hinaus. Jelena steckte den Kopf durch die Tür und fragte, ob sie Wassili Essen bringen sollte. Nein, nur Wasser. Als sie es brachte, blieb sie neben ihm stehen, legte die Hand auf seine Schulter, streichelte sie. Wassili preßte seine Wange gegen ihre Hand.

»Kann ich dir helfen?« fragte Jelena. »Kann ich nicht irgend etwas für dich tun?«

Er stand auf, sie preßten sich aneinander.

»Ich würde jetzt so gerne irgendwo mit dir sitzen«, sagte sie. »Nur still dasitzen, verstehst du?«

»Ja, Jeluschka.«

»Aber du mußt arbeiten? Noch lange?«

»Ja, lange.«

Sie ging mit hängenden Schultern hinaus.

Am späten Nachmittag kam Hank, setzte sich neben Wassili, sah zu, wie er lange Zahlenkolonnen auf den Bildschirm holte. »Du hast es gut«, meinte er. »Du mußt arbeiten.«

Wassili lächelte Hank an. »Ja, Arbeit ist ein Segen, zumal in solch einer Situation.« Er legte seine Hand auf Hanks Arm. »Sei mir nicht böse, aber ... Komm bitte eine halbe Stunde vor der Beratung zu mir, ja?«

Bareschnikow eröffnete die Vollversammlung.

»Wir fühlen und denken wohl alle gleich«, begann er. »Emotionale Ausbrüche können wir uns also hier ersparen. Ebenso Diskussionen – was würden sie ändern. Und über die Verluste können wir später noch genug Tränen vergießen.« Er holte eine Flasche Cognac und Gläser aus dem Wandschrank, goß ein. »Trinken wir auf das Wohl der Erde. Gedenken wir unserer Mitmenschen, die es jetzt, weiß der Himmel, schwerer haben als wir.«

Alle tranken ihr Glas in einem Zug aus. Shelton füllte die Gläser erneut. »Den zweiten Schluck auf unsere Heimkehr«, schlug er vor, »daß wir heil herunterkommen.«

»Sie holen uns heil runter«, polterte Bareschnikow. »Darauf können wir uns verlassen. Aber darauf trinke ich allemal.« Er kippte den Schnaps hinunter, stellte die Flasche beiseite und blickte ernst in die Runde.

»Das Programm für morgen und übermorgen, Freunde: Wir brauchen eine Aufstellung aller laufenden Rechnerprogramme, ich schlage vor, in einer Stunde. Wir müssen sofort entscheiden, was hier noch abgeschlossen werden kann; der Bordcomputer darf nicht überlastet werden. Und dann fangt mit dem Aussortieren an. Persönliche Sachen nur, soweit sie unumgänglich sind.« Er sah Tengis Kuwinadse an. »Auch deine Sammlung Marssteine bleibt hier, ist das klar, Tengis?«

»Klar«, antwortete Kuwinadse. Er konnte nur mit Mühe seine Tränen unterdrücken.

»Ich erbitte mir von jedem einen Vorschlag, was mitgenommen werden sollte, spezifiziert nach Dringlichkeitsstufen und jede Position mit genauer Gewichtsangabe. Kannst du schon mitmachen, Wassili, oder mußt du noch am neuen Kurs arbeiten?«

»Der Kurs steht«, sagte Wassili, »aber wenn du fertig bist, möchte ich einen Vorschlag unterbreiten.«

»Ich bin fertig. Bitte.«

»Es will mir nicht in den Kopf, daß wir die MARS aufgeben sollen«, sagte Wassili, »einen Großteil unserer Arbeit wegwerfen. Da steckt ja nicht nur unsere Arbeit drin, dafür wurden Milliarden ausgegeben ... In diesem Orbit, das ist euch doch klar, kann die MARS sich nur ein paar Wochen halten. Es gäbe eine Möglichkeit, sie zu retten.«

Alle blickten ihn gespannt an.

»Ich habe es mal durchgerechnet – wenn wir den Orbit anders wählen, könnte die MARS nach dem Andocken der Raumfähren noch aus eigener Kraft einen Lagrange-Punkt* erreichen.«

* Lagrange-Punkt – In dem astrodynamischen System Erde–Mond gibt es fünf Punkte, an denen ein die Erde umkreisender Körper eine feste Position zu beiden Himmelskörpern einhalten kann, sich im Gleichgewicht zwischen der Anziehungskraft der Erde und der des Mondes befindet. Diese Punkte wurden um 1800 von Lagrange in seiner analytischen Him-

»Auch auf einem Lagrange-Punkt müssen von Zeit zu Zeit Bahnkorrekturen vorgenommen werden«, sagte Shelton. »Ich glaube nicht, daß die kurze Zeit ausreicht, um unsere Apparaturen so umzurüsten, daß sie automatisch die notwendigen Korrekturen ausmessen und zur Erde funken und diese dann von dort aus vorgenommen werden können. Wenn es überhaupt möglich sein sollte. Aber du bist unser bester Techniker. Wäre es möglich?«

»Wahrscheinlich nicht«, sagte Wassili. »Ich dachte auch nicht an automatische Steuerung – aber wenn zwei von uns mitflögen?«

»Und wer?« fragte Bareschnikow bissig. »Soll das Los entscheiden?« Er blickte sich in der Runde um. »Gibt es Freiwillige für dieses Himmelfahrtsunternehmen?«

Wassili und Hank streckten die Arme hoch. »Wir bleiben«, erklärte Wassili.

»Als so 'ne Art Sühne?« Bareschnikow schüttelte den Kopf. »Ihr habt euch nichts vorzuwerfen, darüber waren wir uns doch einig.«

»Nicht deshalb«, sagte Hank. »Aber Wassilis Idee ist gut. Dort oben könnte die MARS in Ruhe warten. Sieh dir die Berechnungen an, es bleibt genug Treibstoff für das Einparken auf den Lagrange-Punkt und für die notwendigen Korrekturen, für Wasser- und Sauerstoffregeneratoren, Heizung. Das Schiff könnte bis auf das Cockpit und eine Kabine eingemottet werden, und die Nahrungsmittelvorräte reichen bei sparsamem Verbrauch mindestens zwei Jahre für zwei. Es ist eine echte Chance, also, finde ich, muß man es versuchen.«

»Bislang«, meldete sich William Stockman, »gibt es keinen Beweis, daß sich ein Objekt tatsächlich auf Dauer an einem Lagrange-Punkt halten kann, im Gegenteil, das Observatorium auf L–zwei ist abgestürzt.«

melsmechanik als spezieller Fall des Dreikörperproblems erkannt. Es gibt Ideen, an diesen Punkten riesige Raumstationen mit Tausenden von Bewohnern zu errichten; 1988 schlug Akademiemitglied Kardaschow auf der 20. Generalversammlung der Internationalen Astronomischen Union in Baltimore vor, auf L–2 ein Observatorium zu stationieren.

»Es ist eine völlig andere Situation, wenn das Objekt ständig überwacht und gesteuert werden kann«, rief Hank.

»Wenn aber ...«, sagte Stockman.

»Wenn, wenn, wenn!« Hank schüttelte energisch den Kopf. »Ja, es ist ein hohes Risiko, das unterschätzen wir nicht. Aber wenn wir immer das Risiko gescheut hätten, dann säßen wir nicht hier. Du auch nicht, William. Warum wollt ihr es uns nicht versuchen lassen? Es ist unser Risiko, unser freiwilliger Entschluß.«

»Und warum gerade ihr?« fragte Bareschnikow. »Wie sollen wir das erklären?«

»Gar nicht. Erstens wird sich niemand dafür interessieren, wenn der Plan gebilligt wird, zweitens ist es logisch. Wassili ist Pilot und Techniker, ich bin Arzt – eine geradezu ideale Zwei-Mann-Besatzung. Ich bin für Abstimmung, ob wir der Erde den Vorschlag unterbreiten. Mit Verlaub, Commander«, er lächelte Bareschnikow an. »Das war natürlich nur ein Vorschlag.«

»Keine Abstimmung«, erklärte Bareschnikow. »Der Vorschlag ist vielleicht ein wenig verrückt, aber nicht so abwegig. Wir werden ihn offiziell der Erde unterbreiten. Einverstanden, Lee?« Shelton nickte. »Sollen die das mal durchrechnen und ihre Meinung sagen. Und dann erst wird abgestimmt.«

Vierundzwanzig Stunden später saßen sie wieder in der Messe. Die Erde hatte ihr grundsätzliches Okay gegeben, diese Variante als möglich akzeptiert, Erfolgsquotient eins zu sieben, aber es bleibe die Entscheidung der Crew, vor allem der beiden Freiwilligen.

Wassilis Plan wurde mit zehn zu zwei Stimmen gebilligt. Sue und Jelena stimmten dagegen. Sie hatten es den Männern angekündigt, ihr Leben sei ihnen auch jetzt noch wichtiger als alles andere, und sie glaubten nicht, daß die beiden es überleben könnten.

»Also gut, packen wir es an«, sagte Shelton. »Die Erde

hat uns inzwischen auch den Zeitpunkt genannt, an dem sie uns abholen kann.« Er blickte zur Uhr. »In siebenundzwanzig Stunden und dreizehn Minuten. Und ihr beide«, er blickte zu Wassili und Hank, »ihr wartet bitte, bis wir genügend weit weg sind, bevor ihr die Aggregate zündet. Ich will mich noch nicht von euch verabschieden – das, haben Igor und ich uns gedacht, machen wir morgen abend –, aber ich wünsche euch schon jetzt alles Glück der Erde und des Himmels. Ihr werdet es brauchen.«

Im Hinausgehen sagte er leise zu Bareschnikow: »Die beiden imponieren mir.«

»Ja, Lee, sind schon Teufelskerle.«

»Wenn es klappt, sind es Helden, Igor. Das ist eine Pioniertat, ein echtes Abenteuer.«

»Oder der sensationellste Doppelselbstmord aller Zeiten.«

Wassili und Hank, die hinter den beiden Kommandanten die Messe verließen, hatten es gehört. Wassili tippte Bareschnikow auf die Schulter. »Was willst du, Igor Semjonowitsch«, sagte er grinsend. »Wir sind nur glücklich, daß wir euch los sind, das ist alles. Endlich allein.«

»Ein reichlich seltsamer Ort für Flitterwochen«, knurrte Bareschnikow.

»Bist wohl neidisch?«

Bareschnikow blickte Wassili an, dann Hank, raufte sich die Haare, lachte. »Wenn ich ehrlich sein soll – irgendwie schon.«

Q

Das Morgenrot schob sich wie eine glühende Krone über die Kuppe des Großen Vulkans, als sie die Stadt erreichten. Q lag im Fond des Ho'aker*, der ruhig und gleichmäßig über dem Wasser des Nord-Süd-Hauptkanals dahinschwebte, wie man es von einem Fahrzeug der Regierungsstaffel erwarten durfte.

Q benutzte jedesmal diesen Weg, wenn er von den Blauen Hängen zurückkehrte, Adju bestand darauf, aus Sicherheitsgründen, denn bei diesen heimlichen Exkursionen durfte keine Eskorte sie begleiten. Ein Kanal war jederzeit zu schließen, ohne Aufsehen zu erregen, die Schleusen waren oft defekt; auf dem Kanal ließ sich mit Hilfe ergebener und verschwiegener Beamter selbst kurzfristig freie Fahrt für Q arrangieren: Das Wasser wurde abgelassen, für den Ho'aker genügten drei Handbreit unter dem Kiel. Außerdem hatte dieser Weg einen zweiten, unschätzbaren Vorteil, den Adju nie gegenüber Q erwähnte: Hier bekam Q nicht die Vororte zu sehen, nur immergrüne Wiesen und Sträucher, gut, auch Fabriken, Werkhallen und Depots, aber die sahen nirgendwo anheimelnd aus, und niemand verlangte Schönheit von ihnen, nicht einmal Q.

Meistens dämmerte Q ohnehin den ganzen Weg zwischen der Hauptstadt und den Blauen Hängen hinter geschlossenen Jalousien dahin, auch jetzt hatte er die Augen geschlossen, doch er schlief nicht. Ein Lächeln lag auf seinen Lippen. Q hatte Grund zur Freude, einen wunderschö-

* Ho'aker – eine Art Luftkissenfahrzeug, wie sie auch auf der Erde benutzt wurden. – Soweit möglich, wurden sinngemäße irdische Begriffe gewählt, das ba'alkarische Original nur belassen, wenn der Text sonst umständlich oder mißverständlich würde.

nen, grünäugigen, langhaarigen, langbeinigen Grund: Alkira. Q gab sich der Erinnerung an die vergangenen Stunden hin, kostete sie noch einmal aus, versuchte, sie in sein Gedächtnis zu speichern. Er seufzte. Wie vieles er vergaß. Wahrscheinlich, dachte er, habe ich einfach zuviel erlebt in meinem langen Leben. Hundert Jahre ... Adju hatte vorgestern einen ganzen Katalog von Vorschlägen unterbreitet, wie man seinen hundertsten Geburtstag feiern sollte, Adju war sehr aufmerksam.

Ja, dachte Q, in ihm habe ich nicht nur einen fähigen Stellvertreter und Subregenten, sondern einen echten Freund. Er hatte schon daran gedacht, Adju zu adoptieren. Q bedauerte, daß er keine Kinder hatte. Er hätte zu gerne das Land einem Sohn hinterlassen. Ein Land, dachte er oft, ließ sich bestimmt viel leichter regieren, wenn die Last von einer großen Familie geteilt wurde. Alle Versuche mit seinen Neffen und Nichten waren gescheitert. Unfähige, habgierige Nullen, die nur in die eigene Tasche wirtschafteten. Wenn er nur an die Diamantensucht seiner Großnichte Breschka dachte. Wieviel Mühe es gekostet hatte, die Skandale zu vertuschen. Nicht nur Mühe. Aber wenn er Adju adoptierte, verlor er die Möglichkeit, die anderen Ratsmitglieder bei der Stange zu halten, indem er mal diesem, mal jenem zu verstehen gab, er würde ihn zu seinem Nachfolger küren.

Q blinzelte durch die kaum geöffneten Lider und betrachtete liebevoll Adjus blauschimmernden, frisch rasierten Schädel, seine makellos weiße, gefältelte Halskrause; einer der vielen Vorzüge Adjus war, daß er jederzeit elegant, würdig und dem Anlaß angemessen gekleidet war. Q nicht. Er grinste. Nein, er wahrlich nicht, doch er konnte es sich leisten. Nur wenn er sich im Rat zeigen mußte, unterwarf er sich dem Zeremoniell. Jetzt hatte er einen bequemen Dreiteiler an, wie ihn jedermann trug, wenn auch nicht aus so leichtem, so angenehmem Stoff. Q überlegte, was wohl heute eine dem Anlaß angemessene Bekleidung sein könnte – es gab keine, denn der Anlaß selbst war unangemessen und, wenn er es ohne Beschönigung bezeichnen wollte, unwürdig. Gerade das machte es so reizvoll. Und die Heimlichkeit. Nur Adju und Proscu, sein Leibdiener, der bei diesen Eskapaden chauffierte, wußten davon, und die schwiegen.

Q stellte sich das Entsetzen im Rat vor, wenn sie erführen, was ihn ein- oder zweimal jährlich zu den Blauen Hängen trieb. Nein, sie würden es nicht glauben. Kein Ba'alkarier würde es glauben, daß ihr Q, wie man ihn liebevoll nannte, der »Quartiermeister des ba'alkarischen Volkes auf dem Weg in die lichte Zukunft«, wie der Titel im vollen Wortlaut hieß, sich buchstäblich einer Hirtenfrau zu Füßen warf. Einer jungen Frau mit übervollen, spitzen Brüsten – und mit schmutzigen Füßen!

Sonst mußte sie pieksauber sein, frisch gebadet, ungeschminkt und nicht parfümiert, jedoch mit schmutzigen Füßen. Und es mußte die Landschaft seiner Jugend sein, dazu ein Lager aus Jakkufellen, der Schein eines Feuers aus Balsamholz – nur in diesem Arrangement seiner ersten Begegnung mit einer Frau, wie es Adju immer wieder so hervorragend für ihn inszenierte, zeigte sich die ersehnte Standhaftigkeit seines Leibes, und auch da nur dank der Bemühungen des Leibarztes, der so lange mit Hormonen und Vitaminen und Transmittern und was noch allem nachhalf, bis sich eines Tages das glückselige Ereignis ankündigte. Q lächelte versonnen. Ja, glückselig. Und Alkira war die Schönste von allen gewesen.

»Verzeihen Sie, Exzellenz«, sagte Adju, »Sie hatten den Wunsch geäußert, die Baustelle des Palastes der Wissenschaften zu sehen; hier wäre der beste Aussichtspunkt.«

Hatte er das? Nun, wenn Adju es sagte.

»Danke schön«, sagte er, »aufmerksam von dir, daß du daran gedacht hast.«

Warum auch nicht. Es war noch früh am Tag, und im Palast erwarteten ihn keine Pflichten. Adju sorgte dafür, daß man Q in Ruhe ließ. Nicht nur an solchen Tagen, doch da besonders. Q verbrachte diese Tage danach im Bett, nicht, weil er ausschlafen mußte, er schlief ohnehin nur noch wenig, auch nicht, weil er erschöpft war, die Erschöpfung stellte sich erst am dritten Tag ein, nach der Rückkehr von den Blauen Hängen fühlte Q sich zwanzig, ach was, fünfzig Jahre jünger – nein, er lag im verdunkelten Zimmer und schwelgte in der Erinnerung.

Der Ho'aker verließ den Kanal, schob sich über eine Wiese, das Gras wurde von dem Druck der Staudüsen flachgepreßt, dann senkte sich der Ho'aker sanft auf den Boden. Q sprang leichtfüßig hinaus, reckte sich wohlig und stieg über den leichten Hügel.

Wahrlich, die Fahrtunterbrechung war eine gute Idee. Das Panorama der Hauptstadt mit ihren schachbrettartigen Vierteln und dem Netz der Kanäle breitete sich vor Q aus; über dem Ring der Vulkane leuchteten die drei Monde: die Sichel des abnehmenden Udi, der Halbmond des aufgehenden Budi und die volle Scheibe des Cudi. Das Regierungsviertel lag noch im Schatten des Großen Vulkans, aber die Baustelle des Palastes der Wissenschaften glänzte bereits unter den Strahlen der Sonne, ein mächtiger Bau. Ja, man nannte ihn zu Recht »Vater der Wissenschaften«. Nicht »Leuchte der Wissenschaft«, diesen Titel hatte Q untersagt, wohl aber »Leuchte der Weisheit«, auch »Inspirator der Künste«, »Geliebter Führer«, »Größter Sohn des Volkes« ... Man gab ihm viele schöne Titel. Nicht zu Recht?

Q hockte sich auf einen Stein am Hang. Er hatte schon lange, viel zu lange nirgendwo mehr so gesessen und über sein Reich geschaut. Ein kleines, aber ein schönes Land, sein Ba'alkarien. Nicht reich, aber auch nicht mehr arm. Er machte sich nichts vor, es lag nicht nur an seiner Regierungskunst, auch an den Vulkanen, die zum Glück schon über ein Jahrhundert lang nur noch Rauch aus ihrer Kratern stießen, aber das ganze Jahr hindurch die Insel erwärmten und so Ba'alkarien zu einem Paradies auf dem sonst oft unwirtlichen Planeten machten. Die Touristen von den Festländern waren die Haupteinnahmequelle des Landes, die Küste war gespickt mit Hotels wie ein Hasenbraten mit Speck, zu jeder Jahreszeit tummelten sich Tausende im tintenblauen, warmen Wasser; der Ring der Korallenriffe schützte die Lagunen vor der Kälte und der Gewalt des Meeres. Und vor unkontrollierten Seereisen, dachte Q zufrieden. Die Insellage hatte viel zur Stabilität seines Landes beigetragen.

Eine Serie von Explosionen ertönte, wahrscheinlich von den neuen Wohnterrassen, die aus dem Fels gesprengt wurden, kurz darauf dröhnte es am Himmel. Die vier Jets der Palastwache schossen im Formationsflug über das Tal, stiegen senkrecht auf, durchbrachen die Schallmauer, flogen in die vier Himmelsrichtungen auseinander und zeichneten mit rosa Rauchwolken das ba'alkarische Kreuz vor das heller werdende Blau.

Auch das war eine Idee von Adju. Sie hatten nach dem Vertrag von Nifu nur die Bomben und Raketen verschrottet, die Jets aber zur Touristenattraktion umfunktioniert – die Miliz zu belassen war seine Idee gewesen. Nicht, daß man sie noch zur Verteidigung benötigte, aber die Miliz war ein hervorragendes Mittel zur Disziplinierung. So spürten alle erwachsenen Ba'alkarier einmal im Monat, daß sie immer und jederzeit seinem Befehl unterstanden.

Q stand auf. Sicher, er könnte den ganzen Tag hierbleiben, eine Woche, sogar einen Monat, jedermann akzeptierte, wenn er sich in seine Gemächer zurückzog, die Ratssitzungen verschob. Nicht einmal bei den öffentlichen Staatsaktionen mußte er auftreten, dafür hatte er sein Double, das das Zeremoniell ohnehin besser beherrschte als er – ein Double kann sich keine Abweichung vom Protokoll erlauben –, aber hierher konnte er jeden Tag zurückkommen, die Erinnerung an Alkira jedoch würde mit jeder Stunde blasser.

Als Q über die Kuppe des Hanges sehen konnte, erstarrte er. Ein Gefühl der Leere packte ihn, kein einziger Gedanke fiel in sein Gehirn, dann: Das kann nicht wahr sein.

Ungläubig blickte er nach links, nach rechts, preßte die Lider zusammen, so fest, daß er bunte Kreise und flirrende Schleier sah, riß die Augen auf – tatsächlich, der Ho'aker war verschwunden. Seine Beine versagten den Dienst, die Knie wurden weich, er plumpste schmerzhaft zu Boden.

Es dauerte lange, bis Q einen klaren Gedanken fassen konnte. Es gab nur eine Erklärung: ein Attentat. Die Terroristen, von denen Beru, der Chef des BüV*, immer wieder berichtete, mußten dem Ho'aker aufgelauert haben. Q rappelte sich auf und musterte den Boden. Nicht einmal gebogenes Gras verriet noch, wo er gestanden hatte. Also eine Entführung. Oder eine Nihilationsbombe, deren Explosion in dem Krach der Sprengungen untergegangen sein mußte. Q zitterte am ganzen Leib, die Haare auf den Handrücken sträubten sich. Er war also um Haaresbreite dem Tod entgangen. Aber wieso, woher ... Das sollte Beru herausbekommen. Wie kam er jetzt in den Palast?

So weit er blicken konnte, nirgends ein Haus oder gar eine Telecom-Zelle, offensichtlich befand er sich weitab von jeder Straße. Q machte sich auf den Weg. Der Fußmarsch durch das hohe Gras war ungewohnt. Aber nicht unangenehm, dachte Q nach einer Weile und sog den würzigen Duft der Wiese ein; er bückte sich sogar und brach eine blaßblaue Blume. Wie hieß sie nur noch?

Er nahm den ersten Weg, der den Hang hinunterführte, kletterte den steilen, gewundenen Pfad hinab und stieß direkt auf eine Haltestelle der Magnetbahn. Sicher kam bald ein Zug, der Bahnsteig war übervoll. Niemand beachtete ihn, aber wie sollten sie auch in dem Wanderer im unscheinbaren Dreiteiler und mit staubigen Schuhen den

* BüV – Büro des Vertrauens, ba'alkarischer Geheimdienst

großen Q vermuten. Sollte er sich zu erkennen geben? Nein, er würde inkognito in die Stadt fahren, sich unter sein Volk mischen, ihm auf das Maul schauen ... Das Zischen der Magnetbahn riß Q aus seinen Gedanken. Er warf sich in das Gedränge, die körperliche Berührung mit seinem Volk bereitete ihm sogar Lustgefühle – bis ein Ellenbogen in seinen Magen stieß.

Q war erst einmal mit der Magnetbahn gefahren, damals, als er sie eröffnet hatte. Er konnte sich nicht erinnern, daß man ihm erklärt hatte, wie die Sperre am Eingang zu lösen war. Er ließ einen alten Mann vor, sah ihm auf die Finger, ließ noch einer Frau, die ihn dankbar anlächelte, den Vortritt und suchte inzwischen nach dem Einlaß spendenden Dimestück. Zum Glück hatte er immer ein paar Münzen bei sich, um sie gegebenenfalls unter die Kinder zu werfen.

Der Zug fuhr an, beschleunigte so schnell, daß Q verzweifelt nach der Haltestange griff. Wie klebrig sie war, ekelerregend. Er sah sich hilflos um. Niemand bot ihm einen Sitzplatz an. Kaum eine Frau, die saß, selbst eine Alte mit Krücken mußte stehen. Die traditionelle Sitte, Alten, Frauen, Kindern und Gebrechlichen die Sitzplätze zu überlassen, schien nichts mehr zu gelten. Daß man ihm nie von einem derartigen, doch besorgniserregenden Sittenverfall berichtet hatte! Eine Hand schlug schwer auf seine Schulter. »Mach mal Platz, Opa!« Q blickte in ein abfällig grienendes Gesicht. Bevor er mitbekommen hatte, daß direkt vor ihm jemand aufstand und sich zum Ausgang drängelte, flegelte sich der junge Bursche schon auf den Sitzplatz und sah ihn schamlos triumphierend an. »Geht nicht mehr so, was?«

Q nahm sich vor, bei der nächsten Ratssitzung eine Kampagne der Höflichkeit auszurufen. Und wie es roch. Es stank geradezu. Nach Schweiß, billigem Parfüm und nach Schmutz. Unter den Bänken lag der Dreck knöchelhoch, die Scheiben waren wohl schon seit Wochen nicht mehr geputzt worden. Na, der Verkehrs-Rat konnte sich auf etwas gefaßt machen.

Was waren das nur für Leute in diesem Wagen? Sie starrten mit stumpfen Gesichtern auf die Finger in ihrem Schoß, die automatisch das Ging drehten, keiner unterhielt sich, niemand hatte ein Spiel in der Hand oder ein Minidisplay, um die Morgensendung zu verfolgen. Nein, das waren nicht seine fröhlichen, jederzeit vergnügten, blitzsauberen Ba'alkarier. Erst jetzt fiel ihm auf, wie ärmlich die meisten gekleidet waren. Vielleicht Gastarbeiter von den Festländern? Bestimmt. Das würde auch ihr Verhalten erklären. Aber hatte Adju nicht gesagt, daß Ba'alkarien Arbeitskräfte exportierte? Der Zug hielt, die Leute strömten aus dem Wagen, rannten ihn fast um.

»Endstation, Alterchen«, sagte die Frau, die Q vorgelassen hatte. »Du mußt aussteigen.«

Alterchen, wiederholte Q kichernd für sich. Wenn du wüßtest ... Ein Schild verriet ihm, daß er sich am Boulevard der Akademie befand. Q nickte beruhigt. Von hier aus war es nur ein kurzer Fußweg bis zum Palast.

Keine zehn Minuten später stand er am Platz der Erhebung, der zu dieser frühen Stunde noch verlassen dalag, nur eine Kolonne Straßenkehrer schob sich über das Pflaster. Q ging zielstrebig auf das Haupttor des Palastes zu, dann zögerte er, blieb stehen. Er erinnerte sich, daß Adju vor Monaten – oder war das schon Jahre her? – von einem neuen Einlaßgebäude am Seitenflügel gesprochen hatte. Er lenkte seine Schritte nach rechts, stieß kurz nach der Ecke auf das Gebäude. Ein glatter, fensterloser Bau, eine Tür ohne Griff, ohne Rufanlage, nur zwei Schlitze und darüber die Aufforderung, den »Badge« einzustecken, links für »Berechtigte«, rechts für »Besucher«. Ein Badge? Ach ja, dachte Q, die Identitätskarten, die er eingeführt hatte. Doch er selbst besaß keine, wozu auch ... Q starrte verwirrt auf die Tür. Welch absurde Situation: Er kam nicht in seinen eigenen Palast.

Er wartete eine Weile, doch niemand kam, mit dem er hineingehen konnte. Er lief die lange Fassade entlang. Irgendwo mußte es noch einen zweiten Eingang geben. Er fand ihn an der Rückseite des Palastes, eine große, glatte Tür, auch sie ohne Griff, ohne Rufanlage, statt der Schlitze gab es zwei kleine gläserne Scheiben.

Ein Wagen raste heran, Q sprang im letzten Augenblick zur Seite, der Wagen stoppte nicht, die Scheiben leuchteten rot auf, die Tür glitt lautlos in das Mauerwerk, der Wagen schoß hindurch, auf eine zweite Tür zu. Bevor die sich öffnete, war die äußere Tür schon wieder geschlossen. War er auch immer auf diesem Weg in den Palast gekommen? Er lief weiter, stand unversehens wieder am Platz der Erhebung.

Anrufen, dachte er. Am Platz selbst gab es keine Telecom-Zellen, aber eine Ecke weiter fand er eine, davor eine lange Schlange Wartender. Ihr laßt mich doch sicher vor, wollte Q leutselig sagen, doch die Worte blieben ihm im Halse stecken, so feindselig blickte man ihn an. Ein unbestimmtes Gefühl hinderte ihn daran, sein Inkognito zu lüften, er stellte sich an.

Die Palastnummer mußte er nicht erst aus dem zerfledderten Verzeichnis heraussuchen, sie stand zusammen mit den Nummern der Polizei und des BüV unübersehbar an der Wand. Q warf einen Dime ein, wählte.

»Palastpforte, Diensthabender«, meldete sich eine Stimme. Der Bildschirm blieb dunkel. Offensichtlich konnte der andere ihn auch nicht sehen. »Wer ist da?« fragte er ungeduldig.

»Hier spricht Q«, sagte Q.

Der Mann am anderen Ende der Leitung lachte, hörte gar nicht mehr auf zu lachen, sagte schließlich, mühsam beherrscht: »Wer ist da?«

»Q«, sagte Q energisch, »verbinde mich mit dem Chef der Palastwache.«

»Sonst geht's dir wohl gut, was?« Dann ertönte das Freizeichen.

Unverschämtheit, dachte Q. Als er erneut wählen wollte, wurde er aus der Zelle gerissen und wütend aufgefordert, sich wieder anzustellen. Q tat es. Sehr, sehr merkwürdig, dachte er. Das nächste Mal stellte er sich nicht vor, sondern bat – tatsächlich, er bat, er wunderte sich, als das »bitte« wie von selbst über die Lippen kam –, mit dem Chef der Palastwache verbunden zu werden. »Oder noch besser, mit Beru.«

»Der ist nur persönlich zu sprechen«, sagte der Diensthabende.

»Das will ich ja«, erklärte Q, »aber dazu muß ich wohl erst in den Palast.«

»Ja«, gab der andere zu.

»Wie komme ich in den Palast?« fragte Q ungeduldig.

»Dazu brauchst du eine Besucherkarte.«

»Und wie bekomme ich die?«

»Mann, lebst du auf dem Mond? Du stellst einen schriftlichen Antrag auf Formular B sieben mit ausführlicher Begründung, dann wartest du, bis du Antwort bekommst.«

»Wie lange dauert das?«

»Drei, vier Wochen. Wenn du Antwort bekommst.«

»Wen im Palast kann ich ohne Voranmeldung sprechen?« erkundigte sich Q.

»Die Küche, zum Beispiel. Wenn du die Kenn-Nummer hast.«

»Und ohne Kenn-Nummer?«

»Niemanden. Und nun mach die Leitung frei. Da warten sicher noch mehr, oder?«

»Ja«, sagte Q verwirrt. Er fragte den Mann am Ende der Schlange: »Weißt du eine Kenn-Nummer im Palast?«

»Ich? Nein!« Der Mann blickte sich scheu um. »Am besten«, flüsterte er dann, «du fragst niemanden danach, du verstehst?«

»Nein«, sagte Q. »Warum?«

Der Mann tat, als existiere Q nicht mehr, drehte sich um, Q starrte kraftlos auf seine karierte Jacke. Wie müde er plötzlich war. Wenn er nur schon in seinem Bett liegen könnte. Es mußte doch einen Weg geben. Ich werde einen schriftlichen Antrag stellen, dachte er. Bei mir wird es keine vier Wochen dauern, nicht einmal zehn Minuten. Er ging zum Kiosk und erkundigte sich, wo er das Formular bekommen könne.

»Bei mir, wo denn sonst?« Der Händler legte eine rosa Folie auf das Pult. »Macht hundert Ba'alk.«

»Ziemlich teuer«, meinte Q.

»Mach ich die Preise?« Der Händler grinste. »Unsere Regierung ist uns eben teuer.«

Q legte alle seine Münzen auf das Pult; er besaß nicht einmal zehn Ba'alk. Der Händler nahm die Folie weg. Was nun? dachte Q. Alles drehte sich vor seinen Augen, er taumelte, schrammte sich die Stirn an der Kioskwand, fiel zu Boden.

»Mach bloß, daß du wegkommst!« brüllte der Händler.

Q ramschte seine Münzen zusammen und ging weiter. Er überlegte, wen in der Stadt er persönlich kannte. Nicht einmal den Bürgermeister und den Polizeichef, beide waren neu im Amt, und zu ihrer Einführung hatte er Adju geschickt. Künstler, wo aber wohnen die? Dann fielen ihm die Zellen des Vertrauens ein. Er mußte nicht lange suchen, weithin leuchtende blaue Schilder mit dem knallgelben »BüV-Z« wiesen ihm den Weg. Zuerst in eine Seitenstraße, dann auf einen Hof, zu einem Eingang, hinter dem sich nur eine kleine Zelle befand. Kaum hatte Q sie betreten, da glitt die Tür hinter ihm zu, leise Musik ertönte, der Bildschirm leuchtete auf, zeigte ein schnell wechselndes Ensemble der schönsten ba'alkarischen Blumen, dann das Gesicht eines freundlichen älteren Beamten.

»Ich wünsche einen guten Tag«, sagte der Beamte, »für dich ...«

»Und uns alle«, erwiderte Q erleichtert.

»Nun, was willst du uns melden?«

»Ich muß mit Beru sprechen.«

»Du kannst mir alles anvertrauen«, sagte der Beamte mit sanfter Stimme, »sprich getrost.«

»Ich muß Beru selbst sprechen«, sprudelte Q los, »es hat ein Attentat auf den Palast-Ho'aker gegeben, Adju ist wahrscheinlich tot ...«

»Wer bist du?« fragte der Beamte. »Du hast vergessen, deinen Badge einzustecken.«

»Ich habe keinen Badge«, sagte Q, »das ist es ja gerade ...«

»Hast du ihn etwa verloren?«

»Nein – erkennst du mich nicht? Ich bin Q!«

»Was hast du gesagt?« Die Miene des Beamten versteinerte. »Das ist, das, das ist ja ...«

Der Bildschirm erlosch, die Musik brach ab, Q stand im Dunkeln. Er wollte die Tür öffnen, sie bewegte sich keinen Millimeter. Q hämmerte mit den Fäusten gegen das Metall, schrie um Hilfe. Plötzlich ging die Tür auf, er taumelte hinaus, wurde an beiden Armen gepackt, von zwei BüV-Männern in einen Wagen gestoßen. Ehe er es sich versah, waren seine Hände mit Handschellen auf dem Rücken gefesselt.

»Seid ihr wahnsinnig?« herrschte er die Männer an. »Ich bin Q!«

Die beiden grinsten, der eine versetzte ihm eine Maulschelle, der andere stieß ihm die Faust in den Magen, brüllte ihn an: »Halt's Maul!«

Q rang nach Luft, spürte, daß Blut aus seiner Nase quoll. Das kann nicht wahr sein, dachte er. Das darf nicht wahr sein. Du träumst. Er riß die Augen auf. Kein Zweifel, er saß in einer Grünen Minna, die beiden BüV-Männer starrten ihn finster an. Bestimmt bringt man mich in den Palast, dachte Q, und dann wird alles gut.

Er wurde in einer tristen, fensterlosen Halle aus dem Wagen gezerrt, einen Gang entlanggestoßen, in ein Zimmer, auf einen Hocker gedrückt. Hinter dem Tisch saß der Beamte vom Bildschirm, jetzt blickte er Q drohend an.

»Was hast du da von einem Attentat geredet? Wer, wann, wo? Wie ist deine Kenn-Nummer? Wer bist du?«

»Ich bin Q und ...« Er konnte nicht zu Ende sprechen, der Beamte schlug ihm ins Gesicht.

»Wer bist du?«

»Glaube mir, ich bin Q.«

Der Beamte holte erneut aus, ließ die Hand aber sinken und ging hinaus. Als er zurückkam, sah er Q kopfschüttelnd an.

»Du weißt, was auf Herabwürdigung steht?«

»Ja«, sagte Q, »die Todesstrafe.«

»Und trotzdem behauptest du ...«

»Ich bin es«, schrie Q.

»Du bist verrückt«, sagte der Beamte. »Oder lebensmüde. Bist du verrückt?«

»Nein«, beteuerte Q.

»Also ein Selbstmörder.« Der Beamte spuckte angewidert aus. Er rief einen BüV-Mann herein. »Schmeiß ihn raus!« befahl er. »Wieder so einer.«

Q landete auf der Straße, buchstäblich, der BüV-Mann beförderte ihn mit einem Fußtritt aus der Tür. Q rappelte sich auf und rannte davon, als gelte es sein Leben, rannte, bis er nicht mehr konnte und nach Luft japsend in einen Hausflur taumelte. Er verkroch sich hinter der Treppe, legte das Gesicht in die Hände und schluchzte vor Erschöpfung und Verzweiflung. Und aus dem Gefühl einer unfaßbaren Erniedrigung. Dann aus Wut.

»Das werdet ihr mir büßen!« stieß er hervor. »Kopf ab, Kopf ab, Kopf ab.« Sein Schädel brummte derart, daß er keinen anderen Gedanken fassen konnte.

Irgendwann schreckte er hoch, im Treppenhaus lärmten Kinder. Q blickte sich verständnislos um. Wie war er hierhergekommen? Er konnte sich nicht erinnern, und Adju war nicht da – Adju wußte immer, woran er sich erinnern wollte, und er wußte immer die richtige Erinnerung; nie hatte Q ihn tadeln oder korrigieren müssen. Wo nur war Adju? Er rief laut seinen Namen, nur das Echo antwortete. Dann fiel es Q wieder ein, alles. Er ballte die Fäuste und stand auf.

Q sah verwirrt die Straße hinunter, er hatte keine Ahnung, wo er sich befand. Weit und breit niemand. Die Mittagsglut brütete auf den Steinen. War er im Hausflur eingeschlafen? Da Q nie eine Uhr trug, wußte er nicht, wie lange er hinter der Treppe gehockt hatte.

Er ging auf die Schattenseite. Je länger er lief, desto sicherer wurde er: In diesem Teil der Stadt war er nie gewesen. Ja, er hatte keine Ahnung gehabt, daß es in seiner Stadt solche Straßen gab: grau, trist, schmutzig, von den Fenstern und Türen blätterte die Farbe, Risse und eklige Flecken zogen sich über die bröckeligen Fassaden. Und erst die Läden. Ungeputzte Fenster, leere Regale, in den Schaufenstern oft nur ein vergilbter Glücksspruch. Wieso gab es hier nicht die vielen schönen Dinge, die anderswo sein Herz erwärmten? Was sollten die Touristen denken, wenn sie in dieses Viertel kamen?

Gleich morgen, nahm Q sich vor, würde er das ändern lassen. Und den Bürgermeister, der so etwas duldete, absetzen. Alle, die an diesem Schandfleck schuldig waren. Ohne Gnade und ohne Ansehen der Person.

Sein Blick fiel auf ein Schaufensterbild: der lebensgroße Q in der Galauniform des Quartiermeisters mit Schärpe und Ordensspange, den Federbuschhelm im linken Arm, die rechte Hand einladend dem Betrachter entgegengestreckt. Q nickte zufrieden. Ja, das war er: gütig, warmherzig, kraftvoll, weise, gerecht. Das Bild war zu seinem sechzigsten Geburtstag angefertigt worden und noch immer das beste, das es von ihm gab, und deshalb das einzig offizielle.

Dann erblickte er den Mann, der sich in der Scheibe spiegelte, ein Greis mit stoppeligem Schädel, unrasierten Wangen, mit fahler Haut und zerschrammter Stirn, die

Nase verquollen rot, eine breite Spur verklebten Blutes über Lippen und Kinn. Es dauerte eine Weile, bis ihm klar wurde, daß es sein eigenes Spiegelbild war. Q erschrak bis ins Mark. Kein Wunder, daß der Beamte ihn nicht erkannt hatte. Niemand würde ihn so erkennen. Dann erschrak er noch einmal, die Arme sanken kraftlos herunter. Selbst wenn er jetzt nicht so zerschunden und schmutzig wäre, selbst wenn er die Galauniform trüge, das Bild des Q, das jedermann kannte, sah ihm kaum noch ähnlich.

Nein, schlimmer: Er war seinem Bild nicht mehr ähnlich!

Gleich morgen würde er ein neues anfertigen lassen. Q schloß die Augen und rekapitulierte, was alles er ändern mußte. Die Bahn, die Straßen dieses Viertels, die Läden, die Fristen für schriftliche Anträge, kostenlose Formulare – auch der Ärmste sollte sie sich leisten können –, Sprechstunden für jeden Beamten einführen, die Kampagne für Höflichkeit ... Seine Gedanken verhedderten sich, ihm wurde flau im Magen. Kein Wunder, dachte er, bei dieser Hitze. Und Hunger hatte er auch. Und noch immer keine Idee, wie er in seinen Palast kam. Zum Glück besaß er noch Münzen.

Während er die Straße hinunterging und nach einer Kaufhalle Ausschau hielt, überlegte Q, wann er das letzte Mal eingekauft hatte. Nicht mehr, seit er im Palast wohnte. Als Jannu noch lebte, in der Wohnung am Ring? An Konfekt und Blumen für Jannu konnte Q sich erinnern, aber an Lebensmittel? Das mußte eine Ewigkeit her sein. Wenn er jetzt mal einen Markt besuchte, hielt man ihm die schönsten Früchte gratis hin. Und Adju nahm sie jedesmal an sich, bevor er hineinbeißen konnte. Adju übertrieb es mit der Sicherheit. Q kicherte. Heute konnte Adju ihm nichts wegnehmen. Das Lachen blieb ihm im Halse stekken. Nie mehr. O ja, Adju würde ihm fehlen.

Als Q dann seinen Einkaufswagen durch die Kaufhalle schob, schüttelte er immer wieder den Kopf über das traurige Bild. Kein Wunder, daß so wenige Käufer in eine Halle mit derart erbärmlichem Angebot kamen, nicht einmal Trauben und Paprikosen gab es. Na warte, Morgu, dachte er, du bist die längste Zeit Rat für Versorgung gewesen! Er überschlug in Gedanken, was er sich für sein Geld wohl leisten konnte, legte dann zwei Hörnchen, ein Stück Jakkukäse, eine Wurst und drei Borangen in den Wagen.

Die Kassiererin blickte ungläubig die Münzen an, dann Q. »Männeken«, sagte sie, »darf's ein bißchen mehr sein?«

»Nein, danke«, erwiderte Q. »Das genügt mir, wirklich.«

»Aber mir nicht.« Sie hielt ihm fordernd die Hand hin.

»Mehr habe ich nicht«, sagte Q.

Die Kassiererin drückte ihm ein Hörnchen und eine Borange in die Hand. »Den fehlenden Dime spendiere ich dir, Alterchen.«

»Danke«, sagte Q verwirrt, »einen guten Tag, für dich ...«

Sie sah ihn an, als habe sie einen Irren vor sich.

»Eine Frage noch«, sagte Q. »Wie komme ich von hier in die City?«

»Du bist in der City«, antwortete die Kassiererin, »zweite Ecke links, dann dritte Straße nach rechts, und du stößt auf den Boulevard der Künste.«

»Zweite links, dritte rechts«, murmelte Q vor sich hin, »zweite links, dritte rechts ...« Er konnte keinen klaren Gedanken fassen, die Kopfschmerzen wurden immer schlimmer.

Er kam nicht bis zum Boulevard der Künste, er verkroch sich unterwegs in einem kleinen Park unter einen schattenspendenden Strimbeerstrauch. Er hätte lieber unter einem Baum gesessen, doch alle Bäume waren besetzt, und er spürte eine unüberwindliche Furcht vor der Begegnung mit anderen. Zu vieles war schon an diesem Tag auf ihn eingestürzt, dazu die Anstrengung der Nacht, die sich nun, da er sie nicht in seinem Bett ausklingen lassen konnte, in einem Gefühl hilfloser Erschöpfung bemerkbar machte.

Er verdrückte gierig sein kärgliches Mahl, viel zu hastig, er spürte immer noch Hunger, probierte ein paar Strimbeeren, doch die waren noch grün und bitter. Aber der schwere Duft des Strauches schenkte ihm eine Erinnerung an seine Kindheit: wie er durch hohes Gras lief und die Halme seine nackten Beine kitzelten. Mit einem Lächeln schlief er ein.

Die Sonne stand schon tief, als er erwachte. Dieses Mal wußte Q sofort, wo er sich befand. Aber immer noch nicht, wie er in seinen Palast kommen könnte. Erst einmal hingehen, sagte er sich. Gehen fördert Denken. Manchmal lief er stundenlang in seinen Gemächern oder im Palastgarten auf und ab, bis ihm die richtige Lösung einfiel. Oder Adju sie ihm brachte. Adju ...

Über den Boulevard schoben sich dichte Ströme von Ba'alkariern und Touristen, Q mußte aufpassen, daß er nicht angerempelt wurde. Die Straßencafés waren bis zum letzten Platz besetzt, vor einer Säule der »Stimme Ba'alkariens« drängten sich dichte Trauben um die Bildschirme. Q vernahm seinen Namen und »unser geliebter Führer«. Na endlich, dachte er erleichtert. Er setzte Ellenbogen und Hände ein, drängelte sich vor – und erstarrte.

Die Kamera schwenkte gerade über den großen Wappensaal, durch den sich ein langer Zug Ba'alkarier schob, viele hatten Blumen in der Hand, alle machten ein ernstes Gesicht, einige schienen zu weinen. Dann schwenkte die Kamera zu einem Podest, auf dem ein Sarg stand. Sein Sarg! Unter der weißblauen, glänzenden Fahne mit dem rosa Ba'alkarischen Kreuz lag er, die Hände unter dem Kinn gefaltet, die Augen geschlossen, das Gesicht wächsern bleich. Ich bin tot, dachte Q, ich bin tot.

Unsinn, dachte er dann. Ich stehe ja hier. Ich sehe, also bin ich. Das da war sein Double. Aber wieso?

Er drängelte sich wieder durch den Kreis der Gaffenden, hörte ihre Worte, verstand sie jedoch nicht. Wieso, dachte er nur, wieso? Q setzte sich in einer Seitenstraße auf eine

Treppe, rieb sich die Stirn. Es gab nur eine Erklärung: Sie hatten, wie auch immer, das Attentat entdeckt, vermuteten, daß er zusammen mit Adju und Proscu nihiliert worden war, aber sie konnten unmöglich zugeben, daß es den Terroristen möglich gewesen war, ihn zu ermorden. Also verheimlichten sie den Vorfall, behaupteten, daß er gestorben sei – wie wohl? –, und hatten sein Double aufgebahrt. Umgebracht, um es an seiner Stelle aufzubahren, aber das war schließlich das Risiko eines Doubles. Er aber lebte! Und nun wußte er auch, wie er in den Palast kommen konnte: in dem Defilee der Trauernden.

Er drängte sich, so schnell es ging, in Richtung Platz der Erhebung. Die Straße war schon vor dem Platz abgesperrt. Als Q sich an den Doppelposten vorbeischieben wollte, wurde er unsanft zurückgehalten.

»Du willst doch wohl nicht rein, Opa«, herrschte der Posten ihn an, »in deinem Aufzug?«

Q sah an sich herunter. Sein Anzug war zerknittert und voller Grasflecken. Ja, er sah nicht wie ein würdiger Trauergast aus.

»Mach, daß du wegkommst!« Der Posten stieß ihn zur Seite, um Platz für diejenigen zu machen, die ihm rosa Eintrittskarten hinhielten.

Q stand sprachlos da, hob seine Hände in Brusthöhe, sah auf seine schmutzigen Hände, lachte. Nein, war das komisch: Er durfte nicht zu seiner eigenen Trauerfeier. Er konnte nicht mehr aufhören zu kichern. Jemand drückte ihm etwas in die Hand, dann ein zweiter, ein dritter; ehe Q es sich versah, hatte er die Hände voller Münzen. Ich bin doch kein Bettler, wollte er sich empören, aber er schwieg. Was war er überhaupt noch? Er schloß die Finger um die Münzen und schlich sich mit hängendem Kopf davon. Was nun, dachte er, was nun? Einen Schnaps. Er brauchte jetzt unbeding einen Schnaps.

Als man ihn in zwei Restaurants schon an der Tür abwies, versuchte er es in einer Kneipe, in die er sonst nie einen Fuß hätte setzen wollen. Oder dürfen. Q mußte grinsen. Heute durfte er alles. Nur nicht zu seiner eigenen Trauerfeier gehen. Er fragte den Wirt, was er für seine Münzen bekommen könne. Ein Glas Wein oder drei Schnäpse. Q bestellte Schnaps. Die Leute an der Theke rückten ein wenig zur Seite. Der Wirt stellte ihm gleich drei Gläser hin.

Q lehnte sich mit dem Rücken an die Theke und sah auf die Videowand an der Stirnseite der Kneipe. Ja, sein Leichendouble sah würdig aus, fand er, entschieden würdiger als er zur Zeit. Er lauschte mit wachsendem Vergnügen den feierlich vorgetragenen Lobreden, fühlte Stolz ob all der schönen Wendungen, die man für ihn fand. Zu früh, dachte er, viel zu früh. Sein Mausoleum am Hang des Großen Vulkans, das er sich beizeiten hatte errichten lassen, ein Bau nach dem Muster klassischer Tempel, ganz aus Marmor und Porphyr, würde noch eine Weile auf ihn warten müssen. Was die für Gesichter machen würden, wenn er plötzlich quicklebendig vor ihnen stand! Er hob sein Glas und trank seinem Leichnam zu. »Prost Q«, murmelte er, »auf ein langes Leben.« Wer totgesagt wurde, sollte doch besonders lange leben.

Dann merkte er, daß er der einzige zu sein schien, der die Übertragung des Defilees verfolgte. Während aus dem Lautsprecher wohltönende Worte zu seinem Gedenken quollen, hörte er rundum Allerweltsgespräche, ein sonderbares Mischmasch, »die große Leuchte unseres Volkes« und »Weißt du nicht, wo ich Bretter bekommen kann?«, »Das ganze ba'alkarische Volk trauert um seinen größten Sohn« und »Mann, Alte, mach mich nicht an, ich sauf, wie ich will«, »Heute ist der schwärzeste Tag in der Geschichte unseres Landes« und »Wenn ich mich heut nicht besaufen darf, wann dann ...«. Gab es hier denn niemanden, der um ihn trauerte?

Der ungewohnte Schnaps stieg ihm zu Kopf, das Videobild verschwamm vor seinen Augen, wurde wieder scharf.

Nein, war das komisch. Da saß er hier in einer Kneipe und sah zu ... Er stieß seinen Nachbarn an.

»Eine schöne Leiche, was?« lallte er. »Auf Q, den toten – und den lebenden! Ich bin nämlich, mußt du wissen ...«

»Lebensmüde, was? Hier sitzen wenigstens drei Spitzel vom BüV«, zischte der andere. »Oder bist du ein Provokateur? Mich fängst du nicht.« Er nahm sein Glas und rief laut in den Raum: »Auf unseren geliebten Führer, Ehre seinem Andenken.«

»Und ein langes Leben«, lallte Q kaum hörbar. Er wollte mit dem Nachbarn anstoßen, doch seine drei Gläser waren leer.

»Spendierst du mir noch einen?« fragte er, dann starrte er mit offenem Mund auf den Videoschirm. Da stand doch Adju! Kein Bild, er selbst, der lebende Adju, eine Trauerschärpe quer über der Brust.

»Liebe Landsleute«, sagte Adju, »der Tod unseres großen, geliebten Führers ist ein unersetzbarer Verlust, aber ich gelobe euch in dieser schweren Stunde ...«

»Adju!« schrie Q, dann schwanden ihm die Sinne, er stürzte zu Boden.

Ein Rauschen umgab ihn, Stimmen, viele Stimmen, Q konnte nicht verstehen, was sie sagten. Warum hatte er die Hände unter dem Kinn gefaltet? Die Knöchel berührten die Kinnspitzen, die Daumen drückten auf den Kehlkopf. Und warum lag er nicht zusammengekrümmt auf der Seite, wie es seine Gewohnheit war, sondern geradeausgestreckt auf dem Rücken?

Das Videobild fiel ihm ein. Er lag hier im Sarg, aufgebahrt! Er blinzelte kurz durch die Lider, tatsächlich, er hatte ein weißes Hemd an, und er trug sonst nie Weiß. Aber er hatte doch mit eigenen Augen gesehen, daß sein Double im Wappensaal aufgebahrt war. Q preßte die Lippen zusammen. Er verstand nichts mehr.

Nicht erst jetzt, dachte er. Aber bald würde sich alles aufklären. Er mußte nur die Augen aufschlagen, sich erheben und den Trauernden verkünden, daß er noch lebte. Trocknet eure Tränen, würde er sagen, euer Q lebt.

Er öffnete die Augen, doch er blickte nicht auf den Himmel des Wappensaales, nicht auf das weit über Ba'alkarien hinaus berühmte Gemälde von Cucunesu, die Versammlung der Götter, den Reigen der vollbusigen, rosa geflügelten Engel, den langen Zug der ba'alkarischen Herrscher, er sah auf eine rissige, schmutziggraue Decke, von der die abblätternde Farbe in Fetzen herunterhing.

Q hob den Kopf ein wenig an. Er lag in einem Saal voller Krankenbetten; sechs lange Reihen konnte er von seinem Platz ausmachen. Wo war er? Wie kam er hierher?

Ein Frauengesicht beugte sich über ihn. Eine Krankenschwester. Sie legte die Hand auf seine Stirn, löste seine gefalteten Hände, fühlte den Puls.

»Kannst du mich sehen?« fragte sie.

Q wollte »ja« sagen, doch aus seinem Mund kam nur ein Krächzen. Sie setzte einen Napf an seine Lippen, er trank gierig das schale Wasser.

»Wer bist du?« sagte sie. »Wir haben keinen Badge bei dir gefunden, nichts, womit wir dich identifizieren konnten.«

»Ja, wer bin ich?« antwortete Q.

»Erinnerst du dich an deine Kenn-Nummer?«

»Ich habe keine Kenn-Nummer«, sagte Q.

»Jeder hat eine. Versuch dich zu erinnern. Aber quäl dich nicht, laß dir Zeit.«

»Wo bin ich?«

»Im Spital der Barmherzigkeit.«

»Und wie lange schon?«

»Den zweiten Tag.«

»Ist Q schon beigesetzt?«

»Nein, heute nachmittag. Aber ist das jetzt wichtig? Versuch lieber, dich zu erinnern, wer du bist. Wir möchten deine Familie benachrichtigen.«

»Ich habe keine Familie.«

»Aber sicher Bekannte, Freunde. Dein Anzug ist aus gutem Stoff.« Sie lächelte. »Wir haben das erst entdeckt, als er gereinigt war. Und du hattest einen wertvollen Ring, erinnerst du dich?« Sie hielt ihm den Ring hin.

Q nickte. Ein Geschenk von Jannu.

»Nein, ich habe auch keine Freunde«, sagte Q. Er schloß die Augen. Adju, dachte er. Was hatte er alles für ihn getan … Mit einem Schlag war er hellwach, seine Gedanken waren so klar wie schon lange nicht mehr. Adju lebte. Das hieß, daß Adju ihn an dem Hang vor der Stadt sitzengelassen hatte. Ausgesetzt. Ein kalter Staatsstreich.

Q blickte an die rissige Zimmerdecke. Warum hatte man ihn nicht ermordet? Für jemanden, der im Inneren Kreis verkehrte, wäre es nicht schwer gewesen, ihm Gift ins Essen zu tun. Und nicht schwer, einen anderen zu beschuldigen, unter der Folter ein Geständnis zu erpressen. Hatte Adju Hemmungen gehabt, seinen väterlichen Förderer ermorden zu lassen? Adju hatte nie Skrupel gezeigt, wenn es galt, ein wichtiges Ziel zu erreichen. Aber er hatte sich nie selbst die Hände schmutzig gemacht. Adju hatte immer Handlanger für blutige Geschäfte gefunden, hier jedoch hätte er es mit eigener Hand tun müssen, um sich nicht rettungslos Mitwissern auszuliefern, und dazu …

Q erschrak. Ein schier unfaßbarer Gedanke durchzog sein Hirn, ließ seinen Körper erschauern, Gänsehaut kroch über Arme und Beine. Hatte Adju es am Ende nicht einmal für nötig befunden, ihn zu ermorden, hatte er ihn einfach weggeworfen wie einen alten, ausgedienten Schuh …? Aber er würde es schaffen, wieder in seinen Palast zu kommen, und dann sollte Adju was erleben. In den Kerker würde er ihn werfen lassen, nicht in den modernen Folterkeller, was auch immer Adju über die Effizienz der Instrumente dort erzählt hatte, nein, in den historischen Folterkeller, ihn auspeitschen lassen, mit glühenden Zangen brennen, in die spanische Jungfrau quetschen, die Augen blenden, die Nägel ausreißen, die Zunge – nein, das erst, wenn Adju die Namen aller Verschwörer preisgegeben hatte. Und dann pfählen und vierteilen ... Aber erst einmal mußte er hier raus. Und schnell.

Q setzte sich auf, einen Augenblick war ihm schwindlig, dann fühlte er sich munter, ausgeruht, unternehmungslustig. O ja, er würde es schaffen. Er drehte sich, ließ die Beine baumeln. Die Krankenschwester trat an sein Bett, nickte beifällig.

»Ich habe Hunger«, erklärte Q. »Und ich möchte meine Kleidung. Ich will das Spital verlassen, das geht doch?«

»Wenn du dich stark genug fühlst ...« Sie zuckte mit den Schultern. »Wir sind froh über jedes freie Bett. Aber warum so schnell?«

»Ich möchte zu Qs Beerdigung«, sagte Q.

»Geh in den Videoraum, da wird das Staatsbegräbnis übertragen.«

»Nein, ich will dabeisein.«

»So?« Sie zeigte auf sein Gesicht. Q strich sich mit der Hand über die Wangen. Ja, so unrasiert würde man ihn kaum in die Nähe des Leichenzuges lassen. Aber das war seine letzte Chance.

»Du wirst es kaum rechtzeitig schaffen«, sagte die Schwester. »Es ist weit von hier bis in die City, und du hast kein Geld.«

»Aber den Ring«, sagte Q. »Wenn du mich rasierst und mir eine Fahrgelegenheit in die City beschaffst, gebe ich dir den Ring.«

»Ich will sehen, was ich tun kann.«

Sie kam bald zurück, brachte seine Kleider, einen Napf voller Brei, ein Hörnchen, Tee, außerdem Schere und Rasierapparat. Während Q den Brei verschlang, schnitt sie ihm die Haare kurz, rasierte seinen Schädel, dann die Wangen.

»Ein Krankenwagen fährt dich direkt hin«, erklärte sie, »und zur Sicherheit ...« Sie hielt ihm eine rosa Karte mit

Trauerflor hin. »Hier hat sich niemand gefunden, wir haben zuviel zu tun.«

Der Krankenwagen brachte Q durch alle Absperrungen und setzte ihn direkt an der Trauertrasse ab, an der breiten, achtspurigen Allee des Sieges, die Q durch die verwinkelten Straßen der Altstadt hatte schlagen lassen. Ein schöner Tag für meine Beerdigung, dachte Q bitter, als er den strahlendblauen Himmel sah. Und dies war auch seine Stadt, wie er sie liebte: freundlich, bunt, gepflegt, die Fassaden frisch gestrichen, das Pflaster gefegt und gesprengt, die Läden voller schöner Dinge. Die Trauergäste vertrieben sich die Zeit bis zum Eintreffen des Zuges damit, sich in die Geschäfte zu drängen; nur wenige standen bereits an den Absperrungsseilen, auch sie mit vollen Taschen und Beuteln.

Q hätte sich zu gerne eine der Trauben geholt, bei deren Anblick ihm das Wasser im Munde zusammenlief. Heute abend, dachte er, heute abend kannst du so viele Trauben essen, wie dein Herz will. Und er würde sich von niemandem einen Hinweis auf seine Diät gefallen lassen. Nie mehr. Überhaupt nichts mehr.

Er lehnte sich an das Haus, die Wand gab nach, Q fiel nach hinten, über ihm brach die dreistöckige Fassade zusammen, zum Glück war sie nur aus dünnem Kunststoff. Q sprang auf, klopfte sich den Schmutz vom Anzug, starrte verwirrt auf den Trümmerhaufen. Jetzt sah er, daß dies nicht das einzige fiktive Haus war; man hatte alle Baulükken auf diese Weise geschlossen, allein in seinem Blickwinkel zählte er sieben.

»Eh, Mann, warst du das?« Ein Polizist baute sich drohend vor Q auf, winkte mit dem Finger. »Zeig mal deinen Badge. Hast du überhaupt eine Einlaßkarte?«

Q hielt ihm die rosa Karte hin und blickte sich um, wohin er am besten ausreißen konnte. Ein Sirenensignal enthob ihn der Flucht. Der Polizist gab ihm die Karte zurück, ging in das nächste Geschäft und trieb die Leute hinaus an die Trauertrasse. Q stellte sich in die erste Reihe; er mußte sich nicht vordrängeln, man machte ihm bereitwillig Platz.

Am Ende der Straße tauchte das Vorkommando auf, sechs Polizeiwagen, kurz danach kam die siebzehnreihige berittene Staffel, die Reiter in historischen Uniformen, die Pferde mit schweren rosa Decken behängt und mit Trauerbüschen auf dem Kopf, dahinter die offenen Wagen der Ratsmitglieder. Sie standen alle und blickten mit ernster Miene geradeaus, allen voran Adju. Zum letztenmal, dachte Q wütend. Beru ließ seinen Blick aufmerksam über die Leute an der Trasse gleiten, Q winkte ihm zu. Es schien ihm, als ob Beru zusammenzuckte, dann aber ließ er seinen Blick weiterschweifen.

Q reckte sich auf die Zehenspitzen, um den Katafalk besser sehen zu können. Die Leiche wurde offen durch die Straßen geführt, aber das Gesicht war in dem Meer von Blumen kaum zu erkennen. Nun weiß ich wenigstens, dachte Q, wie es eines Tages sein wird. Dann kroch er blitzschnell unter der Absperrung hindurch, durchbrach die Kette der Palastwache, die neben dem Katafalk im Stechschritt paradierte, kletterte auf den Wagen.

»Ich lebe«, rief er. »Ich bin es, euer ...«

Er wurde heruntergerissen, eine Hand preßte sich auf seinen Mund, er wurde hochgehoben, beiseite getragen, er konnte mit den Beinen strampeln und um sich schlagen, soviel er wollte, bekam einen Knüppelhieb auf den Kopf. Als er wieder zu sich kam, saß er in einem Krankenwagen, seine Beine steckten in einem Sack, sein Oberkörper in einer engen Jacke, deren Ärmel auf dem Rücken zusammengebunden waren.

»Was macht ihr!« schrie er. »Dort wird der Falsche zu Grabe getragen. Ich bin nicht tot. Ich bin Q, ich lebe!«

»Schon gut, schon gut.« Ein Mann in weißem Kittel nickte ihm beruhigend zu, zog eine Spritze auf.

»Ich bin ...«

»... Q, das weiß ich ja jetzt«, sagte der Mann und stach die Spritze in Qs Brust. »Da bist du bei uns richtig, Opa. Wir haben in unserer Anstalt schon fast alle Götter und Herrscher, und Q – davon haben wir bereits drei. Jetzt könnt ihr unter euch bleiben und ›Ba'alkarier, ärger dich nicht‹ spielen.«

Das Interview

Viermal kurz, einmal lang. Cliff trat einen Schritt zurück, betrachtete die Tür. Das Holz müßte mal wieder gestrichen werden, dachte er, und das Gitter aus fingerdicken Eisenstäben vor den Scheiben würde im Ernstfall keinen Schutz bieten, es war von außen angeschraubt. Er zählte vier Schlüssellöcher. Nichts rührte sich. Die Klingel hatte angeschlagen, leise nur, doch unverkennbar. Ribeira hatte gesagt, Evarista Amaral würde ihre Wohnung nie verlassen – noch einmal klingeln?

Der Milizionär auf dem Treppenpodest sah zu ihm herauf; er hatte die Maschinenpistole in die Ecke gestellt, sich an die Wand gelehnt, die Daumen hinter das Koppel gesteckt, kaute unentwegt auf seinem Bubblegum, grinste Cliff an, ließ eine große Blase vor seinem Mund wachsen, zerplatzen, kaute weiter.

»Hallo, wer ist da?«

Cliff fuhr herum. Die Tür war unverändert verschlossen, doch aus dem dunklen Kreis des Spions war das Glas verschwunden. Zu Hause würde das niemand riskieren, dachte er, da waren die Spione mit kugelfestem Panzerglas gesichert; zu oft hatte man Leute mit einem Schuß durch den Spion umgelegt.

»Ich bin's«, sagte er, »Cliff Cartwright vom HERALD.«

»Haben Sie einen Dollar?«

Er zog die Banknote aus der Hemdtasche, hielt sie hoch.

»Schieben Sie den Schein durch.«

Cliff rollte die Dollarnote zusammen, steckte sie durch das Loch im Spion. Ein merkwürdiges Erkennungszeichen. Ribeira hatte sie ihm wie eine kostbare Antiquität überreicht – Gib sie nicht aus Versehen aus, und wenn du sie verlierst, versuch es nicht mit einer anderen, komm wieder zu mir! –, Cliff hatte sie untersucht und nichts gefunden, das sie von anderen Dollarnoten unterschied.

»Einen Augenblick«, sagte die Stimme hinter der Tür, sie klang derart gedämpft, daß er nicht hätte sagen können, ob es eine weibliche oder eine männliche Stimme war. Kurz darauf vernahm er metallisches Klappern, Klirren, das Geräusch der sich im Schloß drehenden Schlüssel, die Tür wurde um einen Spalt geöffnet, noch immer war sie mit zwei Ketten gesichert, der Korridor dahinter lag im Dunkeln. Cliff trat noch weiter zurück, damit man ihn in ganzer Figur sehen konnte.

»Okay.« Eine Frauenstimme. Die Tür wurde kurz angelehnt, die Ketten fielen, Cliff wurde am Ärmel hineingezogen; erst als die Tür wieder ins Schloß gefallen war, machte die Frau Licht an, aber sie kümmerte sich nicht um ihn, sie legte die Ketten und Stangen und Riegel wieder vor, drehte die Schlüssel, dann wandte sie sich ihm zu.

»Entschuldigen Sie bitte, aber ...«

Cliff erkannte sie sofort, obwohl sie anders aussah als auf den Fotos, nicht so gelöst, strahlend, siegessicher, ihre Haare waren nicht hochgetürmt, sondern lagen glatt an, wurden im Nacken von einem Band zusammengehalten, aber es war zweifelsfrei Evarista Amaral.

»Sie gestatten.« Es war keine Frage, und sie wartete nicht auf seine Zustimmung, sie öffnete seine Tasche, nahm den Recorder heraus, die Kamera, sah sie sich genau an, auch die Kassetten und Filme, tastete ihn dann ab wie ein geübter Bulle. Cliff hob automatisch die Arme an, spreizte die Beine, er hätte sich in diesem Augenblick nicht einmal gewundert, wenn sie ihn aufgefordert hätte, sich mit den Händen an der Wand abzustützen.

»Lästig«, sagte sie, »aber es muß leider sein. Kommen Sie.«

Sie ging schnell vor ihm her, so daß er keine Zeit fand, sich den Korridor genau anzusehen, die Wände hingen voller gerahmter Fotografien. Das Zimmer, in das sie ihn führte, war dunkel.

»Einen Moment, bitte. Ich hatte Sie noch nicht erwartet.«

Sie zog die Vorhänge zurück, öffnete die Fensterläden, Licht flutete in das Zimmer, so grell, daß Cliff unwillkürlich die Augen schloß. Merkwürdige Art, die Fensterläden innen anzubringen, dachte er. Aber hier war ja so vieles anders. Er sah sich um, während sie durch das Zimmer ging, Zeitungen vom Fußboden auflas, Bücher zuklappte und weglegte, Kissen aufschüttelte, eine Handarbeit beiseite räumte. Es war offensichtlich ihr Arbeitszimmer, neben dem Fenster stand eine große aufgebockte Holzplatte und darauf eine altertümliche Reiseschreibmaschine, nicht weit davon, mit einer Drehung des Stuhls zu erreichen, ein Computer. Regale voller Bücher bis an die Decke, Bücherstapel und Zeitschriften auch auf dem Fußboden vor den Regalen, neben dem mächtigen Ledersessel, auf den vier kleinen Tischen. Nirgends Blumen. Auch keine Bilder. Aber Aschenbecher, wo immer er hinsah.

»Setzten Sie sich doch.« Sie wies ihm den Lehnstuhl gegenüber dem Ledersessel zu. »Tee, Kaffee, Wein ...?«

»Kaffee, wenn ich bitten darf.«

Sie ließ die Tür hinter sich offen, so daß er nicht wagte, noch einmal aufzustehen und die Bücher in den Regalen zu mustern. Gemütlich konnte man den Raum nicht nennen, er machte auch nicht den Eindruck eines Zimmers, in dem viel gearbeitet wurde, die Arbeitsplatte lag bis auf ein paar Zettel verlassen da, kein Stift, kein Papier, auch der Drucker war offensichtlich nicht beschickt und der Monitor mit einer Staubschicht überzogen. Es war überhaupt ziemlich staubig, fand er. Nicht gerade schmutzig, aber auch nicht sauber. So, wie jemand ein Zimmer säubert, der es nur tut, wenn es unbedingt sein mußte. In den oberen Regalreihen entdeckte er sogar Spinnennetze, und die Lampenschirme hätten längst ausgewechselt werden müssen. Aber das würde er nicht schreiben.

Sie kam zurück, stellte eine Kaffeemaschine auf den Tisch, holte ein Tablett mit Tassen, Zuckerdose und einem frischen Aschenbecher, goß Kaffee ein.

»Sie bedienen sich dann selbst, ja?« Sie zeigte zur Kaffeemaschine, schob ihm gleichzeitig eine Packung filterlose schwarze Zigaretten zu.

»Danke, ich rauche nicht«, sagte Cliff. »Die Dollarnote – soll ich sie Senhor Ribeira zurückgeben?«

»Das wäre gut.« Sie holte den Dollar aus der Tasche ihres Jackenkleides.

»Was ist so Besonderes an ihm?« erkundigte sich Cliff. »Ich habe nichts entdeckt.«

Sie lachte, tippte auf das Porträt von Washington, gab ihm die Banknote. Jetzt erkannte er zwei winzige Punkte unter Washingtons Auge.

»Man kann nicht vorsichtig genug sein«, sagte sie. »Unser Telefon wird abgehört, also kennen auch die anderen das vereinbarte Klingelzeichen. Und ich kenne Sie nicht. Sie sind vom DAILY HERALD, sagte mir Ribeira. New-Yorker oder Bostoner HERALD?«

»Boston«, antwortete Cliff, »aber unsere Auflage ist weit höher, vor allem die Auslandsauflage, wir werden ...«

Sie winkte ab. »Erzählen Sie von sich«, forderte sie.

»Eigentlich wollte ich Sie interviewen.«

»Ja, dann. Ich möchte wissen, mit wem ich es zu tun habe. Was könnte ich von Ihnen gelesen haben?«

Er zählte ein Dutzend Artikel aus den letzten Monaten auf, nannte vor allem das Interview mit ihrem kubanischen Kollegen Martinez und die Serie über den neuen Star am Musikhimmel, Enrico Fernari. Sie ließ ihn nicht aus den Augen, während sie Kaffee trank und zwischendurch an der Zigarette sog. Faszinierende große dunkle Augen. Sie war noch immer schön, obwohl man ihr jetzt, im Gegensatz zu ihren Fotos, ansah, daß sie auf die Vierzig zuging. Es waren weniger die verräterischen Fältchen in den Augenwinkeln oder am Hals als die dunklen Schatten unter den Augen und die beiden Falten links und rechts der Nasenwurzel, und sie trug schon den ersten Schatten eines Frauenbarts auf der Oberlippe, von dem alle diese südländischen Schönheiten befallen wurden. Ob sie ihm gestatten würde, sie ungeschminkt aufzunehmen, ohne barmherziges Gegenlicht? Er fand sie so viel attraktiver, schöne Frauen gab es doch zum Überdruß.

»Ich muß gestehen, ich habe nichts davon gelesen«, sagte sie, »ich bekomme den BOSTON DAILY HERALD nur selten. Was wollen Sie wissen?«

»Fangen wir mit der Standardfrage an«, sagte Cliff. Er legte den Recorder auf den Tisch und stellte ihn an. »Woran arbeiten Sie jetzt, Evarista Amaral?«

»Darüber möchte ich nicht sprechen. Ich arbeite, ja. An einem neuen Roman, so viel kann ich verraten, aber mehr nicht. Ich bin da abergläubisch, verstehen Sie?«

»Darf ich das schreiben, Senhora Amaral?«

»Von mir aus. Aberglauben ist sehr verbreitet bei uns, traditionell, er gehört sozusagen zu unserem Leben, deshalb spielt er auch eine Rolle in meinen Büchern.«

»Ich habe sie beide gelesen, Senhora Amaral. Ich dachte nur nicht, daß Sie selbst ...«

Sie stellte den Recorder ab. »Ich möchte nicht über meinen Aberglauben sprechen, nicht im einzelnen, meine Leser in Europa und in den Staaten würden es nicht verstehen. Und tun Sie mir einen Gefallen, lassen Sie die Senhora. Sagen Sie Evarista zu mir, und ich nenne Sie Cliff, einverstanden?«

Sein Name klang fremd aus ihrem Mund, eigenartig, aber nicht unangenehm, im Gegenteil. Wie er wohl klingen würde, wenn sie ihn zärtlich aussprach? Wie kam er nur auf diesen Gedanken? – Ihr Lächeln! Als wollte sie mit ihm flirten. Wahrscheinlich wußte sie nur zu gut, wie ihr Lachen auf Männer wirkte. Frauenlachen ist eine Waffe und wird bewußt angewendet, das hatte er doch schon als Volontär gelernt. Und wenn sie tatsächlich ein wenig flirten wollte, dann hatte das weniger mit ihm selbst zu tun; sie hatte jetzt selten Gelegenheit, ihr Lachen zu erproben. Er stellte den Recorder wieder an.

»Warum leben Sie hier, Evarista? Warum so zurückgezogen, geradezu verbarrikadiert. Ist das wirklich nötig?«

Sie blickte ihn spöttisch an. »Sie haben wenig Ahnung von uns, was?«

»Vielleicht. Auf jeden Fall meine Leser. Erklären Sie es ihnen. Müssen Sie wirklich um Ihr Leben fürchten?«

»Ich fürchte mich nicht, das Leben zu verlieren, aber es gibt so viele Möglichkeiten in diesem Land, einem das Leben schwerzumachen, und uns ... Haben Sie sich nicht in Ihrem Archiv informiert, bevor Sie hierherkamen?« Sie war sichtlich verärgert, daß einer unvorbereitet zu ihr kommen konnte.

»Ich habe die Berichte verfolgt«, sagte Cliff. »Ich erinnere mich an vieles, und ich kann es dann ja ergänzen. Dieses Interview war nicht geplant. Nicht zu diesem Zeitpunkt«, ergänzte er schnell. »Da Enrico Fernari seine Tournee änderte und ich unversehens in Rio landete, war klar, daß ich versuchen mußte, Sie zu sprechen. Deshalb bin ich nicht so gut vorbereitet wie sonst. – Ich erinnere mich, in einem Artikel gelesen zu haben, warum Sie Ihre Villa in Flamengo aufgegeben haben und in die Innenstadt zogen – hat man Ihnen wirklich einen Sarg ins Haus geschickt?«

»Den Leichenbestatter!« Sie griff zur Kaffeetasse, trank einen Schluck. »Es ist schon merkwürdig, Cliff, wenn plötzlich der Leichenwagen vor der Tür steht und ein Sarg ausgeladen wird. Man überlegt, wer in der Nachbarschaft gestorben sein könnte, aber dann kommen die Leute in Ihr Haus, klingeln, und Sie müssen hören, daß man Ihre Leiche holen will. Sie hatten sogar ordnungsgemäß ausgefüllte Papiere; Namen, Geburtsdatum, Anschrift, alles stimmte. Und wissen Sie, was in der Spalte für Todesursache stand: *stupiditas imprudens* – unvorsichtige Dummheit. Sehr witzig, nicht wahr?«

»Ich kann das überhaupt nicht komisch finden«, sagte Cliff. »Haben Sie versucht, herauszubekommen, wer sich diesen makabren Scherz ausgedacht hatte?«

»Wozu? Ich wußte es auch so. Und daß Nachfragen nur im Sande verlaufen und unnötig Kraft und Zeit kosten – man wendet sich hierzulande nicht ohne Risiko an eine Behörde. Jeder Besuch in einer Amtsstube kann unversehens zu einem fürchterlichen Desaster werden, nicht nur, weil man Sie als lästigen Bittsteller behandelt, als aufdringlich, geradezu unverschämt. Sie können nie sicher sein, daß Sie nicht von einer Minute zur anderen in die Rolle eines Verdächtigen oder gar Beschuldigten geraten. Manch einer ist zur Miliz gegangen, um einen Diebstahl anzuzeigen, und dann selbst für Monate im Gefängnis verschwunden. Nein, wir gingen nicht mehr zur Miliz, seit ...« Sie blickte ihn an. »Was würden Sie denken, wenn Sie eine Stunde spazieren waren und nach Hause kommen, die Türen sind ordnungsgemäß verschlossen, alle Fenster zu, aber im ganzen Haus fehlen die Messer. Selbst das kleine Trennmesser in der Nähmaschine. Damals gingen wir zur Miliz, es war eines der ersten ›Mysterien‹, wie wir es nannten. Als der Beamte endlich Zeit fand mitzukommen, waren alle Messer wieder an ihrem Platz, und der Commissario hat uns angebrüllt, was uns einfiele – wie finden Sie das, Cliff?«

»Hinterhältig, verdammt hinterhältig.«

»Dann waren alle Knöpfe abgetrennt, an sämtlichen Kleidern, der Wäsche. Wir fanden sie in einer Schachtel auf dem Dachboden. Eine Woche später waren alle Farben und Pinsel verschwunden – Sie wissen vielleicht, daß mein Mann malt, und ich greife auch gelegentlich zum Pinsel, es entspannt mich –, ein andermal alle Scheren, auch die Gartenscheren. Die fanden sich nicht wieder, wir mußten neue kaufen. Wir trauten uns kaum noch weg, eines der Dienstmädchen mußte immer das Haus hüten. Aber eines Tages wurde Anuncia zu ihrer Mutter gerufen, die angeblich lebensgefährlich verletzt im Krankenhaus läge, und alle Bilder waren verschwunden, darunter kostbare Originale. Da mußten wir zur Miliz gehen, schon wegen der Versicherung. Man hat uns immer wieder aufs Kommissariat bestellt, auch die Dienstmädchen stundenlang verhört. Sie wollten alles von uns wissen, unsere gesamten Gewohnheiten, sogar, wie oft wir miteinander schlafen. Unseren ganzen Bekanntenkreis sollten wir nennen, jeden ohne Ausnahme, und als wir uns weigerten, drohte man, uns wegen Behinderung der Polizeiarbeit vor Gericht zu stellen. Sie verstehen, Cliff?«

»Ja, eine prima Gelegenheit, Ihren Bekanntenkreis auszuforschen.«

»Wann wer mit wem wie lange bei uns gewesen sei. Auch die Mädchen wurden vor allem danach befragt, aber eine Spurensicherung im Haus haben sie nicht vorgenommen. Dummerweise erzählten wir einem Beamten, der uns freundlich behandelte und ernsthaft an der Aufklärung interessiert zu sein schien, von all den ›Mysterien‹ – wir haben es nur dem Einfluß meines Onkels zu verdanken, daß wir damals nicht in eine psychiatrische Klinik eingewiesen wurden. Man ist hierzulande sehr schnell damit, zumal bei Leuten wie uns.«

»Womit man Sie aus dem Verkehr gezogen hätte«, meinte Cliff.

»Und als die Bilder dann plötzlich wieder da waren – wir hatten alle gerade stundenlang auf dem Kommissariat gesessen –, beschuldigte man uns, alles selbst arrangiert zu haben. Um die Behörden zu diffamieren. – Haben Sie das aufgenommen, Cliff?«

»Ja, soll ich es löschen?«

»Wozu? Ich verrate Ihnen doch kein Geheimnis. Die wissen doch, was sie getan haben.«

»Es ist etwas anderes, wenn Sie es in einem Interview sagen, Evarista. Man könnte Sie wegen Staatsverleumdung anklagen.«

Sie überlegte kurz. »Wer hat Sie kontrolliert, als Sie kamen?«

»Ein älterer Milizmann, er wirkte recht unbedarft.«

»Ein magerer Kerl mit Pockennarben und Hakennase?«

Cliff nickte.

»Das ist João, ein harmloser Bursche.« Sie lachte. »Ja, wir kennen uns. Im Winter habe ich den armen Burschen manchmal Tee hinausgereicht, sie können ja nichts dafür. Man registriert jeden Besucher, aber ich glaube nicht, daß man Sie noch einmal behelligt. Sie sind Ausländer, Korrespondent einer großen Zeitung.«

»Vielleicht sollte ich es sicherheitshalber doch löschen?«

»Habe ich überhaupt gesagt, wer es getan hat?«

»Ich glaube nicht.«

Sie beugte sich vor und sprach in das Mikrofon. »Ich, Evarista Amaral, beschuldige die Schergen des Generals, seine finstere Esquadrão, mich psychisch gefoltert zu haben.« Dann sah sie Cliff an. »Sollen sie mich doch vor Gericht bringen. Aber das trauen sie sich nicht.«

Sie zündete sich eine neue Zigarette an, blickte geistesabwesend dem Rauchfähnchen nach. Cliff nahm sich Kaffee, wartete. Sie sog hastig den Rauch ein, stand plötzlich auf und verschwand kurz im Nebenzimmer.

»Wissen Sie, Cliff«, sagte sie dann, »ich fürchte, wir waren manchmal nicht mehr weit davon entfernt, verrückt zu werden. An einem Tag befand sich Schwefelsäure im Swimmingpool, nicht lebensgefährlich, aber José hatte wochenlang Ausschlag, und wir trauten uns nicht mehr zu baden. Dann waren über Nacht alle Rosen aus dem Garten verschwunden, und an ihrer Stelle standen diese weißen – diese Blumen, die man für Totensträuße nimmt. Die Billardkugeln explodierten, als wir spielten, harmloses Feuerwerk, unter anderen Umständen hätte man das sogar originell finden können. Doch wir waren zu Tode erschrocken, lagen auf dem Fußboden und klammerten uns aneinander, wir dachten, unsere letzte Stunde sei gekommen. In den Bierflaschen, die wir geliefert bekamen – von dem normalen Brauereiwagen, der auch die anderen Häuser belieferte! –, war nur ekliges Brackwasser, wahrscheinlich aus dem Hafenbecken. Wir fanden dicke Nacktschnecken in fest verkorkten und versiegelten Weinflaschen.« Sie nahm einen Schluck, als müsse sie noch jetzt den Ekel hinunterspülen.

»Eines Tages waren alle Pfannen und Töpfe mit einer Schicht versehen, die sich bei der Benutzung auflöste und entsetzlichen Gestank verbreitete. In der Oper wurde mein teurer Pelzmantel gegen einen abgetragenen Stoffummel vertauscht, und die Garderobenfrau schwor Stein und Bein, sie hätte unter dieser Nummer diesen Mantel entgegengenommen. Sie erinnerte sich, daß sie einen Knopf festgenäht hatte, zeigte ihn uns, weinte, daß man sie derart verdächtigen konnte. Auch unsere Autos wurden dauernd gestohlen und irgendwo weit außerhalb von Rio abgestellt, manchmal mit zugestrichenen Fensterscheiben oder voller Kot oder die Sitze mit obszönen Wörtern beschmiert – wer denkt sich so etwas nur aus?«

»Es gibt Spezialisten«, meinte Cliff, »Leute mit einer perversen, sadistischen Phantasie. Für die ist das ein Vergnügen, so wie für andere, Leute zu foltern.«

»Glauben Sie mir, Cliff«, rief sie, »das ist auch eine Folter, und sie hinterläßt ebenso tiefe Narben. Wir warteten doch jeden Tag auf eine neue Überraschung, zitterten, was das nächste ›Mysterium‹ sein würde. Und wenn mal ein paar Wochen ohne Zwischenfall vergingen, waren wir so unruhig, daß wir an nichts anderes mehr denken konnten. Wir haben niemandem vertraut, alle und jeden verdächtigt, bei diesem Teufelsspiel mitzumachen – es ist furchtbar, Cliff, wenn man soweit kommt, daß man keinem Menschen mehr vertraut –, allen voran unserem Personal, dem Gärtner, den Mädchen. Dabei waren die bestimmt unschuldig, zumindest haben sie nicht direkt mitgewirkt, da bin ich sicher, wenn sie es den Esquadres auch leicht machten. Sie hatten uns verschwiegen, daß sie das Haus verlassen hatten, wenn wir weg waren.« Sie sah Cliff eindringlich an. »Ich wäre auch schwach geworden! Man hatte den beiden Verehrer verpaßt, von denen eine Frau nur träumen kann: jung, schön, offensichtlich wohlhabend. Als wir die Mädchen entließen, verschwanden die beiden Galane schlagartig. Ich habe später mal Anuncia getroffen, sie weinte, flehte mich an, sie wieder aufzunehmen; sie war schwanger und der Kerl spurlos verschwunden. Der Name, den er ihr gesagt hatte, war natürlich ebenso falsch wie die Adresse. Wir hatten inzwischen eine absolut zuverlässige Frau, die jahrelang bei Freunden im Dienst war, aber die ›Mysterien‹ blieben. Nur sie ging. Weil sie es nicht länger aushielt. Niemand. Niemand wollte mehr in unser ›Gespensterhaus‹ kommen. Was für Geräusche haben wir nachts über uns ergehen lassen müssen, überall bellten Hunde, miauten Katzen, scharrten Ratten, brüllten wilde Tiere, dann läuteten die Totenglocken, wisperten geheimnisvolle Stimmen ... Obwohl wir die Zimmer bis in die letzten Winkel durchsuchten, fanden wir nichts.«

»Hatten Sie ein Suchgerät?«

»Nein.«

»Dann ist es kein Wunder, Evarista. Amateure können die modernen Wanzen nicht finden, und genauso, wie man ein Mikrofon von außen selbst durch meterdicke Betonwände schieben kann, kann man auch Lautsprecher installieren.«

»Mikrofone waren auch im Spiel, denn sobald wir ein Zimmer betraten, schwiegen die Geisterstimmen, so daß wir nicht nach Gehör suchen konnten. Es blieb uns wirklich nichts übrig, als unsere Villa zu verkaufen; eine Villa kann man nicht hermetisch verbarrikadieren. Ich trauere noch immer. Ein wunderschönes Haus in einem herrlichen Park, mit Blick auf den Zuckerhut, und hier?«

Sie zeigte auf das Fenster. Hinter dem dicken Store war nichts als die graue Fassade des gegenüberliegenden Hauses zu sehen.

»Wir müssen schon froh sein, daß wir diese Wohnung haben. Sie ist wenigstens groß. Man hat uns überall abgewiesen, sobald wir uns vorstellten, oder im letzten Moment den Mietvertrag unter einem Vorwand verweigert. Diese Wohnung gehört meinem Onkel.«

»Weshalb Sie annehmen dürfen, daß es hier keine Wanzen gibt ...«

»Ich hoffe es! Onkel Roberto würde es als Angriff auf seine persönliche Sphäre betrachten.«

»Ich nehme an, Sie wundern sich nicht, daß man Ihnen so mitspielt«, sagte Cliff, »Sie haben den General herausgefordert.«

»Ja, das habe ich!« rief sie triumphierend. »Und es wird ihm nicht gelingen, mich kaputtzumachen oder zum Schweigen zu bringen. Ich werde weder schweigen noch zu Kreuze kriechen.«

Eine neue Zigarette, eine weitere Tasse Kaffee. Sie hatte jetzt auch einen unnatürlichen Glanz in den Augen, als habe sie vorhin nebenan Kokain geschnupft oder Speeds geschluckt. Hoffentlich treibt sie es nicht alle Tage so, dachte Cliff, sonst nimmt sie der Esquadrão die Arbeit ab und macht sich selbst kaputt. Aber sie gab ja nicht jeden Tag ein Interview.

»Dann sind Sie hier auch sicher vor den ›Mysterien‹?« erkundigte er sich.

»Sicher?« Sie lachte bitter. »Sicher bin ich erst, wenn ich tot bin. Ich fürchte, selbst dann würde mein Sarg unterwegs vom Leichenwagen verschwinden oder kopfüber in die Grube purzeln. Nein, sicher sind wir auch hier nicht, aber da wir die Wohnung nicht verlassen – ich nie und José nur selten – und sie so verbarrikadiert haben, daß sich nachts niemand einschleichen kann, verschwindet wenigstens nichts mehr. Oder ist plötzlich zuviel da. Stellen Sie sich vor, eines Tages entdeckten wir in der Garage einen Sack mit Leuchtern, Messingschalen, Statuen, Heiligenbildern. In der Morgenzeitung war ein Teil der Dinge abgebildet. Beute aus einem Diebstahl in der Kathedrale von São Paulo!«

»Lassen Sie mich raten, Evarista. Ganz zufällig kam an diesem Tag die Miliz zu Ihnen, nicht wahr?«

»Ja. Wir hätten doch gemeldet, daß man die Reifen unserer Wagen gestohlen habe. Sie waren tatsächlich gestohlen, selbst ein paar heruntergefahrene Reifen, die noch in der Ecke lagen, aber wir hatten den Diebstahl nicht gemeldet! Zum Glück fanden wir das Diebesgut rechtzeitig, ein reiner Zufall, was hatten wir noch in der Garage zu suchen? José wollte Benzin holen, um Pinsel auszuwaschen, die Verdünnung war ihm ausgegangen; so konnten wir das Zeug noch nachts aus dem Haus schaffen. Wir haben es in die Müllsäcke einiger in der Nähe wohnender Offiziere gesteckt – sonst, wer weiß? Aber wir sollten nicht länger darüber reden. Reine Zeitverschwendung.«

»Finde ich nicht«, sagte Cliff. »Es ist eine Gruselstory, und die verschlingen unsere Leser begierig. Außerdem wird es jeden interessieren, wie man hierzulande versucht, eine berühmte Schriftstellerin fertigzumachen.«

»Halten Sie mich für eine berühmte Schriftstellerin, Cliff? Bekannt ja, aber berühmt? Ich weiß nicht.«

Wenn er ehrlich zu ihr sein wollte, müßte er jetzt sagen: nicht einmal mehr sonderlich bekannt. Er hatte dem Gedächtnis seines Chefredakteurs erst auf die Sprünge helfen müssen, wer Evarista Amaral war, als er ihm sagte, daß er sie interviewen wollte. Es schien ihm sicherer, in diesem Fall das Okay der Chefredaktion und damit notfalls Rückendeckung zu haben.

»Sind Sie verrückt«, hatte der Chef gesagt, »was wollen Sie mit der? Damit können Sie sich und, was schlimmer ist, den DAILY HERALD bei den Behörden unbeliebt machen. Ich habe munkeln gehört, daß unser Verlagskonzern groß in den brasilianischen Markt einsteigen will. Sie riskieren nicht nur Ihre Serie, Cliff, Sie riskieren auch Ihren Job.«

Der Chefredakteur hatte ihm den Besuch bei Evarista Amaral sogar untersagen wollen, als Cliff darauf beharrte. Warum eigentlich? Aus Sentimentalität, weil er immer noch in der Illusion gefangen war, ein Kulturredakteur habe in erster Linie der Kultur zu dienen und erst in zweiter den Interessen des Blattes? Oder gar den Profitinteressen des Verlagsdirektoriums? Weil er vor Jahren so begeistert von Evaristas erstem Roman gewesen war, mehr noch, sich in das Foto der Amaral regelrecht verguckt hatte? Wahrscheinlich in einem Anfall von Trotz, gestand er sich jetzt ein. Weil man sich nicht alles bieten, sich nicht ständig gängeln lassen durfte, wollte man nicht vollends zur Marionette der Chefredaktion degenerieren.

»Evarista Amaral ist einer der ganz großen Namen der Literatur«, hatte er gesagt, »ich kann doch unmöglich auf solch eine Chance ...«

»Die Amaral ist ein alter Hut«, hatte der Chef ihn unterbrochen. »Wen interessiert die noch? Mit der können Sie die Leute erst wieder hinter dem Ofen hervorlocken, wenn sie ein neues Buch auf den Markt schmeißt oder wenn man ihr den Prozeß macht oder so.«

Wenn man sie umbringt, hatte Cliff in Gedanken ergänzt. Das hatte der Chef nicht ausgesprochen, aber gemeint. Ja, es war still um sie geworden. Nichts schwindet so schnell wie der Ruhm der Medien. Heute vergöttert, morgen vergessen. Man mußte schon auf dem Markt präsent sein, um für die Medien existent zu sein, und Evarista Amaral hatte seit Jahren kein neues Buch mehr veröffentlicht. Nur Statements zu allen möglichen Themen. Auch zu allen unmöglichen, gestand Cliff sich jetzt ein. Ungebeten, unaufgefordert, und sowohl die Fernsehstationen wie die Zeitungen waren es müde geworden, ihre Erklärungen zu veröffentlichen, nicht einmal mehr als Leserzuschrift, vor allem, seit die Leute des Generals falsche Statements und Briefe verschickt und Evarista Amaral gezwungen hatten, sie zu dementieren, gut gemachte Fälschungen, die auf den ersten Blick glaubwürdig aussahen, sie bei genauerer Betrachtung jedoch diskreditiert hätten, nicht nur in ihrem Land, auch oder vor allem in den Augen ihrer Leser und Freunde in Europa und den Staaten. Es gab sogar Zeitschriften, die die Behauptung der Behörden druckten, Evarista Amaral würde sich die seelischen Drangsalierungen, denen sie angeblich ausgesetzt sei, selbst ausdenken, um wieder einmal die Aufmerksamkeit auf sich zu lenken. Als General Souza das auf einer Pressekonferenz in Washington erklärte, hatten es sogar die seriösen Blätter gebracht, wenn auch mit einem Anstands-Fragezeichen.

»Wem«, hatte General Souza gesagt, »würden Sie so viel Phantasie eher zutrauen, einem Schriftsteller oder uns, wie Sie doch so gerne formulieren, sturen Kommißköpfen? Ich versichere Ihnen, daß unsere Behörden Evarista Amaral in keiner Weise drangsalieren. Wenn wir es wollten, könnten wir sie jederzeit vor Gericht stellen, die Gesetze unseres Landes geben genügend Handhabe dafür, doch wir respektieren die Freiheit der Kunst. Warum reist sie nicht aus, wenn es ihr so wenig in ihrem Land gefällt? Ich gebe Ihnen hier mein Wort, daß wir sie nicht daran hindern würden.«

Die Zeitungen verschwiegen nicht, daß es nur die Ausnahmegesetze der Junta waren, die das Schreiben von Romanen plötzlich dem Strafgesetz unterwarfen; aber warum, so schrieben viele, nahm Evarista Amaral den General nicht beim Wort? Warum nicht sofort, solange er noch in den Staaten war und über einen Milliardenkredit verhandelte, also Rücksicht nehmen mußte? Damals wurden auch die Stimmen lauter, die ihre literarische Qualität anzweifelten. Aber sollte er ihr das sagen? Sie blickte ihn voller Erwartung an.

Selbst wenn sie ihm nicht so ausnehmend gut gefiele, würde er es nicht übers Herz bringen, sie zu enttäuschen. Keinen Menschen in solch einer Situation.

»Ja«, sagte er, »ich halte Sie für eine bedeutende Schriftstellerin.«

Wie glücklich sie bei diesem Kompliment lächelte.

War sie es wirklich? »Lieben und sterben« hatte er in einer Nacht verschlungen, ihren zweiten Roman, »Das weiße Gefängnis«, mit etwas weniger Begeisterung gelesen. Ein Buch, so hieß es, könne jeder Mensch schreiben, der Schriftsteller erweise sich erst beim zweiten. Und es hatte Kritiker gegeben, die bereits ihren ersten Roman nicht hoch einschätzten, seinen Siegeszug um die Welt nur der Tatsache zuschrieben, daß er in ihrer Heimat verboten worden war. Sogar eine »flinke Unterhaltungsschriftstellerin« hatte man sie genannt, die zu Unrecht zur »weiblichen Stimme des Gewissens Südamerikas« hochstilisiert worden sei, eine weit überzogene Phrase, nicht mehr als der Werbetext ihrer am Umsatz interessierten Verleger. Von »abgewetzten Klischees« war die Rede und »seichter Geschwätzigkeit« und daß sie die wirklichen Schrecken in ihrer Heimat für billige Gruseleffekte ausbeute ... Vielleicht nur Neid über den Erfolg. Oder berechnete Absicht solcher Kritiker, sich mit einer extrem konträren Meinung ins Gespräch zu bringen.

Er war Reporter und kein Literaturkritiker, und »Lieben und sterben« hatte ihm ausnehmend gut gefallen. Gewiß, eine simple Liebesgeschichte, aber, wie Cliff fand, blendend erzählt, aufregend, spannend, ergreifend, und der Roman erhielt seine Brisanz dadurch, daß er auf dem dramatischen Hintergrund der Ereignisse in Brasilien spielte, nicht einmal vordergründig offen Partei gegen die Junta und für die Entrechteten nahm oder gar für die Guerilleros, nur die Wirklichkeit beschrieb, wie sie jedermann hier Tag für Tag erlebte, nichts übertrieb, aber auch nichts beschönigte. Ebenso im »Weißen Gefängnis«, in dem Evarista Amaral von einer jungen Frau erzählte, die durch einen Unfall an ihr Bett gefesselt wurde, die Außenwelt nur noch durch die Schilderungen ihrer Dienstmädchen erlebte und sich an die Geschichten ihrer Kinderfrau erinnerte und so die Geisteswelt einer bürgerlichen Intellektuellen mit der des einfachen Volkes konfrontierte, aber auch ihr Entsetzen über die Veränderung des Lebens außerhalb der Villa schilderte, das mehr und mehr zu einer ihr fremden Welt wurde. Das war offensichtlich zuviel für den General und seine Clique, die nur gedruckt sehen wollten, was sie zur Wahrheit erklärten, nach dem Motto, daß nicht sein kann, was nicht sein darf, denn man durfte wohl nicht annehmen, daß sie, obwohl Generäle, derart borniert waren, daß sie nicht wußten, wie es in ihrem Land aussah.

Vielleicht waren es wirklich keine bedeutenden Romane, dachte Cliff, und wären ohne das Verbot der Junta möglicherweise in der Masse der jedes Jahr erscheinenden Bücher untergegangen. Dann mußten sie sich jetzt in die Hintern beißen, daß sie die Bücher erst zu Weltbestsellern gemacht hatten. Nein, das war ungerecht. Und selbst wenn, dadurch, daß sie sich nicht dem Druck gebeugt, sondern die Manuskripte ins Ausland geschmuggelt hatte, war Evarista Amaral zu einem Symbol geworden.

Sie hatte sich jetzt quer in den mächtigen Ledersessel gehockt, saß mit angezogenen Beinen da, schönen Beinen, wie Cliff feststellte, hatte die Hände im Nacken verschränkt, blickte paffend zum Regal, und als er ihrem Blick folgte, merkte er, daß sie zu den Reihen hinübersah, in denen die vielen fremdsprachigen Ausgaben ihrer Bücher standen.

»Selbst wenn Sie nie mehr ein Buch schrieben«, sagte er, »dürften Sie stolz sein. Wie vielen Autoren ist schon ein derartiger Erfolg beschieden?«

»Ja«, sagte sie, »es waren zwei große Erfolge. Und ihr Erfolg war mein Schutz. Ich gestehe, daß ich große Angst hatte, ›Lieben und sterben‹ ins Ausland zu geben. Ich hatte Angst vor Gefängnis, vor Folter.«

»Wer hat das nicht, Evarista?«

»Ich war überzeugt, daß der Roman gut war, und meine Freunde, die das Manuskript gelesen hatten, bestätigten mich. Wenn das Publikum den Roman jedoch nicht angenommen hätte? Für einen Schriftsteller in meiner Lage gibt es nur einen Schutz: das öffentliche Interesse. Daß man auf die Weltöffentlichkeit Rücksicht nehmen muß und nicht mit einem umspringen kann, wie man will. ›Lieben und sterben‹ wurde zum Glück ein Erfolg, und der General traute sich nicht, mich anklagen zu lassen, obwohl seine Notstandsgesetze das zuließen.«

»Eigentlich sogar forderten, nicht wahr?«

»Ja. Als dann die teuflischen Spiele begannen, war ich zuerst sogar froh. Das war doch ein Zeichen, daß sie es nicht riskierten, mich vor Gericht zu stellen und einzukerkern, zumindest nicht wegen des Romans.«

»Haben Sie nicht damit gerechnet, daß Ihr Onkel sich in jedem Fall schützend vor Sie stellen würde?«

»Onkel Roberto?« Sie senkte den Blick auf ihre Zigarette, sah dann schweigend zum Fenster hinaus.

Onkel Roberto: Senator de Silva, Mitglied der Ehrenlegion, Ritter vom Orden Jesu Christi, Ehrendoktor mehrerer Universitäten in Brasilien, Europa und den USA, Bankier, Vorsitzender oder Präsidiumsmitglied in zahlreichen Aufsichtsräten, einer der reichsten und einflußreichsten Männer des Landes, manche meinten sogar der mit Abstand reichste Mann Südamerikas. Hätte der Senator, wie er sich mit Vorliebe nennen ließ, es zugelassen, daß man seine Nicht vor Gericht stellte? Eine de Silva war selbst für General Souza tabu. Damit durfte Evarista Amaral rechnen. Oder nicht? Es gab widersprüchliche Einschätzungen Roberto de Silvas. Die einen besagten, daß er in schärfstem Gegensatz zu der Junta stand, daß er die größte Hoffnung auf die Rückkehr Brasiliens zur parlamentarischen Demokratie sei, die anderen behaupteten, daß er im Gegenteil hinter der Junta stünde, der eigentliche Drahtzieher sei, weil niemand eine Revolution so zu fürchten hätte wie er.

»Wir verstehen uns nicht sehr gut«, sagte sie, ohne Cliff

anzusehen. »Onkel Roberto hat schon die Ehe meiner Mutter nicht gebilligt, aber Vater war immerhin Wissenschaftler. José jedoch kommt aus einer armen Familie, und er ist Maler. Als Onkel Roberto von unserer Liaison erfuhr, ließ er mich zu sich kommen und verlangte, ich solle José den Laufpaß geben, sonst würde er mich verstoßen.« Sie lachte. »Er sagte tatsächlich verstoßen, als sei ich seine Tochter. Oder als müßte ich Angst haben, daß er mich enterbt. Ich habe mir nie Hoffnungen gemacht, etwas von ihm zu bekommen. Zum Glück war ich auch nicht darauf angewiesen, ich besaß ja unsere Villa und auch noch ein wenig Vermögen von dem wenigen, das man Mutter bei ihrer Heirat gegeben hatte. Nein, auf Onkel Roberto konnte ich nicht bauen. Und er hat ja auch keinen Finger krumm gemacht, als ich meinen Stolz überwand und ihn um Hilfe bat.«

»Vielleicht hat die Junta ihn gemeint, als man Sie drangsalierte? Um ihm seine Grenzen zu zeigen?«

»Wie auch immer er zur Junta steht, er hätte gewiß genug Einfluß, um die ›Mysterien‹ der Esquadrão zu stoppen, wenn er nur wollte, denken Sie nicht?«

»Ich habe keine Ahnung von seinem Einfluß«, sagte Cliff. »Ich hoffte, Sie würden mir etwas darüber verraten.«

»Wie könnte ich? Was weiß denn ich?« Sie hob ihre Hände zu einer hilflosen Geste. »Das einzige, was Onkel Roberto mir anbot, war, ins Ausland zu gehen. Dabei würde er mir helfen. Unter einer Bedingung – nein, zwei: ohne José und mit der Verpflichtung, mich jeder politischen Stellungnahme gegen die Junta zu enthalten. Er könne es nicht riskieren, sich durch meine unüberlegten und unqualifizierten Dummheiten in Gefahr bringen zu lassen, er habe schließlich mehr zu verlieren als ich.«

»Offensichtlich überschätzt man bei uns seinen Einfluß auf General Souza«, meinte Cliff.

»Ich glaube nicht, daß der General seine Marionette ist, wie man behauptet. Dann hätte er die ›Mysterienspiele‹

mit einer Bemerkung stoppen können. Es kann ihm nicht gefallen, daß man eine de Silva derart behandelt. Ich denke, die beiden stehen im Patt miteinander, keiner kann den anderen besiegen.« Sie schmunzelte. »Und ich habe auch ein Remis mit dem General erreicht, oder? Ich bin keine Gefahr für die Junta, aber ich habe ihnen die Stirn geboten, und sie mußten mich ungestraft lassen. Zumindest öffentlich. Ich war zu einem Symbol geworden, und Souza saß in der Zwickmühle: Wenn man mich einsperrte oder umbrachte, mußte man riskieren, daß das der Zündfunke zu einem neuen Aufstand wurde, und damals stand ihre Macht, weiß Gott, noch nicht auf festen Beinen. Wenn sie mich aber ungeschoren ließen, demonstrierten sie ihre Hilflosigkeit gegenüber einer an sich machtlosen, aber standhaften Frau.«

»War es eigentlich ein bewußter politischer Akt, Ihr Manuskript ins Ausland zu schmuggeln? Wollten Sie den General herausfordern? Wußten Sie, was Sie damit riskierten?«

»Wenn ich ehrlich sein soll, eigentlich nicht. Ich war vor allem wütend, daß man mir die Veröffentlichung verbot. Und wer das tat: dieser Pöbel! Und daß Onkel Roberto mir nicht recht gab.«

»Haben Sie es vielleicht gerade deshalb getan? Aus Trotz, weil ihr Onkel dagegen war?«

»Mache ich den Eindruck eines trotzigen Mädchens?«

»Wenn ich jetzt ehrlich sein soll ...« Sie blickten sich an, dann lachten sie beide.

»Ja«, sagte sie, »Trotz war sicher ein Motiv. Wenn ich irgend etwas haßte, dann, wenn Onkel Roberto mir etwas verbot.« Sie überlegte. »Ich glaube, wenn ich gewußt hätte, was mich erwartet, dann hätte ich es unterlassen. Ich bin nie besonders mutig gewesen.«

»Glauben Sie, daß man Sie mit den ›Mysterien‹ außer Landes treiben wollte?«

»Bestimmt. Ich war nirgends so unbequem wie hier, zumal ich nicht schwieg. Wenn meine Erklärungen auch nur im Ausland gedruckt werden, über die Medien kommen sie doch ins Land.«

»Warum haben Sie Brasilien nicht verlassen? Der General hat es Ihnen öffentlich angeboten; warum haben Sie ihn nicht beim Wort genommen?«

»Sie vergessen, daß ich zu einem Symbol geworden bin. Darf ich meine Landsleute im Stich lassen?«

»War es wirklich nur das?«

Sie sah ihn nachdenklich an, senkte den Blick, zuckte kaum merklich mit den Schultern, aber Cliff hatte es doch mitbekommen. Er schaltete den Recorder aus.

»Gestatten Sie mir eine sehr direkte Frage, Evarista, außerhalb des Interviews. Ich werde immer mißtrauisch, wenn von großen Gefühlen die Rede ist. Man begegnet so selten einem Helden, selbst wenn man soviel herumkommt wie ich. Ich will nicht bezweifeln, daß dieses Motiv eine Rolle spielte, aber kamen sie wirklich nie in Versuchung, außer Landes zu gehen?«

»Klar. Nicht nur einmal. Ich habe sogar ...« Sie schwieg abrupt.

»Verraten Sie es mir. Ich werde es nicht schreiben, das verspreche ich Ihnen. Ich mag Sie, Evarista, ich würde nichts tun, was Sie in Gefahr bringen oder diskreditieren könnte. Sie dürfen mir vertrauen.«

»Ja?« Sie wollte sich Kaffee nachschenken, aber die Maschine war leer. Sie ging hinaus, um Wasser aufzugießen. Es dauerte lange, bis sie zurückkam. Cliff hatte schon Angst, daß er alles verdorben hatte, doch sie blieb jetzt vor seinem Stuhl stehen, legte die Hände auf seine Schultern, sah ihm in die Augen.

»Ja, ich vertraue Ihnen, Cliff. Ich habe mich entschlossen, Ihnen zu vertrauen. Habe ich eine andere Wahl ...? Und es tut gut, mich wieder einmal auszusprechen, wir, wir haben ...« Sie kniff die Lippen zusammen, schloß die Augen, es schien ihm, daß sie mit den Tränen kämpfte.

Er legte die Hände auf ihre Unterarme, streichelte sie. »Sie bekommen nur noch selten Besuch, nicht wahr?«

»Nie mehr. Sie sind ...« Sie riß sich los, setzte sich wieder, lächelte. »Ich habe mich erkundigt, unter welchen Bedingungen ich ausreisen dürfte. Man gab sich sehr großzügig. Ich dürfe sogar die Sammlung präkolumbianischer Kunstschätze meines Vaters mitnehmen, obwohl dafür sonst ein striktes Ausfuhrverbot besteht. Nur José nicht. Formal waren sie im Recht, er hatte seinen Militärdienst noch nicht geleistet – er ist jünger als ich, das wissen Sie sicher –, und als ich erklärte, ich ginge nur mit José oder gar nicht, gab man mir zu verstehen, ich solle mich doch mit meinem Onkel beraten. Wie hätte ich José im Stich lassen können? Als ich damals völlig verzweifelt war, bestand er darauf, mich zu heiraten. Um auch formal das Recht zu haben, mich zu beschützen. Ich ging zu Onkel Roberto. Als ich eisern blieb, gab er nach und sagte, er würde es versuchen, doch er verlangte, daß ich draußen den Mund halten müßte. Wie könnte ich mich dazu verpflichten? Man würde mir vorwerfen, ich hätte mein Gewissen für meine persönliche Sicherheit verkauft, oder? Das ist es doch gerade, was der General will: mich zum Schweigen bringen. Sie tun alles, um das zu erreichen. Sie fangen meine Post ab, meine Stellungnahmen zu aktuellen Fragen erreichen nie mehr das Ausland. Ich sehe doch, was in den Zeitungen erscheint.«

So stellt es sich für sie dar, dachte Cliff erschrocken. Klar, für Evarista Amaral konnte es keine logischere Erklärung geben.

»Man versucht, mich zu isolieren, mich in der Vergessenheit verschwinden zu lassen. Jeder Besucher wird registriert, und wer kann das riskieren? Ich bin Persona non grata, Kontakt zu mir ist so gut wie Landesverrat. Ich bekomme ganz selten meine Post. Ein, zwei Briefe im Monat, das sollte alles sein? Oder nehmen Sie die Anrufe. Sie glauben gar nicht, Cliff, was man mit einem Telefon anstellen kann. Es wochenlang zu sperren ist nur eine Möglichkeit, aber die trifft: Das Telefon ist für mich ja die einzige Möglichkeit, wenigstens harmlose Kontakte zu pflegen, aber sobald der andere abhebt und ich mich melde, wird die Verbindung meistens unterbrochen. Oder andauerndes Klingeln, und dann ist niemand am Apparat. Nachts stellen wir das Telefon ab, sonst könnten wir kein Auge zumachen. Oder die obszönen Anrufe, ekelhafte Angebote, Beleidigungen. Oder falsche Verbindungen – wochenlang bekamen wir Anrufe für die Abdeckerei oder für die psychiatrische Klinik, dann für das Leichenhaus; sie haben es mit den Leichen! Sie produzieren ja genug. Jedes Jahr Tausende, die irgendwo erschossen oder erschlagen oder mit Spuren grausamer Folterungen aufgefunden werden. Die Esquadres sind da, weiß der Himmel, von teuflischer Phantasie, kein Schriftsteller könnte sich das einfallen lassen. Denken Sie nur an die Kinder, die man mißliebigen Familien stiehlt und dann irgendwo in einem fremden Land aussetzt, wo sie kein Wort verstehen und niemand sie versteht. Welcher Teufel hat sich das ausgedacht! Ich bin so froh, daß ich keine Kinder habe.«

Sie griff zur Zigarettenschachtel. »Um Ihre Frage von vorhin zu beantworten, Cliff, auch hier sind wir nicht sicher. Wie oft saßen wir ohne Strom da, dann ohne Wasser, oder das Wasser, das aus unserer Leitung kam, enthielt Drogen. Wir merkten es erst, als sie plötzlich ausblieben und wir unter wahnsinnigen Entzugserscheinungen litten. Wir wußten nicht, was es war, dachten, man habe uns vergiftet. Zum Glück haben wir einen Arzt, dem wir vertrauen können, Onkel Roberto schickte uns seinen Leibarzt.«

»Er kümmert sich also jetzt doch um Sie?«

»Wir bekommen Lebensmittel und Getränke aus seinem Haus, also garantiert unverfälscht. Er schickt uns den Arzt, hat uns diese Wohnung überlassen und dafür gesorgt, daß wir jetzt ständig Strom und Wasser haben, reines Wasser. Aber alles kann er nicht verhindern. Eine Zeitlang klingelte es dauernd an der Tür, weil in den Zeitungen Anzeigen standen, daß ich die Kunstsammlung meines Vaters verkaufen wollte. Oder eine Villa in Botafago, direkt am Strand: ›Nur bei persönlicher Nachfrage, Briefe oder Anrufe zwecklos‹. Unter meinem Namen wurden Bestellungen aufgegeben, und die Lieferanten standen dann vor der Tür; Möbel, Fernseher – sieben an einem Tag! –, Antiquitäten, Hunde, körbeweise Fische und wieder mal ein Sarg. Vom Bahnhof kamen Aufforderungen, eine Lieferung abzuholen, einmal zwei Kisten Schlangen, ein andermal drei Waggons Bullen. Machen Sie mal den Absendern klar, daß Sie nichts bestellt haben, wenn die Leute einen Auftrag mit täuschend echt gefälschter Unterschrift haben, die wahrscheinlich nicht einmal vor Gericht als falsch anerkannt worden wäre: ›Ich bitte um Anlieferung zu meinen Lasten‹. Die Leute hatten Unkosten gehabt, drohten mit Prozeß, wenn wir nicht wenigstens die Kosten erstatteten. Ich habe sie bezahlt, was blieb mir übrig?«

Sie schwieg erschöpft, sah müde aus, niedergeschlagen.

Die Methoden der Esquadrão zeigen Wirkung, dachte Cliff. Aber wer würde eine derartige Zermürbungstaktik unbeschadet überstehen? Diese Leute waren überaus einfallsreich, das mußte man zugeben. Warum eigentlich? Evarista Amaral bildete längst keine Gefahr mehr, die Junta saß fest im Sattel, war von vielen Staaten anerkannt. Das Bürgertum hatte sich arrangiert, die breiten Massen sich offensichtlich abgefunden, eine Revolution mußte der General nicht befürchten. Ein psychologischer Feldzug aus purer Rachsucht? Vielleicht war etwas dran an seiner Idee, daß der General Evarista Amaral schlug, um ihren Onkel Roberto zu treffen.

Ein schrecklicher Gedanke überfiel ihn: Wenn sie sich das alles nur einbildete? Ihre Ängste, die Vorstellungen von möglichen Drangsalierungen als Realität empfand? Vielleicht litt sie tatsächlich unter Verfolgungswahn? Die meisten Schriftsteller, so hatte neulich ein führender Psychiater in seinem Blatt geschrieben, seien psychisch labil, über die Norm, also unnormal empfindsam und erregbar. Wenn man nach strengen Maßstäben urteilen wollte, psychisch krank: Wer gesund ist, schreibt nicht. Und sie machte sich ja auch etwas vor: warum ihre Statements nicht mehr gedruckt wurden, warum sie kaum noch Post bekam, warum am anderen Ende der Leitung aufgelegt wurde, wenn sie jemand anrief. Einsamkeit verzerrt alle Gedanken, beschädigt die Denkweise, verformt die Realität, und sie litt ganz offensichtlich unter Vereinsamung. Wenn er nur sah, wie sie jetzt in ihrem Sessel hockte, die Knie unter das Kinn gezogen, die Arme fest um die Beine geschlungen, ganz in sich gekehrt, das typische Bild eines völlig vereinsamten, verzweifelten Menschen. Er erschrak. Du bist gerade dabei, auf die Strategie der Junta hereinzufallen, dachte er beschämt.

»Eine Zeitlang hatte ich eine Hilfe für den Haushalt«, sagte sie. »Sie werden verstehen, daß wir äußerst vorsichtig waren, Cliff, wir wollten uns ja keinen Spitzel der Esquadrão ins Haus holen, aber Marcia wurde uns von der Kirche empfohlen, eine einfache, brave, strenggläubige Frau. Man hat sie so lange mit pornografischen Sendungen überschüttet, ihr Pornohefte und Kassetten und Massagestäbe und was weiß ich noch alles mit der Post geschickt oder, noch schlimmer, kaum verpackt bei den Nachbarn abgegeben, bis sie aufgab. Angebliche Freundinnen von José schickten böse Briefe, forderten Alimente, drohten, vor Gericht zu gehen. Beim erstenmal bin ich tatsächlich darauf hereingefallen und habe kein Wort mehr mit ihm gesprochen, erst als kurz darauf ein zweiter derartiger Brief kam, wurde ich mißtrauisch. Sie waren zu eifrig, sonst wäre es ihnen wahrscheinlich gelungen, uns auseinanderzubringen, und ich säße ganz allein hier.«

»Wo ist Ihr Mann eigentlich?« erkundigte sich Cliff. »Sitzt er in seinem Atelier und malt?«

»Er ist krank«, sagte sie leise. »Die Nerven. Es hat ihn

zu sehr mitgenommen. Es wäre besser für ihn gewesen, er hätte mich nicht so geliebt. Wenn er mich rechtzeitig verlassen hätte ...«

»Was wäre dann aus Ihnen geworden?«

Sie zuckte mit den Schultern. »Habe ich nicht vorhin eine Flasche Whisky in Ihrer Tasche gesehen, Cliff?«

»Die ist für Sie. Ich hatte sie ganz vergessen. Entschuldigen Sie, Evarista. Ribeira hatte mir empfohlen, eine Flasche mitzubringen.«

»Schnaps gibt es genug«, sagte sie, »aber echter Whisky ist selten geworden. Wir haben drastische Einfuhrbeschränkungen. Natürlich nicht für die noblen Familien, doch Whisky schickt Onkel Roberto nie. Wein ja. Sogar zum Selbstkostenpreis, ihm gehören auch Weingüter.«

»Sie müssen das bezahlen?« fragte Cliff erstaunt.

»Was dachten Sie? Auch die Miete, und die ist verdammt hoch. Was soll's, Geld habe ich. Ich darf das Honorar für meine angeblich staatsfeindlichen Bücher getrost auf die Staatsbank überweisen lassen. Die Junta ist geradezu geil auf Devisen, und da der Cruzeiro schlecht im Kurs steht, mache ich sogar ein Geschäft dabei.«

Cliff stellte die Flasche Dimple auf den Tisch. Sie holte Gläser, öffnete die Flasche, goß ein.

»Ist das gut für Sie?« meinte Cliff. »Haben Sie nicht vorhin Speeds oder Drugs geschluckt?«

»Merkt man mir das an?«

»Ich hatte den Eindruck.«

»Nur ein paar Beruhigungstabletten, die der Arzt mir mitbringt. Das kann nichts schaden. Prost, Cliff. Es ist sehr angenehm, wieder einmal Besuch zu haben.«

»Darf ich noch eine Frage stellen?« Als sie nickte, schaltete Cliff den Recorder ein. »Haben Sie jemals daran gedacht, zu den Guerilleros zu gehen?«

»Nein. Ich bin Schriftstellerin, mein Kampfplatz ist der Schreibtisch. Selbst wenn ich wollte, ich wäre nur Ballast für die Guerilleros, eine hilflose Städterin, auf die sie immerfort aufpassen müßten, damit sie sich nicht in den Wäldern verirrt.«

Cliff hatte die Frage nur gestellt, weil sein Chef es verlangt hatte. Er konnte sich Evarista Amaral nicht in den Bergen oder im Urwald vorstellen. Die Khakiuniform würde ihr sicher ausgezeichnet stehen, aber schon ein Revolvergurt auf ihren schmalen Hüften zum Problem werden. Nein, sie war nichts für Maschinenpistole und Stiefel, ihr Platz war in den Cafés und Salons, auf der Strandpromenade der Copacabana. Schon bei einer Lesung in den Elendsvierteln konnte er sie sich schwer vorstellen.

»Vergessen Sie nicht, ich bin ein Mädchen aus bürgerlichem Haus, sehr behütet aufgewachsen; meine Kontakte zu einfachen Menschen beschränkten sich auf die Dienstboten. Ich gestehe Ihnen, Cliff, ich bin da auch hilflos, ich weiß nicht, wie ich mich benehmen soll. Damals bin ich auf der Straße erkannt worden, die Leute kamen, wollten mir die Hand drücken, mich einmal berühren. Zuerst war ich stolz, aber dann, es war – irgendwie ...«

»Lästig?« fragte Cliff.

»Eher bedrängend. Ich war heilfroh, als ich wieder aus dem Gedränge heraus war. Sicher liegt es an meiner Erziehung, ich habe Furcht vor Gedränge, vor Menschenmassen, vor Mob. Dabei waren diese Leute so freundlich und begeistert. Zu begeistert. Wie sie mir die Hände küßten ...«

Sie goß sich Whisky nach, trank das randvolle Glas in langen Schlucken leer, blickte ihn an, lächelte verlegen. »Lachen Sie mich jetzt nicht aus, Cliff. Ich habe mich gefragt, wie es Christus ergangen sein mag, hat er sich in der Menge wohl gefühlt? Aber er hatte seine Jünger, die ihn in die Mitte nahmen, ihn abschirmten, wenn er predigte. Sie haben den Christus auf dem Corcovado-Berg gesehen?«

»Wie könnte man ihn übersehen?«

»Christo Redendor – der Erlöser. Seine Arme, das weiß ich aus der Sonntagsschule, haben eine Spannweite von achtundzwanzig Metern, die größte Christus-Statue der Welt. Er hat gepredigt: ›Du sollt nicht töten!‹, aber in keinem Land wird so viel gemordet wie hier und heute. Zweitausend Jahre nach seiner Kreuzigung wartet die Welt noch immer auf die Erlösung. Das erste Jahrhundert des neuen Jahrtausends ist angebrochen, das, wie die Junta lauthals verkündet, der Beginn des ›neuen Zeitalters‹ sein soll. Hat es jemals so viel Gewalt und Elend gegeben? Welch ein Widersinn: Elektronengehirne, vollautomatische Fabriken, ein Raumschiff zum Mars. Wir lauschen das Weltall nach Stimmen fremder Intelligenzen ab, hier aber verhungern Menschen, herrscht finsterste Barbarei. Ich bin streng christlich erzogen, und ich bin immer noch eine gläubige Katholikin, aber ich frage mich manchmal, was Christi Lehre mehr war: eine Hoffnung für die Bedrängten oder eine Hilfe für die Bedränger? ›Wenn dir einer auf die linke Wange schlägt, so halte ihm auch die rechte hin.‹ Oder ›Liebe deinen Nächsten wie dich selbst‹. – Ja, wenn man es so interpretiert, daß man zuerst sich selbst lieben muß, bevor man andere lieben kann.«

Sie drückte ihre Zigarette aus, zündete sich gleich die nächste an. »Ich frage mich oft, warum die Leute mich lieben, und die Antwort ist nicht erfreulich. Sie kennen mich ja gar nicht. Sie lieben nicht die Frau Evarista Amaral, sondern das Symbol. Ist es erstrebenswert, zum Symbol zu werden? Oder soll ich sagen: zu verkommen? Wer liebt mich wirklich?« Sie sah dem Rauch ihrer Zigarette nach.

Ribeira hatte gestern nachdenklich den Kopf geschüttelt, als Cliff ihm erklärte, warum er Evarista Amaral interviewen wollte.

»Ein Symbol? Das ist lange her, Cliff. Ja, wenn sie ermordet würde. Selbst wenn sie eines normalen Todes stürbe, Rio würde um sie trauern, ihr ein gewaltiges Totengeleit geben. Wir Brasilianer lieben bombastische Totenfeiern ebenso wie den Karneval, wir genießen jeden Anlaß für große Gefühle, aber unser Volk hat andere Helden: die

Guerilleros, die Tag für Tag ihr Leben riskieren. Was riskiert Evarista Amaral? Wenn sie auch nicht mehr das Interesse der Medien im Ausland genießt, sie hat ihren Onkel. Wir verteidigen jedes Opfer der Junta, aber eine Heldin? Sie war populär, weil sie den General in die Schranken gewiesen hat, weil sie ihn dem Spott aussetzte, daß er nicht mächtig genug sei, eine Frau unterzukriegen. Es gab da ein Lied: ›General, General, all deine Panzer und all deine Soldaten, was helfen sie dir bei einer Frau? Du bist kein Potentat, du bist ein Impotentat ...‹ Das ist hierzulande eine schreckliche Beleidigung. Heute ist schon vergessen, daß sie der Anlaß zu diesem Lied war. Vergiß nicht, Evarista Amaral ist keine Frau aus dem Volk, und sie hat sich auch nie mit den einfachen Leuten solidarisiert. Mitleid ja, aber was euch so an ihren Romanen begeistert, was ist das schon gegen das wirkliche Elend? Was weiß Evarista Amaral von den Leiden des Volkes? War sie je in einem Elendsviertel? Kennst du die Favelas?«

Ribeira hatte ihn durch Nova Iguacu gefahren, nicht einmal dem schlimmsten der über fünfhundert Favelas im Raum Groß-Rio, wie er erklärte. Sie waren nicht ausgestiegen, aber schon der Blick aus dem Wagen hatte Cliff zutiefst erschreckt. Welch ein Elend in dieser Ansammlung baufälliger, zusammengeschusterter Bretterbuden am Hang, die bei jedem Regenguß abzurutschen drohten, direkt über einem stinkenden Abwasserkanal, nackte, schmutzige Kinder mit von Hunger aufgeblähten Bäuchen, Menschen in Lumpen, die die Bettlerhand ausstreckten, das Auto umringten, sobald Ribeira das Tempo drosselte.

»Du brauchst keine Angst zu haben«, hatte Ribeira erklärt, »es geschieht dir nichts.«

Er machte Cliff auf das Signalsystem der Favelas aufmerksam, hier ein kleiner Junge, der seinen Drachen steigen ließ – die Farbe des Drachens und die Art, ihn kurven zu lassen, übermittelte, wer da kam –, dort ein Bettler, der eine Glocke schwang.

»Hier bist du sicher wie sonst nirgends«, hatte Ribeira gesagt, »nicht einmal in deinem Hotel. Solange du dich an eine ›Avenida de Tourismo‹ hältst, wie sie die breiteren Straßen nennen, passiert nichts, ob du nur aus Schaulust kommst oder Rauschgift kaufen willst, das offen gehandelt wird. Hier geschieht nur, was el Chefe billigt, hier herrschen die Bandenchefs der Drogenszene. Nicht einmal die Truppen des Generals wagen sich in die Favelas, und die Miliz nur, um die Leichen abzutransportieren. Sie versuchen gar nicht erst, herauszubekommen, wer der Mörder war. Nicht einmal, wer der Ermordete. Das Gesetz ist el Chefe, und wer seine Gesetze verletzt oder in ein fremdes Gebiet eindringt, wird unerbittlich bestraft, und es gibt nur eine Strafe: den Tod. Nein, es gibt eine Ausnahme: Ein Mann, der eine Frau oder ein Mädchen vergewaltigt, wird kastriert.

»Was mich so traurig stimmt«, hatte Ribeira erklärt, »diese Gangster genießen tatsächlich den Respekt der Ärmsten, nicht nur, weil sie auf ihre Art besser für Ordnung sorgen als die Miliz, sie erkaufen sich die Sympathie mit ein paar Brosamen aus ihren dreckigen Drogengeschäften: hier ein Straßenfest, dort ein primitiver Sportplatz, ein paar Münzen für die Allerärmsten, ein Medikament für einen Kranken ... So haben sie die Favelas fest im Griff. Und noch weniger als Eingriffe der Miliz dulden sie Agitation für die Guerilleros und sind so die idealen Partner der Junta. Aber davon hat Evarista Amaral keine Ahnung. Darüber kann sie nicht einmal ein ordentliches Statement schreiben, ebensowenig wie über die Ausrottung der Indios oder die Vernichtung des Regenwaldes. Sie hat die Ghettos der Reichen nie verlassen.« –

Sie saß jetzt entspannt da, die Arme lässig über die Lehnen gelegt, die schlanken Finger sorglos gespreizt, ihre Wangen hatten Farbe bekommen. Mit einem Schlag wirkte sie um Jahre jünger, glich den Fotos der mädchenhaften Frau, die die Umschläge ihrer Romane zierten.

»Solange General Souza an der Macht ist«, sagte sie,

»muß ich nicht wirklich besorgt sein. Er ist ein Militär der alten Schule, hart, auch grausam, aber ein Konservativer, kein Faschist wie Warwar. Ja, mein Leben könnte, weiß Gott, besser sein, aber ich lebe. Und wenn ich ehrlich bin, besser als so viele andere. Der Mensch ist eine anpassungsfähige Spezies. – Vielleicht habe ich mich schon zu sehr an dieses Leben gewöhnt, bin berechenbar geworden?« Sie lächelte ihn schelmisch an. »Ich hätte große Lust, mit Ihnen auszugehen, Cliff, wieder einmal im Café Colombo zu sitzen.«

Er konnte es sich gut vorstellen. Sie schien wie geschaffen für die mondäne Glitzerwelt dieses Jugendstilcafés mit seinem Stuck und den Spiegelwänden. Es würde ihr guttun, dachte er, und an seiner Seite wäre es bestimmt kein unverantwortliches Risiko. Und er käme zu einem sensationellen Foto: Evarista Amaral zeigt sich zum erstenmal wieder in der Öffentlichkeit.

»Warum eigentlich nicht?« sagte er. »Kommen Sie, Evarista, lassen Sie uns ins Colombo gehen. Und danach ein Spaziergang über die Copacabana.«

»So, wie ich aussehe?«

»Sie sehen zauberhaft aus, Evarista, wirklich.«

»Ich müßte mir wenigstens ein anderes Kleid anziehen und mich ein wenig zurechtmachen.«

»Ein anderes Kleid, einverstanden, aber bitte nicht schminken. Bleiben Sie so, wie Sie jetzt sind, ganz natürlich, es steht Ihnen gut.«

»Ich weiß nicht«, sagte sie zögernd, aber sie setzte sich schon auf, angelte mit den Füßen nach den Pantoffeln.

»Machen Sie mir die Freude«, sagte Cliff. »Und sich selbst, ja? Ich werde auf Sie aufpassen.«

Es dauerte nicht lange, bis sie in einem schlichten dunkelblauen Kleid zurückkam, das ihre knabenhaft zierliche Figur unterstrich. Sie trug Ohrringe mit indianischen Motiven und hochhackige Sandalen, drehte sich kokett vor ihm. »Nun, gehen Sie so mit mir ins ...«

Ihre Worte gingen in unvermittelt einsetzender, irrsinnig laut von der Straße emportönender Musik unter. Sie wurde kreidebleich, preßte die Hände an die Ohren.

»Hier spricht Ihr Videohändler vom Versandhaus Aristo«, tönte es. »Wir möchten heute wieder einige Kunden darauf aufmerksam machen, daß sie vergessen haben, ihre Kassetten zurückzugeben oder zu verlängern. Zum Beispiel Senhor Cupertino da Luzza aus Nummer achtzehn, bitte erinnern Sie sich an ›Die Schule der grausamen Lüste‹ und an ›Nie zu jung für die Liebe‹.« Dann ertönte wieder Musik, wurde leiser.

Cliff trat zu ihr, sah, daß sie am ganzen Leib zitterte. Er löste die Hände von ihrem Kopf. »Es ist vorbei.«

»Hat er wieder nach mir geschrien?«

»Nein, hat man das?«

»Ja, wenn auch nicht mehr in der letzten Zeit. Das ist so, so ...« Sie legte den Kopf an seine Schulter, begann zu weinen. Cliff nahm sie in die Arme, streichelte ihren Rükken.

»Ich kann nicht mehr«, sagte sie leise. »Ich halte es nicht länger aus. Was haben sie nur aus mir gemacht. Ich habe Sie vorhin belogen, Cliff, ich kann nicht mehr schreiben. Kein Satz gelingt. Ich weiß nicht einmal mehr, was ich schreiben soll. Es ist alles so schrecklich. Und dieses Warten macht mich vollends fertig. Seit Wochen sitze ich nur noch da und warte.«

»Wann war das letzte ›Mysterium‹?«

»Ich weiß es nicht mehr, ich weiß nur, daß jede Minute das nächste geschehen kann. Ich ...« Sie schob ihre Arme unter den seinen hindurch, umklammerte ihn, drückte sich an ihn wie ein schutzsuchendes Kind. »Sie haben es geschafft, Cliff, wir sind nur noch Wracks. Das ist die Wahrheit über Evarista Amaral. Schreiben Sie das.«

»Nie, selbst wenn es die Wahrheit wäre.«

»Es ist die Wahrheit, die bittere Wahrheit. Warum sie verbergen? Schreiben Sie darüber, vielleicht erinnert sich wenigstens dann noch jemand an mich. Ihr habt mich doch schon längst vergessen.«

»Nein«, widersprach er, »ich bin doch hier.«

»Ja, Sie sind hier, Cliff. Aber warum?«

Er löste sich behutsam von ihr, führte sie zu ihrem Sessel, rückte seinen Stuhl heran. Sie goß erneut Whisky ein.

»Bitte nicht«, sagte er. »Whisky hilft nicht, er macht alles nur noch schlimmer.«

»Noch schlimmer? Sie haben keine Ahnung, wie schlimm es ist. Ich kann nicht mehr schreiben, und José kann nicht mehr malen. Wir sind völlig kaputt. Wissen Sie, wann wir das letztemal miteinander geschlafen haben? Ich weiß es schon nicht mehr. Oder wann das letztemal Besuch bei uns war? Wie haben Sie eigentlich die Genehmigung für das Interview bekommen?«

Er verriet ihr nicht, wie leicht das gewesen war, völlig problemlos. »Einen Wunsch des BOSTON DAILY HERALD schlägt man nicht so leicht ab«, sagte er.

Sie langte zum Tisch. Cliff schob die Gläser aus ihrer Reichweite, und sie protestierte nicht, sie nahm sich die letzte Zigarette aus der Schachtel und knüllte die Packung zusammen, saß dann wieder mit angezogenen Beinen im Sessel, ganz in sich gekehrt, mit schmalen Lippen und fast geschlossenen Augen. Cliff nahm ihre schlaff herunterhängende Hand und streichelte sie. Ein Glück, daß wir noch nicht auf der Straße waren, dachte er. War sie tatsächlich am Ende ihrer Kraft? Dann nicht nur durch die »Mysterien«, sondern auch durch die Vereinsamung und durch Alkohol, Nikotin und die Tabletten, was immer Onkel Robertos Leibarzt ihr mitbrachte.

Ein Verdacht keimte in ihm auf: Wenn der Senator mit im Komplott war? Konnte ein Mann wie de Silva wirklich nicht verhindern, was man mit seiner Nichte anstellte? Wer hatte das größte Interesse daran, daß sie schwieg? Daß nicht länger ausgerechnet eine de Silva zum Symbol des Widerstands und der Ohnmacht der Junta wurde? Was hatte der Senator sich vorwerfen lassen müssen, weil er nicht imstande war, seine Nichte zu bändigen? Wenn hier überhaupt jemand im Patt stand, dann nicht Evarista Amaral und der General, sondern General Souza und der Senator, Staatsmacht und Wirtschaft, und Evarista störte das Gleichgewicht der Interessen, war am Ende gar ein Zankapfel zwischen Verbündeten. Oder ein Faustpfand, mit dem jeder dem anderen die Grenzen seiner Macht demonstrierte. Wie auch immer, sie war nur eine Figur im Schachspiel der Mächtigen, eine lästige Figur, und jetzt nicht einmal mehr das. Deshalb wartete sie schon so lange auf das nächste »Mysterium«. Martyrium wäre treffender. Doch sie war keine Märtyrerin, sie war eine ausgebrannte Hülse ihrer selbst. Könnte sie sich jemals wieder fangen? Wenn, dann gewiß nicht hier.

Cliff hatte nicht gehört, daß die Tür aufging. Unvermittelt stand jemand vor ihnen. Es konnte nur José sein, ein unrasierter Mann mit wirren Haaren, in ungebügeltem Hemd und in Kordhosen, deren oberster Knopf offenstand, ein frühzeitig gealterter Mann mit der teigigen Haut und der aufgedunsenen Nase eines Trinkers. Er verschwendete keinen Blick auf seine Frau, schien gar nicht wahrzunehmen, daß Cliff ihre Hand hielt. Er schien sich auch nicht dafür zu interessieren, wer Cliff war, er griff nach der Flasche und wollte wieder gehen.

»Laß die Flasche stehen«, herrschte sie ihn an. »Die habe ich geschenkt bekommen, nicht du!«

»Na und«, knurrte er.

»Laß die Flasche stehen«, wiederholte sie. »Der Whisky ist viel zu schade für dich. Du merkst doch schon gar nicht mehr, was du in dich hineingießt. In der Küche ist noch Gin, nimm den.«

Er hob die Flasche, und einen Augenblick sah es so aus, als wolle er sie seiner Frau auf den Kopf schlagen, dann stellte er sie wieder auf den Tisch.

»Wenigstens einen Schluck«, sagte er leise, fast flehend.

»Nimm mein Glas.« Sie zeigte ihm, welches. »Und dann tu mir einen Gefallen und verschwinde wieder.«

»Mit dem größten Vergnügen.«

Sie sah ihm nach, bis er die Tür hinter sich geschlossen hatte, blickte dann Cliff an. Er wich ihrem Blick aus.

»Sartre hat einmal geschrieben: ›Die Hölle, das sind die anderen.‹ Die Hölle, das weiß ich jetzt, das sind zwei, die sich einmal geliebt haben.« Sie wollte sich eine Zigarette nehmen, sah die zerknüllte Packung und holte eine neue Schachtel vom Regal. »Wie soll das nur enden?« sagte sie. »Eines Tages werden wir uns gegenseitig umbringen. Aber vielleicht besorgen das vorher noch die anderen. General Souza ist ein alter Mann, und Warwar ...«

Sollte er ihr sagen, was Ribeira ihm gestern anvertraut hatte? Daß General Souza nach Gerüchten aus ziemlich zuverlässigen Quellen praktisch schon tot war, daß sein Körper nur noch von den Apparaturen der Intensivstation künstlich am Leben gehalten wurde? Daß General Warwar nur wartete, bis er alle Fäden fest in der Hand hielt, bevor er den Befehl gab, die Apparatur abzuschalten? So war sie nicht einmal mehr für einen Warwar von Interesse.

»Sie sollten ganz schnell Kontakt mit Ihrem Onkel aufnehmen«, sagte Cliff, »und wenn das Angebot noch gilt, sollten Sie seine Hilfe annehmen und das Land verlassen. Würde José mitgehen?«

Sie zuckte mit den Schultern.

»So oder so«, sagte Cliff, »auch für ihn wäre es eine Chance. Auch seinetwegen sollten Sie es tun, vielleicht fängt er dann wieder an zu malen. Und Sie könnten wieder schreiben. Es ist völlig unwichtig, ob Sie sich verpflichten, im Ausland den Mund zu halten, wichtig ist allein, daß Sie schreiben. Niemand fragt später danach, ob und wie oft sich ein Autor zu aktuellen Fragen geäußert hat. Was zählt, sind allein seine Bücher.«

»Und was sollte ich schreiben?« fragte sie mutlos. »Was denn?«

»Das Buch Ihrer ›Mysterien‹«, schlug er vor. »Schreiben Sie auf, wie man versucht hat, Sie fertigzumachen, all Ihre Ängste, Ihre Verzweiflung, Ihre Wunden. Schreiben Sie darüber und befreien Sie sich davon, indem Sie es schreiben. Seien Sie schonungslos offen, schreiben Sie das Protokoll Ihrer Zerstörung, und widerlegen Sie es mit diesem Buch. Ich glaube, das ist Ihre letzte Chance, Evarista.«

»Ich würde nicht einmal mehr das schaffen«, sagte sie.

»Versuchen Sie es wenigstens. Ich bitte Sie, ich flehe Sie an, versuchen Sie es, Evarista. Verlassen Sie dieses Land, so schnell Sie nur können. Lassen Sie alles zurück, notfalls auch Ihren Mann, aber retten Sie sich, bevor es endgültig zu spät ist.«

»Warum?«

»Zum Beispiel, weil ich gerne noch einen Roman von Ihnen lesen würde. Wäre das nicht ein Grund?«

»Ja.« Sie lächelte ihn an. »Würden Sie mir helfen, Cliff?«

»Wenn ich es kann, gerne. Kommen Sie nach Boston, dort haben Sie einen Freund!«

»Gut. Ich rufe Onkel Roberto gleich morgen an.«

»Nein, tun Sie es gleich. General Souza liegt im Sterben.«

Sie brauchte einen Augenblick, bis sie erfaßte, was er gesagt hatte, dann nickte sie. »Ja, sofort. Warten Sie, bitte.«

»Es tut mir leid«, sagte Cliff, »aber ich muß jetzt gehen. Ich habe einen Termin mit Enrico Fernari, und der Maestro ist äußerst ungnädig, wenn man ihn warten läßt. Ich darf meine Serie nicht gefährden, ich lebe von diesem Job. Sie können mich heute abend in meinem Hotel erreichen. Ich bleibe noch drei Tage in Rio, und ich werde das Hotelzimmer nur verlassen, wenn es unbedingt sein muß.« Er stand auf, hielt ihr die Hand hin. »Ich warte auf Ihren Anruf, Evarista.«

»Ich werde anrufen.« Sie nahm seine Hand und drückte sie lange. »Danke schön, Cliff.«

Der Milizmann sah ihn nur grinsend an, als er die Treppe hinunterging. Niemand hielt ihn an, niemand verfolgte ihn. Auf der Avenida Central öffnete Cliff die Tasche, griff zum Recorder und löschte das Interview. Wenn Evarista Amaral im Land blieb, dachte er, durfte er die Ruhe, die sich endlich um sie ausgebreitet hatte, nicht stören. Das war dann das einzige, was er für sie tun konnte. Und wenn sie kam ...

Er begann zu pfeifen. »On the sunny side of the street«.

Der Pakt

Gemeinsames Kommuniqué

In Erwiderung des Besuchs des Vorsitzenden der Union der Weihnachtsmänner im Januar dieses Jahres auf der Osterinsel weilte der Präsident der Vereinigung der Osterhasen zu einem Freundschaftsbesuch auf den Weihnachtsinseln.
Das Treffen verlief in einer freundschaftlichen, von gegenseitigem Verständnis und Vertrauen geprägten Atmosphäre.
Beide Seiten führten einen offenen Meinungsaustausch zu gemeinsam interessierenden Fragen, als dessen Ergebnis das folgende bilaterale Abkommen geschlossen wurde.

Bilaterales Abkommen

zwischen der Vereinigung der Osterhasen und der Union der Weihnachtsmänner über die Prinzipien der beiderseitigen Beziehungen, der gegenseitigen Nichteinmischung, der Zusammenarbeit und der gegenseitigen Hilfe.
In dem Wunsch nach Normalisierung der Beziehungen und Förderung einer breiten, umfassenden Zusammenarbeit,
geleitet von dem Ziel der wechselseitigen Stärkung,
in dem Bewußtsein, daß die Kulturen der Weihnachtsmänner und der Osterhasen zu den gesellschaftlich stabilsten, historisch dauerhaftesten und ethisch bedeutsamsten Systemen auf diesem Planeten zählen,
in Würdigung der jahrhundertelangen Anstrengungen und

großen Erfolge beider Systeme bei der kulturellen Entwicklung der Menschheit und ihrer hervorragenden Beiträge für die Glücksgefühle der Menschen,
in der Überzeugung, daß die Politik der gegenseitigen Ignorierung historisch überholt und von beiderseitigem Nachteil ist,
in der festen Absicht, diesen Zustand ein für allemal zu beenden,
und unter Beachtung der Tatsache, daß beide Systeme nicht über die territoriale, sondern nur über die temporäre Souveränität der beiderseits genutzten irdischen Regionen verfügen,
wird vereinbart:

Artikel I

Die Hohen Vertragschließenden Seiten verpflichten sich
1. das Prinzip der Nichteinmischung in die Belange der anderen Hohen Vertragschließenden Seite strikt zu befolgen
2. das souveräne und unveräußerliche Recht der anderen Hohen Vertragschließenden Seite auf freie Entscheidung über ihre eigenen kulturellen und ökonomischen Belange, Grundsätze, Normen und Praktiken zu respektieren
3. alle Formen der Diskriminierung, der Ableugnung der Existenz oder der Bestreitung der Existenzberechtigung der anderen Hohen Vertragschließenden Seite zu unterlassen
4. mit allen verfügbaren Mitteln und Methoden die andere Hohe Vertragschließende Seite als einen unverzichtbaren Faktor für das Glück der Menschheit zu propagieren
5. alle Streitfragen, insbesondere Meinungsverschiedenheiten in ästhetischen Fragen, durch friedliche Verhandlungen zu lösen und in den gegenseitigen Beziehungen in keinerlei Weise zu Gewalt oder Androhung von Gewalt oder zu diffamierender Agitation zu greifen.

Artikel II

Die Hohen Vertragschließenden Seiten verpflichten sich

1. alle Angriffe auf die Existenzberechtigung einer oder beider der Hohen Vertragschließenden Seiten mit allen ihnen zur Verfügung stehenden Mitteln zu bekämpfen
2. jede ihnen bekannt werdende Aktion der Negierung oder Diskriminierung unverzüglich der anderen Hohen Vertragschließenden Seite zur Kenntnis zu geben
3. sich jeder direkten oder indirekten Förderung, Ermutigung oder Unterstützung diskriminierender oder negierender Aktionen und Aktivitäten, die, unter welchem Vorwand auch immer, auf die Zerrüttung des Ansehens oder die Unterminierung der Autorität der anderen Hohen Vertragschließenden Seite abzielen, zu enthalten
4. unverzüglich eine Expertenkommission zur Erarbeitung gemeinsamer Strategien zu bilden.

Artikel III

Zur Stärkung des gegenseitigen Vertrauens und zur Förderung freundschaftlicher Beziehungen beschließen die Hohen Vertragschließenden Seiten

1. in den nichtaktiven Monaten Freundschafts- und Studiendelegationen auszutauschen
2. in ihren Medien breite Informations- und Aufklärungskampagnen über die Kultur der anderen Hohen Vertragschließenden Seite durchzuführen und einen Plan für den Austausch von Medien bzw. Medienprogrammen zu erstellen
3. alle noch offenen Fragen oder in Verfolg dieses Vertrages neu entstehenden Fragen im Geiste der Gleichberechtigung, des gegenseitigen Verstehens und beiderseitiger Kompromißbereitschaft zu lösen.

Artikel IV

Die Hohen Vertragschließenden Seiten äußern tiefe Besorgnis über die Kommerzialisierung und Profanierung ihrer historisch gewachsenen Kulturen durch Teile der Menschheit und verpflichten sich, einen umfassenden Maßnahmekatalog von geeigneten einzelnen oder gemeinsamen Aktionen zur Bewahrung und Wiederherstellung der einzigen, wahren, reinen, ethisch-kulturellen Bedeutung der beiderseitigen Systeme zu erarbeiten.

Artikel V

In Anbetracht der gemeinsamen, wenn auch zeitlich unterschiedlichen Nutzung der Rohstoffressourcen, Produktionsstätten und Verteilungskapazitäten und der weiteren Erhöhung der ökonomischen Leistungskraft beider Seiten unter den Bedingungen der wissenschaftlich-technischen Revolution verpflichten sich die Hohen Vertragschließenden Seiten

1. alle Maßnahmen und Pläne nach den Prinzipien der Gleichheit und des gegenseitigen Vorteils zu koordinieren
2. sich gegenseitig unbegrenzten Zugriff zu allen Informationsquellen und Forschungsunterlagen zu gewähren, insbesondere zu allen Datenbanken
3. zu diesem Zweck unverzüglich eine direkte und ständige (stand by) Verbindung zwischen den Zentralcomputern der beiden Hohen Vertragschließenden Seiten herzustellen
4. alle Forschungen und Neuentwicklungen mit sämtlichen Unterlagen sowohl auf dem Gebiet der Produktion wie der Distribution, des Designs und der Werbetechnik der anderen Hohen Vertragschließenden Seite zur Verwertung ohne patentrechtliche Verpflichtungen zur Verfügung zu stellen
5. erstmalig mit dem Beginn der diesjährigen Vorweihnachtszeit und dann ständig die gesamte Kapazität beider

Hohen Vertragschließenden Seiten zum Zweck der Produktion und Distribution der jeweils aktiven Hohen Vertragschließenden Seite einzusetzen.

Artikel VI

In Anbetracht der Tatsache, daß es trotz des jahrhundertelangen unermüdlichen und selbstlosen Einsatzes aller Mitglieder der beiden Kulturen noch immer Regionen auf der Erde gibt, die der Segnungen der beiden Systeme nicht teilhaftig werden, beschließen die Hohen Vertragschließenden Seiten, unverzüglich mit der Erarbeitung eines umfassenden Programms zur Ausdehnung der territorialen Nutzungsgebiete und zur Verbreitung ihrer Kulturen auf die bislang noch ungenutzten Territorien dieses Planeten zu beginnen.

Artikel VII

Angesichts der technischen Entwicklungen des 20. Jahrhunderts und unter Beachtung der Prognosen über die weitere Entwicklung der wissenschaftlich-technischen Revolution beschließen die Hohen Vertragschließenden Seiten, gemeinsam in Verhandlungen mit den zuständigen Gremien der Menschen zu treten, um zu einer Übereinkunft zu kommen, die die Verbreitung der Kultur der Osterhasen wie der Weihnachtsmänner über den Bereich der Erde hinaus auch auf andere Zivilisationen der Galaxis ermöglicht.

Der lange Schlaf

»Eh, träumst du?« Jean schreckte hoch. Eine Hand rüttelte seine Schulter.

Er hatte tatsächlich geträumt. Seinen Traum. Die Landung auf dem Planeten der Schmetterlinge: Die gläserne Kugel der Fähre sinkt zwischen den gleißenden Wänden der Polarlichtschluchten, taucht in die rosarote, dicht geschlossene Wolkenschicht, die Drachenflügel entfalten sich, federn wedelnd den Sinkflug ab, dann taucht der Planet unter ihm auf, schlagartig, eine glasklare Glocke wölbt sich zwischen Wolken und Erde, wellige Ebenen in hunderterlei Grüntönen. Unzählbare bunte Pünktchen steigen auf, umringen die gläserne Kugel, Schmetterlinge, sie geleiten ihn über ein smaragdfarbenes Meer, dirigieren ihn zu einem Blinken in der Ferne – ein Leuchtturm? Ein Diamantfelsen? Ein bizarres, vieltürmiges Schloß. Er landet direkt vor der breiten Freitreppe, die Schmetterlinge formieren sich links und rechts der breiten Stufen, die gewaltigen Flügeltüren öffnen sich, eine weiße, von Licht umflossene Gestalt tritt heraus, breitet zarte Flügel, ihn zu empfangen. Er steigt die Treppe empor, ein roter Schmetterling setzt sich auf seine Hand, verwandelt sich in eine Rose. Dann sieht er, es ist kein Schmetterling, der ihn empfängt, sondern ein wunderschönes Mädchen in einem weißen Spitzenkleid, auf den flachsblonden Locken eine kleine Krone. Die Prinzessin nimmt ihn in die Arme, streichelt sein Haar, er spürt ihren zarten Körper unter seinen Händen …

An dieser Stelle brach der Traum ab. Oder nur seine Erinnerung? Vielleicht ging der Traum längst weiter? Er hatte ihn nur bis zu dieser Begegnung vor dem Schloßtor entworfen. Ein alberner, kitschiger, geradezu grotesker Traum. Es sollte ein Protest gegen die unsinnige Ausbildungsmethode sein: einem Computer einen Traum zur Simulation diktieren!

Er hatte es für einen Trick der Psychologen gehalten. Daß sie aus den Träumen auf die Psyche der Kadetten schließen und so die für den Kosmos ungeeigneten Kandidaten ausschließen wollten. Also hatte er einen »unmöglichen« Traum erfunden, doch er war nie vor die Psycho-Kommission geladen worden. Der Traum war tatsächlich als Speedy-Sleep-Slip gedacht, und die Computersimulation hatte perfekt funktioniert; bevor er sich versah, war er auf diesen Traum konditioniert.

Damals war er zum Ausbilder gegangen, um seinen Traum zu verändern. Warum, fragte der Ausbilder, klappt es nicht? Doch, mußte er gestehen, aber es ist mir peinlich ..., und er hatte erklärt, wie es zu diesem kitschigen Traum gekommen war. Ich glaube dir den Protest, hatte der Ausbilder gesagt, aber bist du sicher, daß du nicht unbewußt heimliche Wünsche deiner Seele mobilisiert und in deinen Traum gegeben hast? Vielleicht sehnst du dich im Unterbewußtsein nach der verlorenen Märchenwelt deiner Kindheit? Akzeptiere ihn, nimm ihn an, und es muß dir nicht peinlich sein, niemand außer dir kennt den Traum, der Computer hat ihn längst gelöscht, und er wurde nirgends registriert. Wenn er also funktioniert ...

Selbst im Stehen. Er mußte sich nur entspannen, die Augen schließen und seinen Traum beginnen, nach nicht einmal einer Minute war er eingeschlafen, spätestens, wenn das Mädchen vom Planeten der Schmetterlinge ihn in die Arme schloß. Er hätte gern gewußt, ob sein Traum weiterging. Und wie.

»Wach auf. Dein Typ wird in der Zentrale verlangt.« Der andere tippte mit dem Finger auf das Namensschild an Jeans Kombination, zeigte dann auf den Lautsprecher über der Tür.

»Danke.« Jean war hellwach. Auch das gehörte zur Ausbildung der Raumkadetten: selbst aus dem Tiefschlaf in maximal dreißig Sekunden voll da zu sein. Wie lange hatte er geschlafen? Keine zehn Minuten. Er reckte sich noch zweimal, dann ging er los. Er hatte keine Mühe, sich zurechtzufinden, obwohl er nach der Ankunft ohne Umweg und ohne Einweisung in den Bereitschaftsraum geführt worden war; das hier war eine kleine Station vom Typ Gamma aus standardisierten Bauteilen, er ging automatisch den wabenförmigen Ring nach links bis zur sechsten Tür. Drei Männer sahen ihn musternd an, als er die Zentrale betrat. Er ging auf den Mann zu, der hinter dem Pult saß; ein breiter goldener Streifen wies ihn als Commander aus, die beiden hinter ihm stehenden Männer trugen nur Namensschilder auf den Kombinationen, Lefèbre hieß der ältere, Patton der andere.

»Entschuldigung«, sagte Jean, »ich ...«

Der Commander winkte ab. »Raumkadett Müller?«

Deshalb hatte er den Aufruf überhört: Man hatte seinen Namen deutsch ausgesprochen.

»Mulér«, korrigierte Jean, »ich stamme aus dem Elsaß.«

»Okay. Deine Qualifikation.«

Jean legte den Cnip auf das Pult, der Commander schob ihn ein, die drei studierten aufmerksam die Daten, die über das Terminal wanderten.

»Nun?« fragte der Commander.

»Sieht nicht schlecht aus«, meinte Lefèbre, »außerdem ...« Er sprach nicht aus, was er dachte, er hob nur hilflos die Hände. Patton nickte nur.

»Also gut.« Der Commander blickte zur Uhr. »Aufbruch in dreißig Minuten.« Er sah Jean an. »Geh ins Arsenal und hol deine Ausrüstung. Lefèbre leitet die Expedition, er wird dir alles erklären, was du wissen mußt. Du fährst den Wagen und übernimmst den Schutz.«

»Ich, allein? Und der andere Jäger, der ...«

»Kein zweiter Jäger«, unterbrach ihn der Commander. »Du mußt allein zurechtkommen.«

»Aber ich, ich war, ich war noch nie im Einsatz«, stotterte Jean. Er merkte, daß er rot wurde. Auch das noch.

»Du wirst es schon schaffen.« Der Commander nickte beruhigend, väterlich. »Deine Daten sind erstklassig. Reflexe, Fahrleistungen, Schießergebnisse ...«

»Ja, aber das war auf dem Teststand. Muß ein Kadett nicht von einem erfahrenen Jäger eingeführt werden?«

»So ist das Reglement«, bestätigte der Commander. »Paß auf, Jean, wir haben eine Ausnahmesituation. Unsere Jäger hat es erwischt. Keine Ahnung, was los ist, die Befunde liegen noch nicht vor, wahrscheinlich eine Virusinfektion. Deshalb haben wir Ersatz angefordert. Wir können nicht warten. Die Expedition muß bei Tagesanbruch starten, die Meteorologen haben einen Wetterumschlag prophezeit – willst du den Auftrag ablehnen? Es wäre dein Recht.«

»Natürlich nicht«, beteuerte Jean. »Ich bin stolz. Euer Vertrauen ...«

»Brauchst nicht stolz zu sein«, meinte Lefèbre, »und auch nicht ängstlich, es ist nur ein Routinejob. Hol dir Skaphander und Waffen aus dem Arsenal, wir warten am Wagen.«

»Skaphander?« fragte Jean.

»Ja, Einsatzstufe S«, sagte der Commander. »Noch Fragen?« Sein Blick verriet, daß er jede weitere Frage als Zeitverschwendung betrachtete. Jean schüttelte den Kopf. Er hatte tausend Fragen, aber auch Angst, dumme Fragen zu stellen. Kadetten haben immer Angst, sich zu blamieren.

Schmitters, der Mann im Arsenal, war ein mürrischer, maulfauler Bursche, der Jeans Gruß nur mit einem flüchtigen Nicken erwiderte. Er schien bereits informiert, warf nur einen abschätzenden Blick auf Jean und verschwand in der hinteren Kammer. Er kam mit einem Skaphander zurück, hängte ihn an den Wandriegel, holte wortlos Helm, Atemgerät und Trinkflaschen, legte eine Packung Hallogenbomben auf den Tisch, schließlich die doppelläufige Waffe, schob die Magazine ein.

»Links Betäubung, rechts Explosiv – du weißt Bescheid?«

Jean nickte. Schmitters hatte ihn die ganze Zeit nicht angesehen, als ihre Blicke sich jetzt trafen, wandte er seine Augen sofort ab. Jean konnte sich denken, was in Schmitters' Kopf vor sich ging. Viele hielten Jäger für Killer, für vorsintflutliche Barbaren, die Spaß am Töten hatten. Damit hatte er sich abgefunden, und deshalb trug er das Jägerabzeichen nur, wenn es unbedingt nötig war, hier zum Beispiel.

Jean war alles andere als ein Killer, im Gegenteil, man hatte ihn gerade ausgesucht, weil er keine Killerinstinkte besaß. Im Kosmos konnten Killerinstinkte Katastrophen auslösen. Wußte man denn, was für Wesen man auf anderen Planeten begegnen würde? Vielleicht erinnerten sie an Spinnen, Insekten, Schlangen ... Eine schleimige oder schuppige Haut oder Facettenaugen konnten ausreichen, um in einem Menschen wider alle Vernunft die Instinkte aus der Millionen Jahre alten Entwicklung zu wecken – nein, ein Jäger mußte seinen Job eiskalt ausüben, die Situation mit Vernunft und Logik einschätzen können, unbeeinflußt von Instinkten und unkontrollierten Gefühlen, ohne Panik. Als man Jean überzeugte, sich zum Jäger ausbilden zu lassen, hatte man ihm erklärt, wie schwer es sei, geeignete Kandidaten zu finden; in den meisten Menschen fänden sich noch die genetisch fixierten Instinkte aus der Urzeit, und die »Tünche der Zivilisation« blättere in extremen Situationen nur zu leicht ab. Jean galt als Idealtyp eines Jägers: Er konnte Aggressivität bis zum sechsten Grad ungerührt ertragen. So erwiderte er die Feindseligkeit von Schmitters auch mit einem Lächeln, bat ihn höflich, ihn beim Anlegen des Skaphanders behilflich zu sein. Schmitters war sichtlich verwirrt von Jeans Freundlichkeit, er hängte ihm sogar die Hallogenbomben an den Gürtel, und bevor er die Tür des Hangars öffnete, klopfte er Jean dreimal auf die Schulter.

Lefèbre und Patton saßen schon auf dem Wagen, einem Rover mit vier mächtigen Profilreifen an jeder Seite, ein Typ, in dem Jean bis zum Überdruß trainiert hatte; jedes Rad wurde einzeln angetrieben, solche Fahrzeuge hatten sich selbst in dem komplizierten Gelände der Marsmonde bewährt. Dieser Wagen besaß einen Kiel wie ein Schneepflug, dahinter eine lange offene Plattform voller Geräte, am Heck einen turmartigen, ebenfalls offenen Fahrersitz. Lefèbre und Patton sahen nur kurz auf, dann beschäftigten sie sich wieder mit den Geräten. Jean hatte keine Ahnung, was für Apparaturen das sein mochten.

Er gestand sich ein, daß er nicht einmal eine Ahnung hatte, was sie hier auf dem Stützpunkt machten. Niemand hatte ihm gesagt, worum es ging, als man ihn mitten in der Nacht aus dem Schlaf geholt hatte, nur: Einsatz. Ohne ein Wort der Erklärung rein in den Copter, zwei Stunden durch stockfinstere Nacht, dann in den Bereitschaftsraum – was, zum Teufel, bedeutete das ACA auf den Skaphandern? Er wußte, irgendwann hatte er die Abkürzung schon einmal gesehen oder gehört, doch in welchem Zusammenhang? Er stand einen Augenblick unentschlossen herum, kletterte dann auf den Fahrersitz. Ja, Armaturen dieser Art konnte er im Schlaf bedienen.

»Ich hoffe, der Wagen macht dir keine Probleme«, sagte Lefèbre, »ist die Normausstattung.«

»Alles klar«, antwortete Jean.

»Dann los. Helm zu – Atemgeräte okay? – Außenton okay? – Sprechprobe – Start.«

Das Morgengrauen hatte bereits einen breiten Streifen über den Horizont geschoben, es war hell genug, um die Gegend zu betrachten. Ein betonierter Vorhof, dahinter eine kurzgehaltene Wiese, dann ein breiter Sandstreifen, hinter dem sich eine hohe, fugenlos glatte Mauer erhob, auf deren Kuppe sich eine dicke Röhre entlangzog. Direkt vor ihnen lag ein metallenes Tor, das sich zur Seite schob, als der Rover auf zwei Meter herankam.

»Hinter dem Tor geht es immer geradeaus«, sagte Lefèbre, »Tempo zwei. Versuch unbedingt Tempo und Kurs einzuhalten. Halt dich an die alten Spuren, dann kann nichts schiefgehen. Tut mir leid für dich, daß du so reingeworfen wirst, ist schließlich dein erster Einsatz, aber wir haben jetzt keine Zeit für lange Einweisungen, wir müssen los. Ich erkläre dir alles, wenn wir Pause machen. Unterwegs haben wir alle Hände voll zu tun, Fragen also nur im Notfall, ist das klar?«

»Klar, Chief.«

»Den Chief spar dir. Ich bin Pierre, und unser dritter Mann heißt Herb.«

»Verrätst du mir wenigstens, was wir machen?«

»Spazierenfahren.« Lefèbre lachte. »Routineüberwachung. Ein leichter Job.«

Es schien wirklich ein leichter Job zu sein. Hinter der Mauer lag Wildnis. Zuerst ebener, sandiger Boden, auf dem undeutlich noch die Spuren früherer Expeditionen zu erkennen waren, dann eine Heidelandschaft, die in Gestrüpp und Büsche überging. Nach einer halben Stunde erreichten sie Wald, eine schnurgerade breite Schneise führte in ihn hinein, breit genug für drei solcher Ungetüme wie ihr Rover. Der Wald wurde zunehmend dichter und höher, schloß sich über ihnen, verschluckte das Licht, tauchte alles in einen milden grünen Schein, an den sich Jeans Augen schnell gewöhnten.

Noch nie hatte er solch einen Wald gesehen, derartig gewaltige Bäume, höher noch als die Mammutbäume in Amerika, aber mit Blättern, die an Eichen oder Kastanien erinnerten; zu beiden Seiten der Schneise verwehrten mehrere Meter hohe Farne und verfilztes Gestrüpp den Blick in den Wald, Riesenbüsche mit Früchten, die wie Brombeeren oder Himbeeren aussahen, aber so groß wie Äpfel waren. Jean kam sich vor wie Gulliver im Land der Riesen. Gab es hier auch entsprechend große Tiere? Der Biosensor stand auf Null, nicht einmal leises Summen ertönte, also befand sich im Umkreis von zwanzig Metern kein Lebewesen, zumindest keines, das größer als ein Eichhörnchen war. Trotzdem behielt Jean das Gewehr vorschriftsmäßig vor der Brust, entsichert, die linke Hand am Schaft – bestimmt hatte man nicht umsonst einen Jäger angefordert, ein Fahrer hätte sich auf der Station wohl gefunden.

Verglichen mit den beklemmenden, abstoßenden, sogar ekelerregenden Environments anderer Planeten, in denen man sie trainiert hatte, war dies hier eine Idylle, eine geradezu anheimelnde, zartgrüne Märchenlandschaft. Trotzdem merkte Jean, wie ihn zunehmend Beklemmung erfaßte, ja sogar Angst. Das Herz schlug viel zu schnell, seine Hände schwitzten, der Mund war wie ausgedörrt. Lag das an dem Widerspruch zwischen den vertrauten Bildern scheinbar bekannter Bäume und Sträucher und ihren ungewohnten Dimensionen? Dann wurde ihm klar, was ihn noch irritierte: In diesem Urwald gab es offensichtlich weder Vögel noch Insekten, auch in der Vergrößerung konnte er nirgends so etwas wie Fliegen, Mücken, Käfer, Spinnen oder Ameisen entdecken. Dafür merkte er jetzt einen dritten, wahrscheinlicheren Grund für seine Angst, und nun wußte er auch, wozu sie Skaphander trugen: Die Anzeigen am Innenrand seines Helmes leuchteten. Wahrscheinlich schon eine ganze Weile, und sein Unterbewußtsein hatte es registriert. Die Lichter schwollen unregelmäßig an und wieder ab: Die Atmosphäre war voller giftiger Gase. Die Schneise wurde zunehmend enger, und es wurde immer dunkler. Jean schaltete das Nachtsichtgerät ein; in Schwarzweiß wirkte die Wildnis noch gespenstischer.

Die Biosensoren schlugen an. Ein Summen, das schnell zu einem Schrillen wurde. Jean mußte nicht erst auf die

Anzeige gucken, um die Richtung auszumachen, vor ihnen schob sich eine wabernde Masse über die Schneise, ein lebender Teppich. Tempo halten, befahl sich Jean. Was auch geschieht, hatte Pierre gesagt, versuch das Tempo zu halten. Das laute Dröhnen des Rover schien die Tiere nicht im geringsten zu stören, sie zeigten keine Anzeichen von Unruhe, schoben sich gleichmäßig vorwärts. Als der Rover sie fast erreicht hatte, sah Jean, daß es keine großen Insekten waren. Sie sahen wie winzige Mäuse aus.

»Achtung, Pierre und Herb, Superfilter!« rief er. »Ich werfe eine Bombe.«

Er schleuderte eine Halogenbombe nach vorne, der Lichtblitz flammte auf, die gleißende Helligkeit fraß alle Grautöne; als der blendende Schein erlosch, war die Schneise frei. Das abschwellende Brummen der Sensoren zeigte an, daß sie das Rudel der Tiere, die ins Gebüsch geflüchtet waren, hinter sich ließen.

Nach fast zwei Stunden brach der Wald ab, das helle Tor der Schneise hatte es schon Kilometer vorher angekündigt. Hinter dem Wald lag ein breiter Steppenstreifen. Hohes, hartes, schilfartiges Gras, das unter den Rädern des Rover knirschend zerbrach; offensichtlich gab es hier nur diese eine Grasart. Und nirgends eine Blüte. Dann erreichten sie verwüstetes Land, das sich fast bis zum Horizont erstreckte, ein Anblick wie auf dem Mond: tote, aufgebrochene Erde, tiefe Risse und steile Abbrüche; hier war der Rover das einzig mögliche Fahrzeug. Der Strahlenmesser flackerte wild. Ohne Skaphander wären sie hier in Sekunden von radioaktiven Teilchen durchlöchert. Trotz der Automatik und der Stabilisatoren mußte Jean sich voll konzentrieren, all seine Fahrkunst aufbieten, um harte Stöße abzufangen, den Rover nicht umkippen zu lassen und wenigstens halbwegs Tempo und Richtung beizubehalten. Pierre lobte ihn.

»Den Geräten macht es ja nichts aus«, erklärte er, »die sind erschütterungsfrei aufgehängt, aber wir leider nicht.

Du bist wirklich Klasse.« Dann unterhielt er sich wieder mit Herb, Fachkauderwelsch, Jean hörte nicht hin.

Mit der »Spazierfahrt« war es vorbei. Auch als die Mondlandschaft wieder in Wald mündete, wurde es nicht viel besser, der Wald war durchsetzt mit unvermutet auftauchenden Bodenrissen und toten Flächen. Teiche aus Wüstensand oder verkarstete, schartig aufgerissene, sandige Flickenteppiche. Oder verfilztes Gestrüpp; der scharfe Kiel des Rover zerschnitt es mühelos, Jean mußte das Tempo nicht einmal drosseln.

Plötzlich schrillte der Biosensor in beängstigendem Tempo auf, die Skala wechselte im Nu von Orange über Rot auf Lila, also ein schnelles, großes Tier. Links vorn, irgendwo im Wald. Jean brachte das Gewehr in Anschlag. Knapp dreißig Meter voraus huschte ein gewaltiger Schatten auf die Schneise, setzte zum Sprung an. Jean drückte ab. Das Tier schien in der Luft stehenzubleiben, dann explodierte es, brach auseinander, ficl in Fetzen auf den Boden. Der Rover bremste automatisch ab. Pierre und Herb hatten sich aufgerichtet. Jean starrte auf die zerrissenen, blutigen Teile. Ein Hirsch oder ein Elch, das merkwürdig zerklumpte, deformierte Geweih ließ es nicht eindeutig erkennen. Ein Riesentier, das Geweih war breiter als der Rover. Und er hatte den falschen Gewehrlauf erwischt!

»Scheiße«, murmelte Jean. Er riß sich zusammen. Schaltete den Motor wieder hoch. Der Schneepflug schob das zerfetzte Tier zur Seite. Jean mußte würgen bei dem Anblick.

»Was ist los mit dir, Jean?« erkundigte sich Lefèbre.

»Ich habe den falschen Lauf genommen. Tut mir leid, ich, ich … Scheiße!«

»Kannst du noch fahren?«

»Ja, ich bin okay.«

Er war alles andere als okay. Es war das erste Tier, das er getötet hatte. Ermordet. Es wäre Zeit genug gewesen, den Hirsch zu betäuben. Er überlegte. Nein, er hatte nicht in

Panik gehandelt. Er hatte sich geirrt. Doch ein Jäger darf sich nicht irren. Wenn er nun nicht einem Tier, sondern einem intelligenten Wesen gegenübergestanden hätte – nicht auszudenken. Wut packte ihn, Trauer, Verzweiflung. Er begann zu schluchzen. Pierre mußte es mitbekommen haben.

»Jean?« rief er.

»Ja, was ist, Pierre?«

»Sag es ehrlich, wenn du eine Pause brauchst.«

»Nein, es geht schon.«

Er rief sich zur Ordnung. Es ist nur ein Tier, sagte er sich. Und es ist dein erster Einsatz. Was zählen die Simulationen auf dem Schießstand – das sieht zwar lebensecht aus, aber du weißt jederzeit, daß es nur Video ist. Vielleicht ganz gut, daß es hier passiert ist, dachte er. Es würde eine Lehre für sein ganzes Leben sein. Ihm nie wieder passieren. Und wenn die Meldung an die Basis kam? Bestimmt mußten Pierre und Herb einen Bericht über ihn geben – ade Expedition zum Alpha Centauri, auf die er schon während der Kadettenzeit vorbereitet wurde.

»Hältst du noch zwanzig Minuten durch?« fragte Pierre. »Dann sind wir an der Hecke und müssen ohnehin haltmachen.«

»Ja«, sagte Jean, »hab keine Sorge, ich halte noch länger durch. Ich habe keinen Schock. Nur Wut über mein Versagen.«

»Ich bin ja kein Jäger«, meinte Herb, »aber ich hätte bestimmt auch nicht mit Betäubungspatronen geschossen. Das Vieh hätte den Rover glatt umkippen können, wenn wir zusammengestoßen wären. Oder, noch schlimmer, auf dem Wagen landen und die Geräte zerstören – ich weiß nicht, was du willst, Jean, kein Grund für Vorwürfe!«

»Finde ich auch«, sagte Pierre.

»Ihr seid eben keine Jäger«, erwiderte Jean. Aber er wollte das Thema nicht länger erörtern. Ganz gut, wenn die beiden es so sahen. »Was ist das für eine Hecke?« fragte er.

»Die Dornröschenhecke«, sagte Herb. »Du kennst doch Dornröschen?«

Jean antwortete nicht, er beschleunigte den Rover wieder auf Tempo zwei. Wenn er auch ein Greenhorn war – eben gerade bewiesen hatte, was für ein entsetzliches Greenhorn! –, verscheißern lassen mußte er sich trotzdem nicht.

Es sah tatsächlich wie die Dornröschenhecke aus: dreimannshoch, undurchdringbar, gespickt mit fingerlangen Dornen, und als Pierre jetzt vom Rover sprang und vor der Hecke stand, glich er in seinem Skaphander dem Ritter im Märchenbuch. Es gab sogar Blüten, die an Rosen erinnerten, handtellergroße blaßrosa Blumen mit stumpfschwarzen Säumen, die vereinzelt zwischen den eigentümlich nach innen gerollten Blättern standen, doch die Hecke machte nicht den Eindruck, als würde sie sich von selbst öffnen, weil die Prinzen gerade zur rechten Zeit gekommen waren. Hier würde auch der scharfe Kiel des Rover nicht helfen; wenn sie durch dieses Dickicht dringen wollten, mußten sie erst mit dem Laser eine Schneise herausbrennen.

Die Sonne knallte vom wolkenlosen Himmel. Sie setzten sich in den Schatten eines Baumes, um die Kühlaggregate der Skaphander zu schonen. Jean nahm einen langen Zug aus der Trinkflasche, setzte die Lippen an das zweite Trinkrohr, schluckte gierig das Konzentrat. Wie erschöpft er war. Die Haut juckte am ganzen Körper, seine Hände lagen kraftlos auf den Oberschenkeln, er spürte durch den Skaphander, wie seine Muskeln zitterten.

»Also, wo fangen wir an?« sagte Pierre. »Du hast sicher einen Sack voller Fragen.«

»Damit.« Jean zeigte auf das ACA an seinem Skaphander.

»Agency for Contaminated Areas*«, erklärte Herb. »Sag

* Agency for Contaminated Areas – Agentur für verseuchte Gebiete

mal, du hast wohl keine Ahnung, bei welchem Haufen du gelandet bist?«

Jetzt fiel es Jean wieder ein. Die ACA stand auf der Liste der Organisationen, bei denen die Raumkadetten ihr Praktikum absolvieren konnten, bevor sie in den Kosmos starten durften.

»Nur, daß ich noch auf der Erde bin, wenn es auch nicht sehr danach aussieht«, sagte er, »aber wo genau ...«

»Bei den Gauklern!« Herb grinste. »Wenn du weißt, was ich meine.«

»Ich kann es mir denken«, sagte Jean. »Ihr betreut die GAUK-Areas, nicht wahr?« GAU und GAUK* waren zwei alte Begriffe deutschsprachigen Ursprungs in der Interlingua. »Gaukler, das hat doch mal was ganz anderes bedeutet, oder?«

»Wissen wir«, sagte Pierre, »Artist, Spaßmacher, Clown – in unserem Job gibt es eine Menge solcher Wortspiele. Vielleicht, weil wir so die entsetzliche Realität, mit der wir zu tun haben, ein wenig leichter ertragen.«

»Silly Hills«, ergänzte Herb, »Spalny Bor, Mont Blême, Sale mortale ...** Dagegen ist das hier das reine Paradies. Du solltest mal mit in die Sierra Nevada kommen – hast du nicht Lust?«

»Danke für das Angebot, ich will lieber in den Kosmos.«

»Wollte ich auch mal«, sagte Herb, »aber ich bin durchgefallen. Nun, das hier ist auch wichtig. Und vielleicht abenteuerlicher als die exotischsten Planeten.«

»Wenn du durchfällst beim Examen«, sagte Pierre, »dann melde dich bei uns. Ich nehme dich auf der Stelle in unser Team auf. Vier Wochen Einsatz, acht Wochen Urlaub – gar nicht so schlecht.«

* GAU – größter anzunehmender (nuklearer) Unfall; GAUK – größte anzunehmende Umweltkatastrophe

** Silly Hills (engl.) – die verrückten Berge
Spalny Bor (russ.) – der schlafende Wald
Mont Blême (franz.) – der leichenblasse Berg
Sale mortale (ital.) – das tödliche Salz

»Ihr zieht von einer Area zur anderen?«

»Rund um die Erde. Die verseuchten Gebiete müssen in regelmäßigen Abständen kontrolliert werden. Und mit möglichst vergleichbaren Daten. Deshalb unsere Eile heute, diese Inspektion verlangt trockenes Wetter. Wir haben uns in der Sahara verspätet.« Er blickte zum Himmel, an dem die ersten Wolken aufzogen. »Ich hoffe, wir schaffen unser Programm, bevor es anfängt zu regnen, sonst müssen wir noch einmal hierher.«

»Darf ich trotzdem noch eine Frage stellen? Wodurch ist dieses Gebiet verseucht worden? Nach einer nuklearen Katastrophe sieht es nicht aus.«

»Müll«, sagte Herb. »Hast du mal von den Mud-Tours gehört?«

»Ich glaube. Ist lange her. Im Geschichtsunterricht, kann das sein?«

»Ja. Ende des zweiten Jahrtausends wußte man nicht mehr, wohin mit all dem giftigen Industriemüll. Das Problem eskalierte unversehens, explodierte exponential, verstehst du? Bis dahin hatte man unbedenklich drauflos produziert, Chemikalien, Kunststoffe – eine Ära des wissenschaftlichen Übermuts, in der alles Machbare auch bedenkenlos gemacht wurde, der Traum von den göttergleichen Menschen, die sich die Welt nach ihrem Bild schaffen könnten; sie erfanden Tausende von neuen Stoffen ...« Pierre hob hilflos die Hände. »Es ist für uns unvorstellbar, doch sie haben in einer Welt gelebt, die voll war mit Stoffen, von denen die meisten heute auf der Liste der hochgiftigen Substanzen stehen würden! Stell dir vor, sie haben sogar Trinkwasserleitungen aus Asbest verlegt!«

»Sie haben ja auch die Böden vergiftet«, sagte Herb, »ungezügelt die Rohstoffe verbraucht – Kohle und Erdöl verheizt! –, die Gewässer vergiftet, die Luft – krebserregende Stoffe quollen damals tonnenweise aus den sogenannten Schornsteinen und aus ihren Autos! Damals verschwanden die meisten Waldgebiete der Erde – du bist doch über die Alpen geflogen?«

»Ich habe geschlafen«, sagte Jean, »aber ich war schon mal an den Alpen.«

»Das war damals noch ein weitgehend bewaldetes Gebiet«, sagte Herb, »voller Wiesen, Sträucher, Blumen bis an die Wachstumsgrenze, das Erholungsgebiet für jährlich Millionen von Europäern, und heute? Nichts als nackter Fels, Geröll, Lawinen, eines der lebensgefährlichsten Terrains der Erde!«

»Aber eines Tages kam das böse Erwachen«, fuhr Pierre fort. »Sie fanden heraus, wie giftig die meisten der neuen Substanzen waren oder wie giftig sie wurden, wenn man sie vernichten wollte. Wohin mit den Bergen von Abfällen, den Industrierückständen, die bei der Produktion, den giftigen Substanzen, die bei der Vernichtung der verbrauchten Gegenstände anfielen? Schwermetalle, Millionen Tonnen Asche mit Dioxin – eines der giftigsten Stoffe unseres Planeten, mit denen wir uns heute noch herumschlagen müssen! Die Lagerung der radioaktiven Stoffe aus den damaligen Kernkraftwerken wurde zu einem unlösbaren Problem, die Suche nach Mülldeponien zeitweilig wichtiger als die Suche nach Rohstoffen, zumal als das Umweltbewußtsein einsetzte und Proteste gegen die Lagerung von Giftmüll in der Nähe der Städte aufflammten, vor allem, als dann die Konventionen für den Schutz der Meere, der Gewässer und der Atmosphäre verabschiedet wurden und für verantwortungslose Geschäftemacher, die Müll ins Meer kippten, die Todesstrafe wieder eingeführt wurde. Wohin mit dem Müll?« Er sah Jean fragend an, der mit den Schultern zuckte. Er konnte sich nicht erinnern, davon etwas im Unterricht gehört zu haben.

»Das ist fünftausend Jahre her«, sagte er.

»Die Halbwertzeiten radioaktiver Stoffe betragen oft Zehntausende oder Millionen von Jahren!« erwiderte Herb. »Und die ultralanglebigen Toxine …« Er winkte ab.

»Die reichen Länder haben den Müll in die armen gebracht«, sagte Pierre, »teilweise mit Schiffen und Flugzeugen um die halbe Erde, um ihn nur loszuwerden – als ob es einen Unterschied machte, wo das Zeug lagerte. Früher oder später würde es von dort aus die Luft oder das Wasser verseuchen und das Gift so auch auf die Ursprungsländer zurückschlagen. Aber es gab zu der Zeit Staaten ...«

»Die Organisation in Staaten kenne ich«, warf Jean ein.

»... die glaubten, ein gutes Geschäft zu machen, wenn sie den Müll abnahmen. Sie ließen es sich teuer bezahlen, aber sie selbst bezahlten den Mülltourismus wenig später noch teurer. Oft wurde das Zeug nicht einmal halbwegs sicher eingebunkert, sondern einfach auf Halde geschüttet. Niemand glaubte anfangs, daß das so schlimme Folgen haben würde. Wahrscheinlich, so sagen es zumindest die Dokumente aus jener Zeit, fing es mit relativ harmlosem Müll an, dann setzte ein teuflischer Kreislauf ein: Weil das Gebiet ja ohnehin nicht mehr anders zu nutzen war, kam Industriemüll hinzu, dann Giftmüll, radioaktive Abfälle, manchmal wußten die Betreiber der Deponie es nicht einmal, wurden mit falsch deklariertem Müll betrogen – es gibt nicht eine einzige zuverlässige Dokumentation, was wirklich in den GAUK-Areas lagert! –, das Gebiet war verseucht, das Grundwasser vergiftet, also mußte man weiträumig absperren und immer weiter, da die Giftzonen im Selbstlauf wucherten. Und da das Areal ohnehin nicht mehr genutzt werden konnte, nicht einmal mehr, um Bodenschätze abzubauen, mußte man zunehmend Nahrungsmittel und Rohstoffe einführen, brauchte noch mehr Geld, also wurde noch mehr Müll abgekippt ...«

»Waren unsere Vorfahren wirklich so dumm?« fragte Jean. »Oder gewissenlos? Ich weiß, damals herrschten die sogenannten Regierungen, aber die Wissenschaftler hätten es voraussehen müssen, ihre Verantwortung wahrnehmen – hat sich denn niemand dagegen gewehrt?«

»Einige wohl. Die meisten wußten gar nicht, was geschah. Das wurde streng geheim gehandhabt, die Deponien hermetisch abgesperrt, die Emissionsdaten verheimlicht; es waren nur ein, zwei Jahrzehnte ...«

»Aber die Folgen dauern bis heute«, knurrte Herb, »über die Jahrtausende! Sie haben nur an sich gedacht, nicht an die späteren Generationen.«

»Das kannst du so nicht behaupten«, erwiderte Pierre. »Denk an das Plakat in unserer Basis, das stammt von damals.« Er wandte sich wieder Jean zu. »Ein Foto des Erdballs, vom Mond aus aufgenommen, darunter eine Zeile: ›Vom Umtausch ausgeschlossen!‹ Die meisten Unterlagen sind leider vernichtet worden – aus Scham? Dürfen wir sie verurteilen? Was wissen wir von ihren Motiven, ihren Nöten, Zwängen? Damals explodierte die Erdbevölkerung, das Gefälle zwischen den armen und den reichen Regionen war riesengroß, und es herrschte noch die Doktrin von der ständig wachsenden Bruttoproduktion, der Glaube an einen stetig steigenden Lebensstandard; vielleicht war es unmöglich, die Menschen in den reichen Ländern zur Sparsamkeit zu erziehen ...«

»Zur Verantwortung!« rief Herb. »Sich ihres Menschseins bewußt zu werden. Sie hätten doch um ein Haar mit ihren Kernwaffen den Planeten in Stücke gesprengt. Und sie haben Wasser, Luft und Boden derart verseucht, daß die Erde kurz vor dem ökologischen Kollaps stand, oder?«

»Verurteilen ist einfach«, erwiderte Pierre.

Jean war erstaunt über den bissigen Ton. War das ein alter Streit zwischen den beiden und er nur ein Anlaß, ihn erneut auszutragen?

»Wir müssen versuchen, sie zu verstehen«, sagte Pierre, »es war eine Übergangsperiode, das Ende des Urmenschentums, das weißt du genausogut wie ich. Es gab noch nicht das Gebot der Prognosen für jede neue Entwicklung, sie hatten keine Ahnung von den transmutalen organischen Verbindungen, die Gen-Forschung steckte noch in den

Kinderschuhen, und was wußten sie von den automatischen chemischen Reaktionen im Erdreich?«

»Daß relativ harmlose Stoffe hochgiftige Verbindungen eingehen, wenn sie im Boden oder in der Luft aufeinanderstoßen, das wußten sie«, sagte Herb wütend, »sie hatten ja diese ›binären chemischen Waffen‹, und daß metallische Behälter in überschaubarer Zeit verrotten, wußten sie auch!« Er wandte sich Jean zu. »Du weißt das sicher nicht, giftige Substanzen wurden in Fässer eingeschweißt, da waren sie sicher untergebracht – für die Dauer ihrer Lebenszeit! Aber sie haben sie vergraben, versenkt, in alte Bergwerke gesteckt – und vergessen! Nein, Pierre, ihr Verantwortungsbewußtsein war unterentwickelt, das ist es.« Herb stand auf. »Halbaffen, Menschenfresser – sie haben Unsummen für Waffen ausgegeben, während Millionen Menschen verhungerten. – Komm endlich.«

»Eine letzte Frage«, sagte Jean. »Du hast gesagt, Pierre, daß die Verseuchung sich im Selbstlauf ausbreitet – wachsen die Areas noch immer?«

»Nein, sie wurden vor viertausend Jahren isoliert. Mit einem Riesenaufwand ...«

»Ich erinnere mich jetzt«, sagte Jean, »die lange Pause in der Weltraumfahrt, nicht wahr?«

Pierre nickte. »Die Mauer, die das Areal einschließt«, erklärte er, »reicht tief in die Erde, bis in die letzte wasserführende Schicht. Einige kleine GAUK-Areas wurden bereits aktiviert, aber diese hier wird wohl noch ein paar Jahrhunderte warten müssen, bis die Menschheit reich genug ist, um sich eine Sanierung leisten zu können.«

»Und wohin mit den Milliarden Tonnen toter Erde?« fragte Herb unwillig.

»Tot?« meinte Jean. »Es wächst doch was drauf, und wie!«

»Ja, einige Pflanzen haben so mutiert, daß sie die Gifte in ihren Kreislauf eingebaut haben«, sagte Pierre, »auch Tiere, wie du gesehen hast. Hier hat es zu rapidem Größenwachstum geführt, in anderen Areas gibt es Kümmerwuchs oder nur noch Algen und Flechten. Aber diese Bäume atmen nicht nur Sauerstoff aus, sondern auch Gifte; ohne Skaphander würden wir keine zehn Schritt weit kommen.«

»Das Schlimmste für mich ist das Schloß«, knurrte Herb.

»Gibt es wirklich ein Schloß?« fragte Jean.

»Hinter dieser Dornröschenhecke.«

»Die Hecke ist angelegt worden, damit die Tiere nicht an das Schloß können«, sagte Pierre.

Herb stand schon am Rover. Jean wollte sich aufrappeln, aber Pierre winkte ab. »Du bist fertig, nicht wahr? Du kannst beim Wagen bleiben und dich ausruhen. Der Rover bleibt hier. In zwei Stunden sind wir zurück.«

Sie nahmen nicht den Laser, sie frästen mit Handsägen ein Loch in die Hecke. Damit sie sich schneller wieder schlösse, erklärte Herb. Jean ging mit schweren Beinen zum Rover und legte sich hin. Er schlief ein, bevor er von den Schmetterlingen über das smaragdgrüne Meer geleitet wurde.

Als Jean aufwachte, waren die zwei Stunden fast vorüber. Der Himmel war mit dunklen, schwarzblauen Wolken bedeckt. Jean trat in das Loch in der Hecke, ein schmaler, mehrere Meter langer Tunnel durch wildes Gestrüpp; er mußte aufpassen, daß sein Skaphander nicht von den langen Dornen zerrissen wurde. Vor ihm lag ein kleiner, grasbewachsener Hügel. Jean stieg hinauf und blieb staunend stehen, starrte auf das Bild, das sich ihm bot. Er mußte unwillkürlich an den Palast der Eiskönigin aus dem Märchen denken, so gleißte und glitzerte das Schloß im Schein der Sonnenstrahlen, die durch ein Loch in der Wolkendecke brachen wie der Suchscheinwerfer einer kosmischen Landefähre, ein vielfach gegliederter Bau mit Kuppeln und Türmen, mit langen Fensterfronten und einer breiten Freitreppe – und alles in Folie eingeschweißt!

Er wäre am liebsten losgelaufen, um es sich aus der Nähe anzusehen, aber jeden Augenblick konnte ein Unwetter losgehen, konnten Pierre und Herb zurückkommen und den Heimweg antreten wollen. Er mußte beim Rover bleiben. Regel eins eines jeden Piloten: das Fahrzeug nicht ohne Befehl und nie ohne zwingende Notwendigkeit verlassen. Er war so versunken, daß er die beiden erst bemerkte, als sie neben ihm standen.

»Ein schaurig schöner Anblick, nicht wahr?« meinte Herb.

»Was um Himmels willen ist das?« fragte Jean.

»Schloß Monbijou«, antwortete Pierre, »eines der schönsten Renaissancebauwerke der Erde. Man hat es eingeschweißt, um es vor dem Verfall zu bewahren. Für eine Zukunft, in der wir es uns leisten können, diese Area wieder zugänglich zu machen. Sieht es nicht aus wie das Schloß, in dem Dornröschen schläft?«

»Ein verdammt langer Schlaf«, sagte Herb leise. »Seit fünf Jahrtausenden wartet es nun auf den Prinzen, der es erlöst. Komm, laß uns zurückfahren. Der Anblick stimmt mich immer traurig.

»Gebt ihr mir noch fünf Minuten?« fragte Jean.

»Ja, wozu?«

Jean trat an die Hecke, brach eine Rose ab, ging die dreihundert Meter zum Schloß und legte die Rose auf die Folie, die die erste Treppenstufe versiegelte.

Würde

Weiß, weiß, weiß ... Er preßte die Lider zusammen, das unbarmherzige Weiß wich einem unbeschreibbaren Nichts, kein Lichtpünktchen erbarmte sich seiner, keines der bunten, flirrenden Muster, die er schon als Kind hervorgezaubert, wenn er nicht einschlafen konnte und doch reglos daliegen, den Schlafenden vortäuschen mußte, keine lustigen Spiralen, geheimnisvoll changierende Welten, nicht einmal wandernde Schlieren; selbst als er jetzt mit den Fingerkuppen auf die Augäpfel drückte, veränderte sich nichts. Kraftlos ließ er die Hände fallen. Nun auch das, dachte er. Zu spät, zu spät.

Warum mußten sie alles weiß machen, warum nicht wenigstens die Zimmerdecken, auf die sie Stunde um Stunde, Tag für Tag, Woche auf Woche starrten, blau oder grün tönen oder bunt. Anregende oder beruhigende Farben statt der monotonen weißen Wüsten. Oder Bilder, wenn schon nicht Gemälde wie in den Schlössern und Kirchen, so doch billige Poster – warum eigentlich nicht Gemälde? Drucke waren spottbillig. Michelangelos »Erschaffung der Welt«, Breughels »Bauernfest«, die »Anatomie« von Rembrandt ... In den VIP-Heimen, wie Pille sie nannte, sollte es Video an den Decken geben, jeden Tag wechselnde Programme, ein, zwei Dutzend zur freien Wahl. Aber sie waren keine »very important persons«. Er verkniff sich ein Stöhnen, er wollte nicht die Aufmerksamkeit der anderen auf sich ziehen.

Er war sicher, es gab keinen Grund für die weißen Wüsten, nicht einmal den irrationalen Irrglauben, daß Weiß die Sterilität der Räume förderte, nur Routine: Das war schon immer so. Routine, Gedankenlosigkeit, Gleichgültigkeit. Niemand verschwendete einen Gedanken an sie; darüber machte sich keiner von ihnen etwas vor, schon lange nicht mehr; wenn etwas geändert wurde, dann, um den Viets die Arbeit zu erleichtern. Nicht aus Mitgefühl für die Viets: um sie noch effektiver einzusetzen.

Oder weil sie dafür zahlten. Die Wärter bestachen. Nicht die Viets, die konnten es sich nicht leisten, ihnen Extras zukommen zu lassen, einen Apfel außer der Reihe zu schälen, einen Brief vorzulesen oder gar zu schreiben. Oder sie auf die Terrasse zu schieben.

Er hatte nichts mehr, um jemanden zu bestechen. Das letzte waren die Fotos und Ansichtskarten aus Florenz gewesen, die er von der Hochzeitsreise mitbrachte – er hatte ja keine Ahnung gehabt, welchen Wert die nichtigsten Andenken, die kitschigsten Mitbringsel hier bekamen; Pille hatte ihn aufgeklärt, daß dieser Krimskrams bei den Antiquitätenhändlern begehrt war. Er hatte alles verschenkt oder wegwerfen lassen, bevor er hierher kam, nur ein paar Erinnerungsstücke mitgenommen. Er hatte auch keine Verwandten, die ihn besuchten und die er um Geld bitten konnte.

»Wozu denn? Was willst du mit Geld? Bekommst du nicht alles, was du brauchst? Sag, wenn man dich nicht gut behandelt, ich bezahle schließlich dafür.«

Er hätte vor Scham in die Erde versinken mögen, als er das hörte. Mit anhören mußte, ob er wollte oder nicht. Sollte er sich die Ohren zuhalten, wenn Pille Besuch von seinem Sohn bekam? Was sollte der denken? Und was sollte Pille seinem Sohn sagen? Jede Beschwerde machte es nur noch schlimmer, das wußten sie doch. Wenn Pille verriet, daß er sich nur für ein gutes Trinkgeld seinen Wunschtraum erfüllen konnte, wieder einmal durch den Park geschoben zu werden, und sein Sohn sich darüber beschwerte, dann war auch das wohl vorbei.

Ach, noch einmal Bäume und Sträucher sehen, den gepflegten Rasen, die Blumenrabatten. Nun seufzte Gunnar Nilsson doch, prompt fragte Pille: »Is was?«

»Blumen«, sagte Gunnar leise. Das war Erklärung genug. Sie verstanden sich ohne viele Worte.

Warum war er nicht in seinem Garten gestorben, zwischen der Rosenrabatte und den roten, weißgespitzten Dahlien, die er so liebte, warum hatte man ihn finden müssen. Nur zwei, drei Stunden später ...

Jetzt ist es soweit, hatte er gedacht. Ohne Entsetzen. Nicht einmal Trauer hatte er empfunden. Nur Stille. Friedliche Gewißheit. Es ist vollbracht. Er lag auf der Seite, Grün vor den Augen, blickte in den Rasen, den er schon vor einer Woche hatte mähen wollen, das oben liegende linke Auge konnte über die Spitzen der Gräser hinwegsehen, auf eine der rotweißen Dahlien. Und einen Frosch. Im Augenwinkel sah er einen grauen Fleck, die Steinplatte im Rasen, auf die er die Gießkanne stellte, um das Wasser anwärmen zu lassen, bevor er die Rosen goß. Und am Rande dieses grauen Fleckes hatte ein Frosch gesessen und zu ihm herübergeglotzt. Er kicherte, als er jetzt an den Frosch dachte.

»Was kicherst'n?« fragte Pille.

»Frosch«, antwortete Gunnar. Er verriet Pille nicht, was es bei einem Frosch zu kichern gab.

»Das irdische Dasein ist nur ein Übergang«, hatte der Guru gepredigt, »der Mensch verwandelt sich in den *hsien*, so wie die Raupe in einen Schmetterling, die Kaulquappe in einen Frosch.«

Er hatte nie daran geglaubt, er war nur wegen Lina mitgegangen, wegen der sexuellen Übungen, von denen sie ihm erzählte, für die sie ihn als Partner gewinnen wollte und die es wohl waren, die diesem pseudo-taoistischen Scharlatan Zulauf verschafften. Im rituellen Sexualakt die Zeugungskraft und so die Lebenskraft stärken, sie durch Meditation in das Gehirn leiten und wieder zurück in die Körperzellen führen, den Verfall stoppen, umkehren, den Leib verjüngen, das Leben verlängern. Oder gar den Leib allmählich umformen, den Menschen zum *hsien* machen:

Die Gebeine, prophezeite der Guru, werden wie Gold, die Haut wird wie Jade, der Körper diamanten durchsichtig, und dann könnte man die Geheimnisse der Urstoffe meistern, die Realität beherrschen, durch die Lüfte fliegen, sich unsichtbar machen, alterslos werden, unsterblich.

Er hatte Lina nie gestanden, daß er den Quatsch nicht glaubte. Warum sollte er sie aus der barmherzigen Dummheit ihrer irrationalen Hoffnungen reißen? Und sich dieser unverhofften, glücklichen Stunden berauben? Er ging nur mit, um Linas glatte Haut zu spüren, sich an ihre Brüste zu schmiegen, die Hände über ihren prallen Hintern streichen zu lassen, eine Stunde lang in ihr versenkt dazuliegen; nicht der Orgasmus war das Ziel dieses merkwürdigen Rituals, sondern Meditation. Wenn der Guru gewußt hätte, worüber er meditierte!

Die Erinnerung ließ ihn freudig stöhnen. Pille schien eingeschlafen, er fragte auch nicht, als Gunnar laut aufkicherte. Hier lag er nun, Gu-O – so sei sein Name als *hsien*, hatte der Guru verkündet –, kein Übermensch, sondern ein hilfloses Wesen, das sich waschen und den Hintern wischen lassen mußte wie ein Baby.

O ja, sie wurden »saubergehalten«.

Peinlichste Sauberkeit, schärfte Schwester Mathilde immer wieder den Viets ein. Und sie sagte tatsächlich »gehalten«, aber war es nicht so? Wie die Hennen in den Eierfabriken, die Kälber in den Astställen, in denen sie sich nicht bewegen konnten, damit das Fleisch weiß blieb: steril, pflegeleicht, aufwandsarm. Seit dem Skandal vor zwei Jahren, als eine Seuche den Westflügel leerräumte, wurden sie geradezu schmerzhaft saubergehalten, alle Körperfalten mit der Wurzelbürste gereinigt und desinfiziert. Doc und Warze behaupteten immer wieder, die Seuche wäre damals mit Absicht hervorgerufen worden, um Platz zu schaffen. Er glaubte es nicht. Warum hätte man ihnen dann alles abgenommen, worin sich Bakterien ansiedeln konnten, sogar die Uhren und Zähne?

Wenn man sie doch nur sterben ließe. Es wäre so leicht: eines Abends eine Überdosis Schlafmittel. Ein barmherziger Akt. Man schläft friedlich ein, um nie wieder aufzuwachen. Sie hatten auch darüber debattiert, nicht, ob sie es wollten, darüber waren sie sich einig, aber ob sie es wissen wollten, wenn es soweit war. Er war der einzige, der es wissen wollte. Bewußt sterben. Wie Mutter, die sich eines Tages hingelegt hatte zum Sterben. In das Bett, in dem Vater gestorben war.

»Nu bin ick bald bi die, Vadder«, hatte sie gesagt und leise ihren Lieblingschoral angestimmt: »So nimm denn meine Hände und führe mich ...«

Er hatte es auch versucht, vergeblich. Vielleicht war es leichter zu sterben, wenn man an einen Gott glaubte und an ein Leben nach dem Tode? Er hatte um seinen Tod gebeten, hatte angeboten, es ihnen schriftlich zu geben. Auch Tötung auf Verlangen sei strafbar, sagte Schwester Mathilde. »Soll ich etwa deinetwegen in den Knast gehen, Opa?«

Nicht anders Oberarzt Wenniger.

»Ja, das ist ein ungelöstes Problem«, hatte Wenniger gesagt, ihm dabei in die Augen gesehen, nachdenklich genickt und seine Hand gedrückt, »aber selbst wenn ich wollte ...« Dann hob er die Hände zu einer Geste der Hilflosigkeit.

Für ein paar tausend Mark, behauptete Pille, sei Schwester Mathilde sicher bereit, einem da zu helfen. Ihr Risiko, in den Knast zu gehen, sei doch gleich Null. Wer würde eine Obduktion verlangen, wenn einer von ihnen an Herzversagen stürbe? Nicht einmal sein Sohn. Der schon gar nicht. Gunnar seufzte. Er hatte nicht einmal die fünf Mark, um sich eine Ausfahrt in den Park zu erkaufen.

Cong Miau würde es umsonst tun, wenn sie nur dürfte, dachte er, aber Schwester Mathilde? Vielleicht ließe sie sich erweichen, wenn er hartnäckig genug darum bat. Immer wieder. Bitten, flehen, weinen. So hatte Warze sie herumgekriegt, einen Brief für ihn zu schreiben. So weit würde er sich nicht erniedrigen. Nicht zu betteln war alles, was ihm geblieben war.

Er preßte die Lippen zusammen, um nicht laut aufzuschreien. Die Würde des Alters!

Die Zähne hatten sie sich wiedererkämpft. Erhungert. Gunnar pumpte sich auf vor Stolz, als er daran dachte. Es war seine Idee gewesen! Ihr Zimmer hatte damit angefangen, am Abend machte schon der ganze Flügel den Hungerstreik mit, am nächsten Tag das gesamte Heim, weiß der Teufel, wie es sich herumgesprochen hatte, vielleicht durch die Viets? Am dritten Tag gab die Direktion nach, und sie bekamen die Zähne nicht nur zu den Mahlzeiten. Die Uhren bekamen sie nicht wieder. »Wozu braucht ihr noch eine Uhr?« Pille schlug vor, weiter zu streiken. Wozu. Mit Uhr war nichts gebessert. Man starrte nur immer wieder auf das Zifferblatt, auf den unendlich langsam kriechenden Sekundenzeiger.

Ja, wenn Zeit eine Bedeutung hätte. Um eine bestimmte Sendung im Radio zu hören, zum Beispiel. Aber sie besaßen kein Radio. Oder gar Fernseher, wie Pille es von den VIP-Heimen behauptete. Aber da sollte man angeblich auch täglich ausgefahren werden, gebadet, massiert; Mahlzeiten zum Aussuchen, am Nachmittag Kaffee und Kuchen, sogar Bier zum Abendbrot ...

Hier gab es keine Zeit mehr. Ihre Tage bestanden aus Dämmern und Schwatzen und Warten. Irgendwann wurde es hell, kamen die Viets, machten sauber, richteten die Betten, schrubbten sie ab – Gunnar hoffte jeden Tag, daß Cong Miau zu ihm käme. Sie hieß Meo, aber sie nannten sie Cong Miau: das Kätzchen. Sie hatte zarte Hände und immer ein Lächeln in den Augen. Und ihr Lachen! Er erfand jedesmal etwas, um sie zum Lachen zu bringen. Oder damit sie sich länger bei ihm aufhalten mußte. Eine Falte im Laken, eine angeblich wunde Stelle im Nacken – er war sicher, daß sie ihn durchschaute, aber sie ließ es sich nicht anmerken, sah nach, und er spürte noch einmal, wenn auch nur für Sekunden, ihre Finger. Wenn Cong Miau das Essen brächte, würde auch er sich füttern lassen.

Das Rumpeln des Essenwagens auf dem Flur war das einzige Geräusch, das von draußen hereindrang. Das Essen ihr Kalender: Milchreis hieß Montag, Nudeln mit Gulasch Dienstag ... heute war Freitag, Stampfkartoffeln mit Kalbsragout. Er war froh gewesen, daß man ihn in ein Zimmer legte, dessen Fenster zum Park ging, doch seit er sich nicht mehr allein aufrichten konnte, hatte er nichts mehr davon, im Gegenteil, hier konnte man nicht einmal hören, wenn ein Auto kam, rätseln, was das wohl bedeutete, ein Neuzugang? Besuch? Oder der Leichenwagen?

Er schien verdammt, alle zu überleben. Warum hatte er nicht Schluß gemacht, solange er dazu noch in der Lage gewesen war? Seit Jahren hatte er es sich vorgenommen, Tabletten gesammelt – diese unsinnige Hoffnung, es würde schon noch eine Weile gut gehen, nur noch einmal den Frühling erleben ... Und die Hoffnung auf einen barmherzigen Tod, wie ihn Henner hatte: Skat spielen, ein paar Bier trinken, sich ins Bett legen, friedlich einschlafen und nie wieder aufwachen. Oder Kalle. Kalle war in sein Auto gestiegen, fühlte sich plötzlich schlapp, rutschte auf den Beifahrersitz und sagte zu seiner Frau, sie solle lieber fahren. Als sie hinter dem Lenkrad saß und ihn fragte, wohin zuerst, war er schon tot.

Er hatte alle seine Freunde überlebt, seine Frau, seine Söhne. Manchmal sprach er mit ihnen, meistens aber mit Lina. Nicht nur, was er gerade dachte, wie er sich fühlte; da war so vieles, was er ihr hätte sagen müssen, als sie noch lebte, vor allem, daß er sie liebte. Als er sich zum erstenmal dabei ertappte, daß er mit Lina sprach, war er erschrocken; jetzt war es zu einer lieben Angewohnheit geworden. Er sprach nur in Gedanken mit ihr, bewegte höchstens stumm die Lippen, da Pille auf jede seiner Regungen reagierte. Die anderen nicht. Warze und Doc waren ziemlich schwerhörig, und die beiden Neuen verdämmerten fast den ganzen Tag, wurden nur munter, wenn jemand das Zimmer betrat. Und wenn das Licht gelöscht wurde.

Oft, vor allem in den Minuten zwischen Schlafen und Wachen, hatte er Visionen, glaubte seine Söhne zu hören, so deutlich, als stünden sie neben seinem Bett. In diesen Visionen waren Mark und Andreas nie älter als zehn oder zwölf, meistens noch Vorschulkinder, krochen unter seine Bettdecke, und er sollte ihnen eine Geschichte erzählen. Oder er spürte einen Frauenkörper an seiner Haut und rätselte, wer das war, seine Frau oder Lina – Phantome. Wie der Phantomschmerz, den ein Amputierter noch jahrelang fühlt, obwohl sein Bein schon längst nicht mehr da ist. Er genoß diese Minuten, stellte sich schlafend, um die Vision ungestört weiterzuspinnen, sich zu erinnern.

Die Erinnerungen konnte niemand ihm nehmen.

Früher hatte er gedacht, es sei eine Gnade, wenn man verblödete, wenn die Arterienverkalkung so zuschlug, daß man nichts mehr mitbekam, schon gar nicht, wie sehr man die anderen mit seiner Blödheit nervte, aber wer wußte schon, was in einem verkalkten Gehirn vor sich ging? Vielleicht war es wie bei einem, der sein Hirn mit Drogen zerstört hatte, durch eine Überdosis LSD zum Beispiel, und nur noch eine Vision, ein Bild, ein Gedanke kreiste auf einer unendlichen Schleife durch die wenigen intakten Ganglien, und wenn es den Armen hart traf, war es ein Horrortrip, ein Schrecken ohne Ende.

Nein, er war froh, daß er noch klar im Kopf war. Er mußte nicht verdämmern wie andere, konnte die Vergangenheit beschwören, Varianten seines Lebens ausdenken. Was wäre gewesen, wenn damals … Pille hatte ihn ermuntert, es aufzuschreiben. »Mann, Gunnar, deine Phantasie! Das sind doch Bombenromane, Bestseller sind das.«

Auch dafür war es zu spät, die Finger versagten den Dienst; ein, zwei Zeilen, dann glitt der Kugelschreiber ihm aus der Hand. Nun besaß er nicht einmal mehr den Kugelschreiber, hätte bitten müsse, ihn zu bekommen, um einen Brief zu schreiben, wem?

Aber erzählen konnte er. Wenn das Licht gelöscht war, erzählte er jeden Abend Geschichten, und die anderen hörten atemlos zu. Nein, schweratmig, vor allem Doc mit seinem asthmatischen Geröchel. Aber gespannt. Wie Kinder, denen der Vater vor dem Einschlafen ein Märchen erzählt. Mit Märchen hatte es angefangen; als ihm keines mehr einfiel, hatte er eines erfunden. Inzwischen könnte er ein eigenes Märchenbuch füllen. Auch Erinnerungen gab er von sich – und was er angeblich alles erlebt hatte! Niemand äußerte auch nur den geringsten Zweifel, obwohl sie doch wußten, daß er nur Ingenieur in einem Chemiewerk gewesen war, nie Kosmonaut. Pille hörte am liebsten Weltraumabenteuer. Für ihn hatte er Cun-O erfunden, den unerschrockenen Ritter des Weltalls, der überall für Gerechtigkeit sorgte, wie im Märchen den Guten half und die Bösen bestrafte. Jetzt war Cun-O auf dem Sirius, um den achtbeinigen Kelucken zu helfen, die von einem grausamen Tyrannen unterdrückt wurden.

Er mußte die Geschichte bald zu einem Ende bringen; er konnte Pille doch nicht in der Ungewißheit lassen, ob es Cun-O gelang, nein, wie es Cun-O gelang, den Tyrannen mit seiner allmächtigen Geheimpolizei zu besiegen. Cun-O mußte sie mit irgendeinem Trick dazu bringen, ihn ins All zu verfolgen, und sie dort mit einer Nihilationsbombe zu Staub zersprengen. Er mußte sich aufopfern, sich selbst mitvernichten, um den Kelucken zu helfen. Ein würdiger Tod ...

Die Tür ging auf, das knarrende Geräusch schreckte Pille auf. »Was is'n?«

»Der Sandmann«, antwortete Schwester Mathilde mit kindischer, aufgesetzter Fröhlichkeit, »der Sandmann ist da.«

Gunnars Bett stand der Tür am nächsten, zu ihm kam sie immer zuerst. Sie stellte das Tablett auf den Nachttisch, hob seinen Kopf an, drehte das Kissen um, strich es glatt, griff zur Pillenschachtel.

»Kann ich mal wieder 'ne richtige haben?« bat Gunnar. »Ich werde immer so schnell wieder wach, und dann lieg ich die ganze Nacht und grübele ...«

Schwester Mathilde holte ihre Kladde hervor, blätterte, dann nickte sie ihm zu.

»Ja, Opa. Ist ja schon sieben Tage her.«

Er hätte sie erwürgen können für dieses »Opa«. Na warte, dachte er.

Sie paßte auf, daß er die weiße Tablette auf die Zunge legte und den Becher an die Lippen setzte. Gunnar tat, als müsse er würgen. Sie wartete, bis er den Becher leergetrunken hatte und ihn ihr mit einem erleichterten Seufzen zurückgab, den Mund aufsperrte, um zu zeigen, daß die Tablette verschwunden war.

Sie hatte keine Ahnung, daß er in dem Augenblick, da er scheinbar würgte, die Tablette mit der Zunge zwischen Gaumen und Zahnprothese schob und daß er sie bei einem vorgetäuschten Hüsteln in die Hand spuckte, sobald Mathilde sich Pille zuwandte.

Nachdem sie das Licht gelöscht und das Zimmer verlassen hatte, zog er die Schublade seines Nachttisches auf, in der nichts als ein wenig Zellstoff und die Schale für seine Prothese war. Im Schutz der Dunkelheit schraubte er leise den Knauf ab und legte die Tablette in den dicken, hohlen Kugelknauf. Neunzehn hatte er jetzt. Zehn sollten ausreichen, aber er wollte die doppelte Dosis. Sicher war sicher. Er schmunzelte zufrieden.

Noch sieben Tage.

Variationen des Nichts

Ich hätte ihn nie erkannt, dabei saß ich an seinem Tisch, ihm direkt gegenüber.

Es war in einem Nest zwischen Enschede und Apeldoorn. Ich hing durch nach der langen Fahrt über die glühendheiße Autobahn, hatte hinter der Grenze die Landstraße genommen, bummelte, aber das Gewimmel der Radfahrer machte mich nervös. In Holland, das hatte unsere Sekretärin mir mit auf den Weg gegeben, bekommt immer der Radfahrer recht, paß bloß auf! Nachdem zum zweitenmal ein Radfahrer fast auf meiner Motorhaube gelandet wäre, hielt ich im nächsten Ort, um einen Kaffee zu trinken.

Das kleine Café war voller alter Leute, die Riesenportionen Kuchen mit Schlagsahne verzehrten. Die Serviererin sah, wie ich nach einem freien Tisch Ausschau hielt, winkte mich um die Ecke, an einen Tisch, an dem ein Mann hinter der Europaausgabe der NEW YORK TIMES saß und mir mit einer müden Handbewegung erlaubte, bei ihm Platz zu nehmen. Die Serviererin hatte mir wohl angesehen, woher ich kam, sie fragte: »Was lieben Sie zu trinken?«

Ich antwortete mit einem Gähnen, entschuldigte mich und bat um Kaffee.

»Am besten hilft da Kakao mit Genever«, sagte der Mann, seinem Akzent nach war er weder Deutscher noch Holländer, »das weckt selbst einen toten Elefanten auf.« Dann verschwand er wieder hinter der NEW YORK TIMES; nur wenn er einen Schluck aus seinem Glas nahm, tauchte er kurz auf und streifte mich mit einem gleichgültigen Blick. Der Kakao mit Genever schmeckte mir, und als ich den dritten Schluck aus der großen, dickwandigen Tasse geschlürft hatte, merkte ich, daß ich munter wurde.

»War ein guter Tip«, sagte ich, »danke schön.«

Er antwortete nur mit einem Grunzen. Ich wollte schon gehen, drehte mich nach der Serviererin um, da fragte er: »Paul? Paul Breitner?«

Ich nickte verwirrt. Er legte die Zeitung auf den Nebenstuhl, lächelte. »Erkennst mich nicht, was? Henry Boomsbay, BigBourbon.«

Ich musterte ihn mißtrauisch. BigBourbon hatte ich anders in Erinnerung: langes, sorgsam gescheiteltes Haar, glattrasiert wie ein Kinderpopo; er rasierte sich dreimal am Tag, trug graue Anzüge aus Kaschmirwolle, 80-Dollar-Hemden von Milford und eine eigenhändig gebundene Windsorschleife, ein Gentleman. Der hier glich eher einem Fischer: abgetragener, schlampiger Pullover, millimeterkurz geschorene Haare und einen Bart, der wohl noch nie eine Schere gesehen hatte.

Ich war BigBourbon nur zweimal begegnet, vor vielen Jahren, doch es waren Ereignisse, die man nie vergißt. Das erstemal in Khartum, als der Waffenstillstand im Nilkrieg ausgehandelt wurde, ich arbeitete damals noch für das Fernsehen, und BigBourbon war diplomatischer Korrespondent der EBC. Wir gehörten beide zu den Geiseln, die die Mahdis nahmen, vielleicht erinnern Sie sich noch an den Aufstand dieser fundamentalistischen Extremisten. Wir zählten zu den vier Überlebenden. Das zweitemal trafen wir uns in Montevideo, als die Föderation der südamerikanischen Staaten besiegelt werden sollte, und saßen unversehens in dem blutigsten Militärputsch des Kontinents. Nur um Haaresbreite entgingen wir einem Bombenanschlag auf unser Auto, dann der Bombardierung des Hotels, einem erneuten Kidnapping, den Kugeln, Bomben und Granaten der rivalisierenden Militärs, hockten nebeneinander im Kugelhagel hinter einer Lehmmauer. Während ich mir vor Angst in die Hosen machte, holte Big

Bourbon scheinbar ungerührt Kamm und Spiegel aus der Tasche und zog seinen Scheitel, als stünde er vor den Kristallspiegeln des King's Club.

»Khartum, Montevideo!« Er schob seine Hand über den Tisch und lachte. »Mensch, Paul, daß wir uns noch mal sehen! Wie kommst du in dieses Nest?«

Jetzt erkannte ich ihn. An dem fehlenden Zeigefinger, den die Mahdis als Beweis, daß wir ihre Geiseln waren, nach Khartum geschickt hatten, und an dem schiefen Grinsen. Seit einer der Mahdis ihm einen Gewehrkolben an den Kopf gestoßen hatte, war seine obere rechte Gesichtshälfte gelähmt.

»Eigentlich wollte ich nur einen Kaffee trinken«, sagte ich, »aber wenn du hier bist, muß ich wohl um mein Leben fürchten.«

»Keine Angst«, meinte er, »ich habe mich zur Ruhe gesetzt.«

»Etwa hier?«

»Warum nicht. Ein ruhiger Ort, erstklassige Luft, fast nur alte Leutchen, keine Touristen, und niemand kennt mich von früher. Hier bin ich nur der gute alte Henry.« Er winkte der Serviererin mit zwei Fingern. »Mann, das muß begossen werden. Du hast doch Zeit?«

Mich erwartete nichts als ein langes Wochenende, und ich hatte keine Ahnung, wie und wo ich es verbringen wollte, ich war ohne Ziel nach Norden gefahren, um irgendwo mal wieder Nordseeluft zu schnuppern, aber ein Weekend mit BigBourbon? Seinem berüchtigten Dreitagedurst war ich nicht mehr gewachsen. Und ich hatte Angst vor seinen spontanen Ideen. Eines Morgens in Montevideo meinte er nach einer durchwachten Nacht, wir hätten, verdammt noch mal, das Recht auf ein anständiges Frühstück; zwanzig Minuten später saß die ganze Runde in einem heruntergekommenen Minijet und flog mit diesem Seelenverkäufer nach Panama, um im Hotel Palace zu frühstücken. Also sagte ich nur, ein paar Stunden sei es mir schon wert, einen alten Kumpel wiedergetroffen zu haben.

»Ach was«, sagte er, »ein paar Stunden! Du bleibst wenigstens über Nacht. Und wenn dich die Königin höchstpersönlich zum Interview erwartet. Ruf dein Team an, daß du einen Unfall hattest, einen Crash.« Er lachte dröhnend. »Ist doch Crash, BigBourbon zu treffen, oder?« Das war seinerzeit ein geflügeltes Wort unter uns Journalisten.

»Kein Team mehr, keine Interviews«, antwortete ich. »Ich bin nicht mehr beim Fernsehen.«

Die Serviererin brachte zwei große Gläser und eine volle Flasche Genever; sie lächelte ihn an, als sei sie seine Geliebte oder wolle es unbedingt werden.

»Gibt's hier keinen Bourbon?« fragte ich.

»BigBourbon ist tot. Aber Old Henry lebt, und das nicht schlecht.«

»Sieht eher so aus, als könntest du Hilfe gebrauchen«, meinte ich. »Dir geht's nicht besonders, was?«

»Weil ich so rumlaufe?« Er lachte, faßte in seine Hosentaschen und warf zerknüllte Geldscheine auf den Tisch. »Du weißt doch: Geld spielt keine Rolle, man muß nur genug davon haben.« Er hatte offensichtlich genug, es mochten ein paar tausend Gulden sein.

»Heute machen wir eine Sause wie in alten Zeiten, du bist mein Gast.«

»Ohne mich«, sagte ich. »Schick die Flasche zurück. Laß uns ein paar Schritte laufen, ich habe acht Stunden hinter dem Lenkrad gehockt.«

»Aufgeschoben ist nicht aufgehoben, so sagt ihr Deutschen doch?« Er stopfte das Geld bis auf einen Schein in die Taschen. »Okay, bewegen wir unsere müden Glieder.«

In wenigen Minuten waren wir aus dem Ort heraus, wanderten durch Wiesen. Die frische Luft schien ihn müde zu machen, er stiefelte wortlos neben mir her. Mir war es recht. Die Luft hier war wirklich phantastisch. Alles. Die Sonne schien auf satte Wiesen mit satten Kühen, die gemächlich wiederkäuten, ein Bild wie aus einem früheren Jahrhundert. Ja, hier konnte man sich wohl fühlen. Irgendwann fingen wir doch an zu schwatzen, uns zu erinnern. Henry erkundigte sich, warum ich nicht mehr beim Fernsehen sei, und ich sagte ihm, daß ich einfach die Schnauze voll gehabt hatte und jetzt bei einem Kunstbuchverlag arbeitete.

»Da warst du bestimmt schon im Rijksmuseum«, meinte er, hast du ...?«

»Nein, war ich nicht«, sagte ich.

»Solltest du aber. Nicht wegen Rembrandt – wenn du gute Rembrandts sehen willst, mußt du nach Kassel fahren oder nach Leningrad; gewiß, die ›Nachtwache‹, kolossal, schon das Format. Und das Licht! Aber ins Rijksmuseum mußt du wegen Hendrik ter Brugghen. Unbedingt. Seine ›Anbetung der Heiligen Drei Könige‹ ist das interessanteste Bild in ganz Holland. Das häßlichste Jesuskind, das du je gesehen hast, ein graugrüner Kretin von einem Säugling. Jedesmal, wenn ich nach Amsterdam komme, stehe ich fasziniert vor diesem Bild und frage mich: Was ging in ter Brugghen vor, als er das malte? Um Sechzehnhundert, als es von Jesusbildern nur so wimmelte, ein Jesus schöner als der andere. Er konnte doch malen. Sieh dir die anderen Figuren auf dem Bild an, Maria und Josef: ein schlichtes, stilles Bauernpaar von einer Innigkeit, wie man es sonst kaum findet. Aber sein Jesus? Silbergraue Haut wie ein schlechtsitzender Kunststoffanzug, geradezu widerliche Speckfalten am Handgelenk, schlabberige Genickfalten, Wurstfinger, Glatzkopf – ein Wesen von einem anderen Stern. Und dazu ein uraltes, greisenhaft wissendes Gesicht.« Er blieb stehen, sah mich nachdenklich an. »Vielleicht hat ter Brugghen daran gedacht«, sinnierte Henry, »wie sehr dieses Kind schon in der Wiege eines Lebens überdrüssig sein mußte, in das sein Gottvater ihn gezwungen hat? Die Qual, allwissend zu sein! Wenn ich nur daran denke, was ich gesehen habe, kann ich verrückt werden.

Wenn einer nun wirklich alles wüßte, was auf unserem Planeten geschieht. Und was noch kommt ...«

Er drehte sich um und stapfte davon, die Hände im Nakken verschränkt, die Unterarme gegen Ohren und Wangen gepreßt; ich hatte Mühe, ihm zu folgen. Was war mit Henry geschehen, seit wir uns das letztemal gesehen hatten? Ich hielt mich zwei Schritt hinter ihm, er blieb erst stehen, als wir den Ort erreichten.

»Geh bald ins Rijksmuseum«, sagte er, »schreib über dieses Bild, es lohnt sich.«

»Ich schreibe nicht, ich korrigiere nur«, sagte ich. »Ich bin Lektor.«

»Lektor? Das ist gut, da könntest du ...« Er verriet mir nicht, was ich da könnte.

»Trotzdem«, sagte er, »sieh es dir an. Ich denke, dann verstehst du mich. Vielleicht denkst du aber auch, daß ich verrückt bin. Vielleicht bin ich es?«

Wir holten meinen Wagen, Henry dirigierte mich zum anderen Ende des Ortes, zu einem alleinstehenden Gehöft, das ein paar hundert Meter abseits der Straße lag, eingeschlossen von ungestutzten Hecken, die jeden Einblick verwehrten – zu einem Traumhaus: ein niedriger Klinkerbau mit weitüberladendem Rieddach, große Fenster, mit Blick auf einen völlig unholländisch verwilderten Garten, ein riesiger, lichtdurchfluteter Raum, offensichtlich waren die Zwischenwände herausgerissen worden, weiße Wände, dunkle, freiliegende Balken, nur ein Bild in dem ganzen Raum, aber ein Original: »Märchenvogelwelten« von Jaqueline Mirabeau, eine breite Liege direkt auf dem Boden, Möbel, schwedische Ledersessel, Regale voller Bücher, Platten, Disks, Kassetten, eine Hi-Fi-Anlage, bei der sogar ein Profi neidisch werden konnte, und in der Ecke ein Computer, der auch nicht gerade billig gewesen sein dürfte.

»Hier könnte ich es auch eine Weile aushalten«, meinte ich.

»Solange du magst. Bad und Dusche findest du im Keller, unter dem Dach sind Schlafstuben, such dir eine aus.«

»Hast du geerbt oder im Lotto gewonnen?« erkundigte ich mich.

»Weder noch. Ich bin unter die Ausbeuter gegangen. Ich beute meine Computer aus, den ...«, er tippte sich an die Stirn, zeigte dann in die Ecke, »... und den da.«

»Und was machst du mit deinen Computern?«

»Eigentlich nichts.« Er lächelte geheimnisvoll. »Variationen des Nichts.«

Er gab keine Erklärung, und ich fragte nicht weiter. Früher oder später würde er von selbst darüber reden. Henry hätte mich nicht eingeladen, wenn er sich nicht mit jemandem aussprechen müßte.

»Beeilst du dich ein bißchen?« bat er. »Ich bekomme Hunger.«

Wir fuhren zu einem kleinen indonesischen Restaurant, in dem Henry wie ein Maharadscha empfangen wurde. Als wir hineingingen, eilte der Wirt uns entgegen, verbeugte sich fast bis auf den Boden, führte uns zu einem reservierten Tisch. Er ging rückwärts und verneigte sich immer wieder; ein Wunder, daß er nirgends anstieß. Die wenigen Gäste sahen eher belustigt als verwundert diesem Zeremoniell zu. Dann rief der Wirt etwas in die Küche, und die ganze Familie tanzte an, um Henry zu begrüßen: Mutter, Schmiegermutter, Frau und vier Töchter, eine hübscher als die andere, und jede lächelte Henry kokett an, bevor sie kichernd die Augen niederschlug und sich verbeugte.

»Du bist hier offensichtlich Stammgast«, meinte ich.

»Ehrengast«, korrigierte er. »Ich habe ihnen das Lokal geschenkt. Frag mich bitte jetzt nicht, warum, ich mag nicht darüber sprechen. Es sind Flüchtlinge.«

Die Reistafel, die wir aufgetischt bekamen, hätte ausgereicht, ein halbes Dutzend ausgehungerter Matrosen satt zu machen, und bevor noch die erste Flasche Genever ganz leer war, stand eine neue auf dem Tisch. Während der Mahlzeit unterhielten wir uns nur über Kochen und Essen, Henry schwärmte von Leckerbissen und opulenten Mahlen, die er rund um den Erdball genossen hatte. Als aber die Reste der gebackenen Bananen abgeräumt waren und Tee serviert wurde, hielt ich es nicht mehr länger aus. »Du hast vorhin gesagt, eigentlich machtest du nichts, Henry. Darunter könnte ich mir etwas vorstellen, obwohl du entschieden zu jung bist, um den Rest deiner Tage mit Nichtstun zu verbringen, was aber sind ›Variationen des Nichts‹?«

»Nur ein Wortspiel, ein Gag. Vergiß es.«

»Ich bin zwar kein Journalist mehr«, sagte ich, »aber immer noch neugierig. Warum bist du nicht mehr bei der EBC? Arbeitest du noch für die Medien?«

Er schüttelte den Kopf.

»Was treibst du dann?«

»Rate mal.«

»Im Raten war ich immer eine Niete, hast du das vergessen?«

In der Gefangenschaft der Mahdis hatten wir uns manche Stunde Langeweile mit Raten vertrieben.

»Du würdest es ohnehin nicht rauskriegen. Versprichst du, daß du es für dich behältst?«

»Bei meinem letzten Finger«, gelobte ich. Das war damals in Khartum, als die Mahdis uns die Zeigefinger als Beweis abschnitten, unsere Eidesformel gewesen.

»Ich bin –Pornograph.«

»Was bist du?« Ich starrte ihn ungläubig an. BigBourbon, der bekannte und angesehene diplomatische Korrespondent der EBC, als Pornoproduzent?

Er lachte laut auf über meine offensichtlich saudumme Miene.

»Das kann nicht dein Ernst sein«, sagte ich. »Du machst jetzt Pornofilme?«

»Nicht doch!« Er schüttelte energisch den Kopf. »Keine Filme, keine Videos. Ich mag Hardcore nicht, das ist doch phantasielos. In der ersten Minute schon werden die Instrumente vorgeführt, und spätestens in der fünften liegen die Akteure zu dritt oder zu viert im Bett und täuschen mit albernem Gestöhne und glotzenden Glubschaugen Lust vor. Nein, ich schreibe Softpornos. Storys, Romane.«

»Du machst jetzt also erotische Literatur?«

»Erotisch ja, aber Literatur?« Er nahm einen Schluck. »Ich mach mir nichts vor, ich bin kein Schriftsteller. Was ich produziere, ist bestenfalls angewandte Literatur.« Er grinste. »Ja, das trifft es: angewandte Literatur. Gibt ja auch angewandte Kunst, oder?«

»Und davon kann man leben?«

»Nicht schlecht, wie du siehst. Du weißt, ich hatte schon immer eine blühende Phantasie, ich kann erzählen.«

Und ob ich das wußte. Ohne seine Geschichten hätten wir damals im Sudan vielleicht nicht überlebt, hätten uns aufgegeben oder durchgedreht und irgendeine unsinnige, aussichtslose Aktion gestartet. »Um deine Phantasie habe ich dich beneidet«, gestand ich.

»Phantasie kann auch eine Last sein.«

»Das verstehe ich nicht, Henry.«

»Einem phantasiebegabten Menschen fällt unentwegt etwas ein«, sagte er, »Phantasie kann man nicht abstellen. Und leider auch nicht lenken. Nicht nur Angenehmes fällt einem ein, auch Entsetzliches. Das vor allem. Wenn Debby mal eine Viertelstunde später kam, als verabredet, dachte ich sofort an einen Unfall, sah sie schon blutüberströmt in ihrem Wagen vor mir. Oder wenn mir mal was weh tut ... Man kann sich nicht dagegen wehren. Plötzlich schießt ein Gedanke in dein Gehirn, oft ohne ersichtlichen Anlaß, und nur zu oft sind es Horrorvisionen, wahre Alpträume, zumal wenn einer so viel Horror gesehen hat wie wir. Ich schrecke fast jede Nacht ein-, zweimal aus einem Alptraum auf, und ich habe Angst vor dem Schlafengehen. Diese Minuten, in denen das Gehirn unserer Kontrolle entgleitet, sind der reinste Nährboden für Phantasien. Phantasie kann man nicht abstellen, höchstens ersäufen.«

Er kippte das halbvolle Glas Genever in einem Zug hinunter, goß das Glas wieder voll, starrte hinein, dann blickte er mich lächelnd an. »Und Phantasie ist unteilbar. Wer sie hat, hat auch sexuelle Phantasien.«

»Die hat doch wohl jeder«, wandte ich ein.

»Der eine mehr, der andere weniger. Ich offensichtlich reichlich. Schon seit der Pubertät. Wie oft habe ich es verflucht! Wie viele Depressionen hatte ich deshalb, wie viele traurige Stunden. Du kannst dir das vielleicht nicht vorstellen, Paul, aber in den unmöglichsten Situationen schoß mir plötzlich eine verrückte Idee in den Kopf, eine hübsche kleine Sauerei ...«

»Das ist doch kein Grund, traurig zu sein«, meinte ich.

»Und ob! Wenn dir so viel Erregendes einfällt, und du weißt genau, du wirst es nie erleben? All diese wunderbaren, unerfüllten Phantasien – jetzt habe ich einen Job daraus gemacht. Ich vermarkte sie, und was in einer Story untergekommen ist, quält mich nicht mehr so.«

»Wie bist du nur auf diese Idee gekommen?«

»Nicht ich, Debby, eine Freundin in London, damals, als ich ... Debby mochte es, wenn ich ihr im Bett eine Geschichte ins Ohr flüsterte, und mir machte es Spaß, weil ich schnell merkte, wieviel mehr wir auf diese Weise voneinander hatten. Eines Tages meinte Debby, ich solle es aufschreiben und einem Verlag anbieten. Ich erklärte sie für verrückt. Natürlich unter Pseudonym, sagte sie. Du brauchst Geld, und damit ist bestimmt welches zu machen; wenn es mir gefällt, wird es auch anderen gefallen. Irgendwann kommt es heraus, sagte ich, vielleicht, weil der Verlag Pleite macht und der clevere Verleger sich noch ein paar Pfund damit verdienen will, daß er mein Pseudonym enthüllt. Ich sehe meinen Namen schon in den Schlagzeilen der Boulevardzeitungen: Henry, Earl of Boomsbay, der Porno-Graf mit blauem Blut.«

»Bist du wirklich Graf, Henry?«

»Ja, der letzte Earl of Boomsbay. Ich habe es möglichst

geheimgehalten. Was hatte ich davon? Nichts als den Titel – ich dachte schon daran, den Titel zu vermarkten, mich an die Werbung zu verkaufen oder an ein reiches Mädchen, das unbedingt Gräfin sein wollte. Da kam Debby mit ihrer Idee. Ist es nicht besser, sagte sie, deine Phantasie zu verkaufen als dich selbst? Wie sollte ich Debby da widersprechen. Du tust noch ein gutes Werk damit, meinte sie, du hast zuviel Phantasie, andere haben zu wenig: hilf den Phantasielosen, ihre Sinnlichkeit zu befriedigen; ich verstehe, wenn du den Pornoverlegern mißtraust, aber wenn ich einen Verlag aufmache? – Heute ist es ein solides, florierendes Unternehmen. Ich kann gar nicht so viel liefern, wie sie drucken könnte, dabei schreibe ich schon unter einem Dutzend Pseudonymen, fünf allein für die Lyli-Books.«

»Lyli-Books?«

»Lyrotic literature – damit haben wir angefangen. Irgendeinen zugkräftigen Namen muß schließlich jede Ware haben, und er ist gar nicht so falsch; der Käufer weiß, was ihn erwartet: ein Softporno. Lyrisch und erotisch – nun ja, eher poetisch. Die Lyli-Books sind im Grunde die alten Geschichten vom Graf und dem armen Mädchen, vom Chefarzt und von der hübschen Krankenschwester, von der Chefin und ihrem Chauffeur, dem fahrenden Ritter und der einsamen Burgfrau ... nur daß in meinen Geschichten nicht verschämt um den Sex herumgeschrieben wird.«

»Sondern poetisch umschrieben?«

»Eine Kostprobe von heute morgen gefällig?« Er lehnte sich zurück. »Eine neue Folge meines Serienhelden, des Ritters Phallot: ... dann öffnete sie ihre feuchtschimmernden Lippen und berührte zärtlich seine Lanze. Sie spornte Phallot an, sich in die Schlacht zu stürzen, sich in ihrer Kemenate ebenso mutig und heldenhaft zu bewähren wie vorhin auf dem Turnierplatz gegen den Rosenritter, unermüdlich und fintenreich; ihre schlangengleiche Zungenspitze und ihre perlweißen Zähne richteten seine Lanze auf ...«

»Hör auf«, bat ich, Tränen in den Augen, weil ich mein Lachen unterdrückte.

»Ich gebe ja zu, der Ritter Phallot ist mehr für harmlose Gemüter«, erklärte Henry. »Hennie wird es gefallen.«

»Ich denke, sie heißt Debby?«

»Nicht meine Verlegerin, die Serviererin in dem Café vorhin.«

»Du liest ihr wohl deine Storys vor?«

»Nein. Sie hat keine Ahnung, daß ich ... Niemand hier. Hennie liebt den Ritter Phallot. Ich hatte mich einmal versprochen, und als ich Phallot sagte, wurde sie rot und wandte sich ab, doch ich sah noch, daß sie lächelte. Da habe ich sie direkt gefragt. Seitdem schenke ich ihr jede neue Folge.«

»Und sie machte so einen intelligenten Eindruck«, sagte ich. »Deine Storys scheinen mir eher etwas für Analphabeten, und die, dachte ich, holen sich gleich Videos.«

»Falsch gedacht. Es gibt viele Frauen, die erotische Darstellungen mögen, aber keine harten Pornos. Softpornos sind ein Bombengeschäft. Wir beliefern halb Europa.«

»Ich hätte nie vermutet, daß es dafür einen Markt gibt.«

»Du unterschätzt den Markt. Ein Porno wird wie ein Krimi in der Regel nur einmal gelesen, dann ist die Spannung hin, und eine neue Geschichte muß her, wenn es auch im Grunde immer die gleiche ist.«

»Kann ich mir denken. So viele Variationen gibt es schließlich nicht beim Sex, selbst das Kamasutra ...«

»Oh, wenn man Phantasie hat! Aber es geht weniger darum, den Sex zu variieren als die Story drumherum. Und da gibt es unendlich viele Möglichkeiten, vor allem, wenn man sich in die Vergangenheit unserer Spezies begibt, wie in den Hilis – unsere Historoticliterature, Geschichten aus der Geschichte; das alte Rom ist da eine Fundgrube, auch das antike Griechenland, Kreta, Lesbos, die Ritterzeit, die

Orgien an den Höfen der mittelalterlichen Päpste, in den Klöstern, im Serail des Sultans ...«

»Wußte gar nicht, daß du davon eine Ahnung hast.«

»Ich habe eine gute Bibliothek. Meine Hili-Books sind seriös, Milieu und Details stimmen, darauf kannst du dich verlassen. Wahrscheinlich ist das das Erfolgsrezept: Die Leser haben nicht das Gefühl, Schund vorgesetzt zu bekommen. Die Historotics sind ein Renner, ebenso die Spacerotics.«

»Science-fiction machst du auch?«

»Mit besonderem Vergnügen. Im Weltall kann ich meiner Phantasie freien Lauf lassen. Könnte doch sein, daß es auf einem fernen Planeten Frauen mit drei oder vier Brüsten gibt, Männer mit den verrücktesten Penissen, drei- und viergeschlechtliche Wesen; Sex in der Schwerelosigkeit, in den Unterwasserwelten des Sirius, auf den stabilen Wolken des Andromeda ... mehr Storys, als ich je verarbeiten kann. Ich habe zwei Serienhelden entworfen: den Astronauten Cockrain und sein weibliches Pendant Cuntilea.«

»Und die bumsen nun gemeinsam durchs Weltall!«

»Nein, einzeln. Aber das ist eine prima Idee – willst du nicht bei mir einsteigen? Debby schreit nach neuen Storys, aber mehr als eine in der Woche schaffe ich nicht.«

»Sag mal, Henry, wer kauft all dieses Zeugs?« fragte ich zurück.

»Du würdest dich wundern. Die Lylis vor allem Frauen, die Science-fiction überwiegend Männer, bei den Historotics hält es sich die Waage. Aber nicht nur einfache Gemüter oder Analphabeten, wie du vorhin meintest, viele unserer Bücher werden sogar von akademischen Buchklubs angeboten. AIDS hat alles verändert. Heute überlegt man es sich dreimal, ach was, dreißigmal, bevor man sich mit jemandem einläßt, und noch immer ist kein Mittel gegen diese Seuche in Sicht, im Gegenteil, andauernd werden weitere Varianten des Virus entdeckt, neue Mutationen. Da leben viele als Single; sollen sie ganz auf Sex verzichten? Oder

Paare, denen es auf die Dauer langweilig wird; schnell mal fremdgehen ist lange vorbei. Die Hardcore-Filme mögen viele nicht, aber ein Buch, zumal wenn es gut gemacht ist – und ich bin gut. Der Beste. Es war ja schon immer mein Ehrgeiz, der Beste zu sein.«

»Wenn nicht anders, dann durch Mogeln«, sagte ich. BigBourbon hatte uns alle hereingelegt. Niemand kam dahinter, wie er es schaffte, einen Würfel hochzuwerfen, in der Luft aufzufangen, auf die Handfläche zu klatschen und richtig vorherzusagen, welche Zahl oben lag. »Wie hast du das eigentlich mit dem Würfel gemacht, Henry?«

»Alles verrate ich dir nun auch nicht«, sagte er feixend.

»Verrate mir wenigstens, wie du das schaffst: ein Buch in der Woche. Bücher schreiben habe ich mir entschieden zeitraubender vorgestellt.

»Ich schreibe nicht, ich diktiere direkt in den Computer.«

»Das geht schon?«

»Wenn man ein bißchen ›mogelt‹. Es gibt hervorragende Übersetzungscomputer für Konferenzen, nicht billig, aber ich kann es mir leisten. Ich habe einen Translater vor meinen Computer geschaltet und so umgepolt, daß er die Übersetzung nicht verbal liefert, sondern direkt in meinen Computer überspielt. Ich diktiere deutsch, und er übersetzt es ins Englische, das hole ich dann aus dem Speicher auf den Bildschirm, korrigiere und laß es ausdrucken.«

»Nicht schlecht«, gab ich zu. »Klingt sehr komfortabel.«

»Ist es. Ich muß mich nur in meinen Lehnstuhl setzen, irgendwo anfangen und die Geschichte zu Ende spinnen.« Er seufzte, blickte mir in die Augen. »Und korrigieren. Willst du das nicht übernehmen? Was verdienst du jetzt?« Er winkte ab. »Egal, wieviel, ich biete dir das Doppelte. Plus Beteiligung. Drei Prozent?«

»Und wenn morgen dein Markt zusammenbricht?«

»Wie sollte er? Glaubst du, daß AIDS so schnell verschwindet?«

»Nein. Aber die Gesetze gegen Pornographie könnten verschärft werden, so daß auch deine Bücher ...«

»Im Gegenteil! Ich kenne die Diskussionen, das geht gegen die Hardcore-Pornographie, vor allem gegen die unsäglichen, sadistischen Videos, gegen die brutalen Methoden, mit denen die Mädchen rekrutiert werden ... Debby verhandelt gerade mit dem Gesundheitsministerium wegen einer Steuerbegünstigung. Weil wir doch eine ›gesellschaftlich nützliche‹ Ware produzieren. Nicht ohne Erfolgsaussichten. Keine Angst also. Zwei Jahre Garantie auf dein Fixum, ich zahle es morgen auf dein Konto. Wieviel Sicherheit hast du denn jetzt? Hast du Kündigungsschutz? Ein halbes Jahr, ein ganzes?«

Ich verriet ihm nicht, daß unser Verlag Monat für Monat um sein Überleben bangen mußte und daß meine vierteljährliche Kündigungsfrist im Ernstfall keinen Pfifferling wert war; bei einem Konkurs hätte die Bank Priorität. Er schob die Hand über den Tisch. »Schlag ein, Paul.«

»Dein Angebot klingt verlockend«, sagte ich, »aber was du machst, ist – ist irgendwie ...«

»Pervers?« fragte er wütend. »Obszön?«

»Ich wollte sagen, absurd.«

»Absurd! Soll ich dir sagen, was absurd ist? Wenn jedes Jahr -zig Millionen Menschen verhungern, unsere Regierungen aber Milliarden ausgeben, um die landwirtschaftliche Produktion zu drosseln, um gute Böden als Brachland stillzulegen, das ist absurd. Daß die Flüsse schon tot sind und bald auch die Nordsee. Daß in immer mehr Gegenden das Grundwasser verseucht ist, unsere Regierungen aber mit den Chemiekonzernen und den Agrarfabriken darum feilschen, ob sie uns mit einem Zehntelprozent mehr oder weniger legal verseuchen dürfen; das ist absurd, pervers!«

Ich hatte ihn noch nie so wütend erlebt. Sein Gesicht war puterrot angelaufen, ich hatte Angst, er würde einen Schlaganfall bekommen. Ich legte beruhigend die Hand auf seinen Arm, hob mein Glas. Henry trank mit verbissener Miene.

»Entschuldige den Ausbruch«, sagte er dann, »aber wenn ich das höre: obszön, pervers! Ein Panzer für fünfzig Millionen Dollar, das ist pervers, nicht ein Penis. Raketen, Laserkanonen, Weltraumwaffen ... Nicht ein vögelndes Pärchen ist obszön, sondern ein Polizist, der mit seinem Elektroschockstab auf einen wehrlosen Demonstranten einprügelt, nicht eine Reihe Ballettgirls mit nackten Brüsten, sondern eine Reihe ordensgeschmückter Generäle – hast du dir gestern die Vorstellung des neuen Kabinetts in Guatemala angesehen? Lauter Mörderfressen in Uniform, ›Ehrenmänner‹, die bestialisch foltern lassen, sogar Kinder. Du hast doch mit eigenen Augen gesehen, was für Perversitäten auf unserem Planeten gang und gäbe sind. Pornographie ist harmlos gegen die Warnographie*. Es gibt ja keinen Krieg, kein Gemetzel, das die Fernsehgewaltigen nicht in aller Ausführlichkeit auf die Bildschirme bringen.«

»Das sind Nachrichten«, wandte ich ein, »Zeitgeschehen.«

»Nur deshalb? Und warum in dieser genüßlichen Breite? Ich weiß, wovon ich rede, ich habe die Anweisungen meiner Chefs noch im Ohr: ›Detailtreue, Genauigkeit, Kollege! Abstrakte Berichte reißen niemanden aus dem Sessel.‹ Als ob es noch jemanden aus dem Sessel reißt, wenn er die Brutalitäten des Krieges vorgesetzt bekommt. Mag sein, mancher schaltet ab, mancher fängt sogar an nachzudenken, aber wie viele können ungeniert beim Abendbrot sitzen und zusehen, wenn auf dem Bildschirm ein Bericht über die Verhungernden in der Sahelzone kommt – oder?«

Was sollte ich antworten, er hatte ja recht.

»Und warum all die Greuel? Nur um die Sensationsgier zu befriedigen? Aus Aktualitätsgründen? Wegen der Einschaltquoten? Um gar Kritik an den jeweiligen Machthabern zu üben? Daß ich nicht lache. Bestenfalls kannst du

* Warnographie: war (engl.) – Krieg, soviel wie Kriegsverherrlichung

ein paar nichtssagende Worte von dir geben, aber die Sprache der Bilder ist bei weitem stärker, und die sagt: Haltet nur schön das Maul, haltet nur schön still; euch geht es doch wunderbar – aber auch euch kann es eines Tages so ergehen, wenn ihr ... Aber wem sage ich das, du hattest doch auch – wie sagtest du? – die Schnauze voll.«

»Bist du deshalb weg von der EBC?«

»Ja, deshalb. Diplomatischer Korrespondent!« Er lachte höhnisch. »Kriegsberichterstatter. Von einem Schlachtfeld zum anderen. Und die Wahrheit sagen, warum dort wirklich Krieg war, warum irgendwo ein Aufstand, eine Revolution ausbrach? Einmal ist es mir gelungen, die Wahrheit loszuwerden, ein einziges Mal, danach durfte ich nie wieder live sprechen, und als ich dagegen aufmuckte, wurde ich gefeuert. Meine Nerven seien offensichtlich den Anstrengungen dieses Jobs nicht mehr gewachsen; einen Posten im Archiv hat man mir angeboten. Wir Journalisten sind doch auch nur Prostituierte, nur daß wir nicht den Unterleib, sondern den Kopf verkaufen, unser Gewissen. Wir waren nie objektive Beobachter, Paul, sondern Mitschuldige.«

»Wir haben die Kriege nicht gemacht«, verteidigte ich mich.

Henry nickte, trank, dann sah er mich an. »Erinnerst du dich an die Gerüchte, daß das QBS-Fernsehen zusammen mit der CIA den Krieg in Bangladesh angefacht hat? Mehr als vage Gerüchte! Sollte heute niemand mehr so denken wie einst der Pressezar Randolph Hearst? Du erinnerst dich doch, er schickte um Neunzehnhundert einen Reporter nach Mexiko, um vom Krieg zu berichten. Als der Reporter nach New York kabelte, es gäbe keinen Krieg, kabelte Hearst zurück: ›Kümmern Sie sich um Ihre Berichte, um den Krieg kümmer ich mich.‹ Ich gebe zu, das sind Ausnahmen, Paul, aber wieviel Mord und Totschlag hat es nur gegeben, weil eine Kamera in der Nähe war? Vielleicht hätten die Obristen in Uruguay nie geputscht, wenn nicht gerade die Journalisten aus aller Welt in Montevideo gewesen wären, bestimmt aber hätten die Generale ohne unsere Anwesenheit nicht so gewütet, sie mußten nun doch beweisen, daß sie Herr der Situation waren, vor allem ihren Geldgebern. Oder denk an Khartum! Politische Erpressung ohne den Druck auf die Öffentlichkeit durch die Medien – undenkbar! Uns hat es nur einen Finger gekostet ...«

Er zeigte seine Hand. Der Wirt dachte, Henry habe ihn gemeint, eilte herbei. Ich bestellte Mokka, der Genever war mir mächtig in den Kopf gestiegen.

»Wir wurden aufgespart«, fuhr Henry fort, »wir waren das Druckmittel, die armen Schweine aber, die Unschuldigen, die sie von der Straße weggefangen hatten, mußten für uns mit ihrem Leben bezahlen, hast du das vergessen?«

Wie hätte ich das können? Jeden Tag bei Sonnenuntergang wurde einer geholt und erschossen, um Druck auszuüben, die Forderung der Mahdis zu erfüllen. Vor der Videokamera. Die Aufnahmen gingen rund um die Welt. Abend für Abend. Henry hatte recht, erst durch uns war die Erpressung möglich geworden. Und durch unsere Kollegen, die darüber berichteten.

»Und während wir um unser Leben zitterten«, sagte ich, »haben die lieben Kollegen diese hirnverbrannten Killer interviewt, als seien sie Stars, in aller Ruhe.«

»Waren sie das nicht? Alle Reporter reißen sich doch um solch ein Interview. Nur nicht hintenanstehen, die Konkurrenz ist unerbittlich, und die Chefs daheim fragen, ob man vielleicht zu dumm sei für den Job. Die hätten auch einen KZ-Kommandanten interviewt, wie viele Tausend er so pro Tag umbringen läßt und ob er die Leistung seines Kommandos noch steigern könne. Oder die Leute, die Christus ans Kreuz nagelten. Hauptsache, ein Interview, das die anderen nicht haben.« Er schnaufte verächtlich. »Hätte ich es im umgekehrten Fall anders gemacht? Du? Als ich anfing, darüber nachzudenken ... Wo auch immer, wir waren nie unbeteiligte Chronisten, sondern kalkulierbare, manipulierbare Figuren im Machtspiel. Darüber solltest auch du mal nachdenken.«

»Das muß ich nicht erst«, antwortete ich. »Warum, glaubst du, arbeite ich nicht mehr fürs Fernsehen?«

»Und warum willst du dann nicht mit mir zusammenarbeiten?« fragte er zurück. »Mit dem, was ich jetzt tue, füge ich niemandem mehr Schaden zu, im Gegenteil, ich verbreite Spaß statt Entsetzen, und ich kann noch ein paar armen Schweinen helfen. Ja, ich weiß, das macht nichts wieder gut, aber ...« Er hielt mir die Hand hin. »Schlag ein, ja? Wir beiden Neunfinger – wenn du die Korrekturen übernimmst, können wir das Doppelte schaffen.«

Als ich nicht einschlug, goß er sich den Rest aus der Flasche ein. Er wollte die Hand heben, um eine neue zu bestellen, ich drückte sie herunter.

»Wir haben genug«, erklärte ich, »und wir sind schon lange die einzigen Gäste. Laß die Leute zu Bett gehen.«

»Hast recht, gehen wir nach Hause. Genever gibt's da auch.«

Sie schienen es gewöhnt, Henry nach Hause zu bringen; kaum hatten wir dem Wirt gewinkt, um uns zu verabschieden, da stand auch eine der Töchter mit dem Autoschlüssel in der Hand neben unserem Tisch.

Wir haben bei Henry noch weitergetrunken, und ich habe keine Ahnung, was ich ihm im Suff versprochen habe. Am nächsten Tag fand ich mich in seinem Bett, Henry behauptete später, er sei es gewesen, der mir wenigstens die Schuhe ausgezogen hätte. Er schnarchte oben. Ich brühte mir einen Kaffee und schlich mich aus dem Haus.

Er rief dann jeden Tag in München an und forderte mich auf, mein Versprechen zu halten und zu kommen. Ich habe ihm nie gestanden, daß ich kam, weil unser Verlag Pleite machte. Ich wollte ihm die Genugtuung nicht rauben, daß er mich überzeugt hatte. Und so war es ja auch. Weniger durch seine Argumentation, auch nicht mit dem für einen abgehalfterten, alternden Journalisten, der nichts sonst gelernt hat, horrenden Verdienst, sondern durch das Gartenhäuschen, das er nach meinen Wünschen ausbauen ließ. Und durch die einmalig gute Luft, die sanfte, beruhigende, flache Landschaft, die, vor allem nachts, unendlich scheinende Glocke des Himmels über Holland. Warum sollte ich nicht den Rest meiner Jahre dort verbringen?

Die Arbeit war leicht. Henry diktierte seine Geschichten nahezu perfekt, ich war mehr Korrektor als Lektor, hatte fast nur auf Rechtschreibung und Interpunktion zu achten; mir zuliebe diktierte Henry jetzt englisch, so daß es deutsch aus dem Computer kam. Da der deutschsprachige Markt nicht weniger Bedeutung hatte als der englischsprachige, war es egal, in welche Sprache das fertige Manuskript dann übersetzt wurde. Nachdem ich meine Hemmungen überwunden hatte, diese uns Europäern durch christliche Erziehung eingeimpfte Prüderie, machte die Arbeit mir sogar Spaß, zumal ich jeden Monat durch die Verkaufszahlen vorgerechnet bekam, wie vielen Leuten wir offensichtlich Vergnügen mit unseren »Werken« bereiteten. Wirklich schade, daß die Historotics und die Spacerotics eingegangen sind.

Henry hat es doch noch geschafft, seine Phantasie abzuschaffen. Zu ersäufen. Als er merkte, daß es ihm nicht mehr gelang, eine Geschichte einfach herunterzudiktieren, hat er sein Auto mit hundertachtzig gegen einen Pfeiler der Scheldebrücke gelenkt. Ich habe alles von ihm geerbt, leider nicht die Phantasie. Debby hat versucht, neue Autoren zu finden, aber die Schriftsteller, die etwas können, haben Hemmungen, sich auf so etwas einzulassen, Angst, daß es ihren seriösen Büchern schaden könnte, wenn es herauskommt.

Dann habe ich es versucht, schon um Debby einen Gefallen zu tun, doch meine Phantasie reicht nicht aus. Sie ist gerade gut genug, die Sammlung alter Groschenhefte, die ich von Großmutter geerbt habe, auszubeuten, Liebesromane, Heimatromane, Arztromane ... Ich besitze noch über vierhundert Hefte, genug, um Debby etliche Jahre zu beliefern. Ich schreibe sie nur ein bißchen um, entferne den schlimmsten Kitsch. Im Vergleich zu Henrys Geschichten sind meine Lylis ein Nichts. Es bleiben Schnulzen, nur daß ich nicht abblende, wenn Sex ins Spiel kommt, und da kann ich mich auf Henrys Phantasie verlassen; ich übernehme die Szenen aus seinen alten Büchern. Es ist ja immer dasselbe. Aber mit Variationen.

Odysseus W. Pym

1.

Pym war der einzige, der aufrecht in seinem Stuhl saß, ganz konzentriert, so schien es, den Ellenbogen auf den Tisch, das Kinn in die Hand gestützt, den Blick dem Sprechenden zugewandt, als interessiere ihn brennend, was der zum besten gab. In Wirklichkeit blickte er kurz über den Kopf des Mannes hinweg, beobachtete im Spiegel Tania, die einzige Frau der Runde, und gab sich dem Genuß des Tees hin, ein Vergnügen, das Pym lange vermißt hatte, weil er seinen gesamten Vorrat an Tee und Kaffee auf Bribester hergeben mußte, damit man ihm den Schubumkehrer reparierte,

(Pym hatte den Planeten Bribester getauft, offiziell hatte er noch keinen Namen in der irdischen Nomenklatur, nur die übliche Nummer, und zu Recht, so fand Pym, eine äußerst unsympathische: Nub-Qua-3554-Bä-7.)

und daß Pym sich nicht wie die anderen in seinen Sessel flegelte, hatte nichts mit Aufmerksamkeit zu tun, sondern mit dem stechenden Schmerz im oberen Lendenbereich, der ihn stets in den ersten Tagen nach dem langen Liegen im Froster überfiel. Die Erlebnisse anderer interessierten Pym nur noch selten, er hatte selbst genug und, weiß der Himmel, dramatischere und kuriosere Abenteuer erlebt. Doch er schwieg. Pym ergriff nie unaufgefordert das Wort; das wäre seinem Ruf abträglich gewesen. Einen Mann wie ihn mußte man bitten, bedrängen, bestürmen, bis er die Gnade hatte, sich anderen mitzuteilen. Heute wartete er ungeduldig, daß endlich jemand ihn bitten sollte. In der abendlichen Runde, die sich auf Point Six in der Kantine für Bio-

NaGten eingefunden hatte,

Für alle, die sich noch nicht im intergalaktischen Raum aufgehalten haben und nicht wissen, was sich hinter diesem Begriff verbirgt: Biologische Intelligenzen, Unterart Nackthäuter mit aufrechtem Gang. Auf Point Six sind es in der Regel nur Irdische oder Abkömmlinge aus den Kolonien, Vertreter anderer Spezies dieser Art verirren sich nur selten in diesen Teil der Galaxis, ab und zu Hrachonditen, doch dann meiden Menschen die Kantine, denn der Körpergeruch eines Hrachonditen ist für unsere Nasen kaum zu ertragen.)

zwischen den altgedienten Raumhasen und einer Schar Kadetten, die ihren Jungfernflug absolvierten, hatte Pym nach vielen Jahren wieder einmal einen Menschen gefunden, der sein Interesse weckte, mehr noch, er brannte geradezu darauf, mit Tania ins Gespräch zu kommen, war überrascht, als er längst verlorengegangene Gefühlsaufwallungen an sich entdeckte, wenn er die junge Frau ansah. Pym hatte während des Essens versucht, Augenkontakt herzustellen, doch sie war seinem Blick ausgewichen.

Tania war eine Frau, die man in seiner Jugend eine »persische Schönheit« genannt hätte: langes tiefschwarzes Haar in Korkenzieherlocken, nicht stumpf wie so oft bei diesen morgenländischen Schönheiten, . sondern voller Glanz und voller Lichter, große mandelförmige dunkelbraune, fast schwarze Augen, samtglatte Haut mit hellbraunem Teint, »Milchkaffee« hatten sie so etwas in Oxford genannt; zwischen der schmalen, geraden Nase und den leicht aufgeworfenen, scharf konturierten Lippen ein leichter Schatten, die Andeutung eines künftigen Damenbartes, was Pym nicht störte, im Gegenteil, denn er betonte die Oberlippe, gab dem Mund einen sinnlichen Zug. Pym hätte zu gerne ihre Aufmerksamkeit erregt, er überlegte, ob er nicht doch unaufgefordert das Wort ergreifen sollte, da sprach Allistair ihn an. Der Lotse von der Marskolonie, der auf Point Six wartete, um ein heimkehrendes Raumschiff durch das heimische Sonnensystem zu geleiten, hatte seine Erzählung über die Begegnung mit den nilpferdartigen Wesen auf Gymnus mit einer kläglichen Pointe über die Unsterblichkeit der Gymnasten beendet.

»Du schweigst«, sagte Allistair zu Pym. »Was hältst du davon, du warst doch auf Gymnus, nicht wahr?«

Pym nickte, goß sich Tee nach, trank bedächtig einen Schluck, hob den Blick zur Decke und rieb sich das Kinn, als müsse er mühsam seine Erinnerung mobilisieren.

»Ja«, sagte er, als ihm die Kunstpause lange genug schien, »doch das ist weit über hundert Jahre her.«

Tania richtete ihre Mandelaugen ungläubig auf Pym – nicht nur sie, auch die Kadetten blickten mit unverhohlener Skepsis herüber, aber Pym beachtete sie nicht.

»Wie denn das?« fragte Tania verwirrt. »Du siehst so, so jung aus ...«

Allistair lachte laut auf. »Das ist der berühmte Odysseus Pym«, erklärte er, »ich dachte, alle ...«

»Der Odysseus des Universums?« Tania schenkte Pym ein hinreißendes Lächeln, er nickte bescheiden zurück, doch er genoß es unsagbar, im Mittelpunkt des Interesses zu stehen, ihres Interesses, und es tat ihm unendlich wohl, daß sie ihn jung genannt hatte. Ja, abgesehen von ihr und den Kadetten war er der Jüngste in der Runde – und zugleich der Älteste, der Primus absolutus. Pym hatte die Astronautenlaufbahn beschritten, als man die Tiefen des Alls noch nicht auf den komfortablen Routen des Hyperraums durchquerte, sondern in den vergleichsweise langsamen Raumschiffen mit Photonenantrieb, als man die Astronauten noch für Jahre oder Jahrzehnte in Froster steckte, tiefgefkühlte Tiefschlafkabinen; Pym war der letzte aktive Astronaut, der die Pionierzeiten der transsolaren Flüge erlebt hatte, nach Lebenszeit hatte er die Fünfzig noch nicht überschritten, doch nach Realzeit war er über tausend Jahre alt, der zweitälteste Mensch überhaupt und bald der älteste, denn Nikolai Slaschnikow, das hatte Pym heute bei der Ankunft auf Point Six erfahren, hatte vor zwölf Jahren die Raumfahrt aufgegeben und verbrachte seinen Lebensabend in einem Sanatorium auf der Krim, während Pym gedachte, noch lange mit seinem TRABANT durch das All zu reisen,

(Der GROSSE RAT hatte vor nunmehr fast achthundert Jahren entschieden, den beiden Pionieren Slaschnikow und Pym die antiquierten Raumschiffe, solange sie wollten, zu regenerieren.)

und mit der nächsten Reise würde Pym mit Sicherheit der älteste Mensch aller Zeiten sein. Nun, er fühlte sich, weiß Gott, nicht alt, ganz im Gegenteil, er spürte ein wohliges warmes Rieseln an seinem Rückgrat, da Tanias Augen nun kein anderes Ziel mehr kannten als sein Gesicht. Er hob die Hand, als wollte er etwas sagen, ließ sie jedoch wieder sinken; die Aufforderung, zu sprechen, kam prompt.

»Bitte«, sagte Allistair schmeichelnd, »bitte, Odysseus, verrate uns, was du von der Prahlerei der Gymnasten hältst, sie seien unsterblich.«

»Ich habe nirgends ein Wesen getroffen, das unsterblich ist«, sagte Pym, »obwohl, auf Zombister ...« Er ließ den Satz unvollendet ausklingen.

»Erzähle!« tönte es rundum.

»Nun gut.« Pym lehnte sich zurück und drehte sich dabei ein wenig, so daß er Tania ins Gesicht blicken konnte. »Es ist vielleicht fünfhundert oder sechshundert Jahre her, da landete ich auf Zombister. Das ist nicht die offizielle Bezeichnung, ich glaube, dieser Doppelstern hat noch keinen Namen, doch ich finde, Zombister wäre sehr treffend;

(Selbst wenn ein Sonnensystem bereits einen Namen in der irdischen Nomenklatur besaß, verlieh Pym ihm seinen eigenen, der mit seinen Erlebnissen dort zusammenhing und so seinem Gedächtnis eine zuverlässige Stütze war, und seinem Spleen folgend, endeten Pyms Namen alle auf -ster, das erinnerte an »star«, was Pym lieber gewählt hätte, diese Endung jedoch ließ sich nur allzuoft schwer aussprechen. Pym bezeichnete mit seinem Namen gleicherweise das Sonnensystem wie den Planeten, natürlich nur den einen belebten, denn alle anderen, so sagte er stets verächtlich, wenn man ihn darauf ansprach, seien doch wohl keines Wortes wert: Unvollendetes, nicht Gewordenes, steinerne oder gasförmige Wüsteneien, kurzum Abfall bei der Entstehung der Sonnensysteme; wenn Pym ausnahmsweise einmal einen dieser »toten Haufen Materie« der Erwähnung wert fand, dann nur, weil er ihn selbst betreten und dort Außerordentliches erlebt hatte; das einzige Zugeständnis, das er gelegentlich machte, war der Zusatz A oder B, C, D ..., um zu bezeichnen, welchen Platz der von ihm erwähnte Planet in seinem Sonnensystem einnahm.)

ich kann mich nicht mehr erinnern, wieso es mich in diese Gegend verschlagen hatte, eine wüste Gegend am Rand unserer Galaxis, ein Gebiet voller interstellarem Staub, kaum zu glauben, daß sich dort ein bemerkenswerter Himmelskörper gebildet hat. Zombister jedoch ist bemerkenswert, mehr noch ...« Pym goß den Rest Tee in seine Tasse, bestellte ein neues Kännchen auf dem Manual an seinem Platz und genoß die erwartungsvolle Stille. Niemand räusperte sich auch nur, bis das Kännchen erschien, alle warteten, bis Pym sich eingegossen, den Tee gekostet und mit einem Nicken für gut befunden hatte.

»Ich weilte schon drei Wochen auf Zombister«, fuhr Pym fort, »und war entschlossen, weiterzureisen, denn dieser Planet erwies sich, sowohl was seine Landschaften wie seine Zivilisation betraf, als recht langweilig, da bekam ich eines jener merkwürdigen Wesen zu Gesicht, die ich dann Zombies nannte, natürlich nur für mich, obwohl niemand dort wissen dürfte, was wir auf der Erde unter einem Zombie verstehen ...« Pym bemerkte das verständnislose Heben von Tanias Schultern, blickte in die Runde; alle sahen ihn fragend an.

»Zu meiner Zeit«, erklärte er, »nannten wir bestimmte Gespenster so: aus ihren Gräbern auferstandene, herumgeisternde Tote. Auf Zombister nennt man diese Wesen Chrrrdsh«, Pym machte ein gurgelndes Geräusch, das eher an einen verzweifelt nach Luft ringenden Schnarcher denn an eine Sprache erinnerte, »was auf irdisch wohl am besten mit Unsterblicher bezeichnet werden könnte, und man begegnet ihnen mit einem merkwürdigen Gemisch aus Hochachtung und Verachtung, Mißtrauen und Zutrauen, Abscheu und Aufmerksamkeit.« Pym registierte zufrieden, daß Tania bei jedem Wort seiner, wie er fand, kunstvollen Beschreibung aufmerksam genickt hatte.

»Es gibt nicht viele von ihnen, und man würde sie in dem Gedrängel, das in den Städten auf Zombister herrscht, kaum bemerken, wenn sie nicht immer von einem vierköpfigen Gefolge begleitet würden, und zwar so, daß die Zombies sich in einem leeren Quadrat bewegen, in der Regel in einer Art Rollstuhl.«

»Und diese Zombies sind unsterblich?« erkundigte sich Allistair.

»Ja und nein«, antwortete Pym, »befristet – ich erkläre es gleich. Ich hatte mich entschlossen, noch das Fest des dritten Mondes zu erleben, das höchste Fest auf Zombister, aber ich bereute es bereits, alle Welt schien unterwegs zu sein, ich fühlte mich hundeelend, ruderte verzweifelt mit den Armen, um der Masse zu entrinnen, in die ich rettungslos verkeilt schien, sehnte mich nach der Abgeschiedenheit meines Raumschiffes, da stand ich unversehens in einem leeren Geviert. Alle starrten mich entsetzt an, als hätte ich ein Tabu gebrochen, man schüttelte wütend die Fäuste und blickte mich an, als wollte man mich auf der Stelle steinigen. Die Zombesen, müßt ihr wissen, sind uns Menschen nicht nur ähnlich – entfernt, muß ich hinzufügen, denn sie besitzen drei Augen und einen beachtlichen

Schwanz, auf den sie sich nach Art unserer Känguruhs stützen, wenn sie ausruhen wollen –, sie haben auch etliche Sitten, besser Unsitten, die einst auf der Erde üblich waren, eine davon, daß man Gesetzesbrecher und Tabuverletzer öffentlich steinigt, ein äußerst ekelhafter Tod, weil die Steine auf Zombister selten mehr als Faustgröße erreichen und es folglich lange dauern kann, bis man so glücklich getroffen wird, daß man das Bewußtsein verliert. Ich entschuldigte mich mit der Großen Galaktischen Reue.«

Pym erhob sich und demonstrierte es, obwohl alle Anwesenden diese Geste spätestens im ersten Semester gelernt hatten, wenn sie sie nicht, wie zu vermuten, bereits als Kind auf der Straße geübt hatten, kreuzte die Arme über die Brust, legte die Hände mit den Handflächen nach außen auf die Schultern, reckte den Kopf vor, riß den Mund auf, streckte die Zunge weit heraus und verdrehte die Augäpfel zur Nasenwurzel.

»Ich registrierte erleichtert, wie die Mienen sich entspannten, man machte mir Platz, so daß ich wieder in die Menge zurücktauchen konnte. Aber ich hielt mich in der Nähe dieses merkwürdigen Quadrats, das sich durch die überfüllten Straßen schob, und studierte das Wesen in seiner Mitte, einen uralten Mann mit aschgrauer, verwitterter Haut, Falten noch in den Falten, er war in mehrere Lagen dicker Pelze gewickelt, aus denen nur der Kopf und die Hände herausragten, lange, dünne Finger, buchstäblich nur Haut und Knochen. Ich schob mich neben einen der wandelnden Eckposten und sprach ihn an. Ich bin fremd hier, sagte ich, es ist mir peinlich, wenn ich ctwas Falsches getan habe, kannst du mir erklären, was? Er würdigte mich keines Blickes, doch er zischte mir zu: Chrrrdsh, und mein Interpreter bot mir zwei Übersetzungen an: Unsterblicher und Hierarchos. Klar, daß ich meine Abreise verschob. Nicht eher, so sagte ich mir, bis du dieses Geheimnis gelüftet hast, Dablju,

(Pym, obwohl seiner Gesinnung und seinem Leben nach im wahrsten Sinn des Wortes ein Kosmopolit, ebenso seiner kosmischen Geburt an Bord eines Raumschiffes irgendwo zwischen Mars und Jupiter und seiner Herkunft nach, einer undefinierbaren Mischung aus negroiden, eurasischen, auch asiatischen Einflüssen – eine genetische Promenadenmischung hatte ihn einmal sein Halbbruder Orph genannt und dafür eine gewaltige Tracht Prügel bezogen –, fühlte sich als Brite und nannte sich selbst nur nach der Versalie seines zweiten Vornamens; das W wurde, wie viele sicher nicht wissen, im englischen Alphabet mit »dablju« buchstabiert. Zu seinem offiziellen Rufnamen hatte Pym eine ambivalente Haltung, einerseits schmeichelte es ihm, wenn man ihn den »Odysseus des Universums« nannte, andererseits verabscheute er diesen Namen, weil er ihn an seine nicht gerade erfreuliche Kindheit erinnerte, vor allem an das piepsende »Ossy« seiner zweiten Stiefmutter und das nicht weniger nervende »Dissylein« der Erzieherin im Mondheim. Das Jugendamt hatte Pym auf den Mond verbannt, nachdem er zum drittenmal mit Drogen erwischt worden war, wie aber hätte er diese Jugend unbeschadet ohne die wundersamen Drogenträume des in Wirklichkeit doch harmlosen Mescalicannibus ertragen sollen? Der halbstarke Verbannte verliebte sich abgöttisch in die ihm zugewiesene Patin, seine Erzieherin jedoch behandelte ihn, als sie seine unverhohlenen pubertären Blicke bemerkte, nur noch abweisend – vielleicht aus Selbstschutz, denn Pym war ein bemerkenswert schöner Jüngling – und nannte ihn hinfort »Dissylein«, sechs qualvolle Mondjahre lang; noch jetzt, tausend Jahre nach der Abschaffung dieser abscheulichen Erziehungsverbannung, litt Pym unter Alpträumen. Danach jedoch kam die glücklichste Zeit seines Lebens, das Studium in England. Pym hatte es sich mit eiserner Disziplin und eisernem Fleiß erkämpft, oder, wie er es nannte, »errostet«. Sein erster Tag in Oxford war noch nicht zu Ende, da hatte der Heimatlose, der seine Kindheit auf einem Asteroiden und seine Jugend an zahllosen Orten auf vier Kontinenten und auf dem Mond verbracht hatte, endlich eine Heimat gefunden. Fortan bezeichnete Pym sich als Brite – eine Bezeichnung, die meist auf Unverständnis stieß, da Britannien nicht einmal mehr als geographischer Name verwendet wurde –, lebte nach dem Grundsatz »Das Lebensziel eines Briten ist es, sicher ins Grab zu gelangen, ohne jemals das Gesicht zu verlieren«, und nicht selten sang er auf seinen Reisen durch das All lauthals »Rule, Britannia, Britannia, rule the worlds«.)

sperr Augen und Ohren auf! Du kannst unmöglich weiterreisen, ohne zu wissen, was es mit diesen Unsterblichen auf sich hat. Das jedoch erwies sich als äußerst schwierig. Ich habe nie herausbekommen, warum die Zombesen so geheimnisvoll taten, schließlich gehört dieses Phänomen zu den ehernen Grundsätzen ihrer Gesellschaft, ich kann es mir nur so erklären, daß sie in der ›splendid isolation‹ ihres Planeten inmitten der sternstaubigen Einöde am Rande der Galaxis generell der Meinung sind, ihre Sitten gingen andere Intelligenzen nichts an. Vielleicht aber sind sie auch durch schlechte Erfahrungen zu der ja nicht abwegigen Ansicht gekommen, daß jede kurze und damit notwendigerweise oberflächliche Erklärung am Ende doch nur zu Mißverständnissen führt. Wir selbst tun uns ja auch oft schwer, wenn wir aufgefordert werden, irdische Bräuche zu erläutern, und manche sind einem Fremden, zumal einem strikt logisch orientierten, wirklich nicht zu erklären. Wie, so frage ich euch, wollt ihr zum Beispiel einem Trachemiten klarmachen, warum sich Menschen mit Handschlag begrüßen? Wie einem Xandror, der sich durch Körperteilung vermehrt, das Inzesttabu erklären?« Pym registrierte beglückt, daß Tania sein Lächeln erwiderte.

»Ihr könnt euch vorstellen, wie sehr die Tabuisierung der Unsterblichen meine Neugier anstachelte. Von jetzt an suchte ich nur noch nach leeren Quadraten, vergeblich, und alle Versuche, im Büro für Fremdenverkehr, in der Zentraldatei des Zombister oder von einem Zombesen Auskunft zu erhalten, scheiterten, überall stieß ich auf eine Mauer des Schweigens. Ich hatte mich schon damit abgefunden, da, am letzten Tag meines Visums für Zombister, errang ich die Aufmerksamkeit eines Zombies, einer alten Dame, die ...«

Pym brach mitten im Satz ab, nahm einen Schluck Tee, dann einen zweiten; als erfahrener Erzähler wußte er, daß dies genau der rechte Zeitpunkt für eine Pause war, um die Spannung noch zu erhöhen. Und eine hervorragende Gelegenheit, Tania, die wie gebannt an seinen Lippen hing, tief in die Mandelaugen zu blicken. Ich muß sie fragen, ob sie nicht eine Weile mit mir reisen will, dachte er.

»Ich stand auf dem Balkon meines Hotelzimmers, um mich von der Abendbrise erfrischen zu lassen – da erblickte ich auf der Straße ein Quadrat. Ich stürzte hinunter, drängelte mich an den Rand des Quadrates, ging mit, bis der Zombie auf mich aufmerksam wurde. Ko, so hieß sie, zeigte mit dürren Fingern auf mich und erkundigte sich bei einem ihrer Begleiter, wer dieses merkwürdige Wesen mit nur zwei Augen und ohne Schwanz sei. Ich erklärte dem Mann, woher ich kam, und fragte ihn, ob ich mich der alten Dame nähern dürfe, es wäre mir ein Vergnügen und eine Ehre, ihr Auskunft über mich zu geben. Der Mann tuschelte kurz mit ihr, dann sagte er: Folge uns. So kam ich in die Villa von Ko, eines der luxuriösen Anwesen in dem abgesperrten Areal am Stadtrand, das mir bei meinen Helicopterausflügen aufgefallen war, denn hier gab es ausgedehnte Parks und Gärten wie sonst nirgends auf Zombister. Wir saßen bis spät in die Nacht auf der Terrasse, ich mußte von meinen Reisen berichten. Ko hörte aufmerksam zu, unterbrach mich nur selten, und wenn, dann stellte sie erstaunlich intelligente Fragen. Als ein erster Schimmer des Morgenrots das Ende der Nacht ankündigte, lud Ko mich ein, eine Weile bei ihr zu wohnen. Es tut gut, mit einem so weit gereisten Fremden zu plaudern, erklärte sie, du hast ja keine Ahnung, wie langweilig es ist, unsterblich zu sein. Als ich ihr sagte, ich müsse Zombister am Morgen verlassen, winkte sie ab; tatsächlich genügte ein kurzer Anruf bei den sonst unerbittlichen Behörden, um mein Visum auf unbestimmte Zeit zu verlängern.«

Pym blickte in die Runde, als warte er, ob jemand ihm eine intelligente Frage stellen wollte. Nur einer der Kadetten wagte sich mit einer, wie Pym fand, äußerst dummen und vorlauten Bemerkung hervor.

»Hat sie dir nichts angeboten?« erkundigte er sich.

»Was?«

Pym überging die Frage.

»Ich blieb drei Wochen bei Ko«, fuhr er fort, »tagsüber war ich mir selbst überlassen, das Gelände der Villa durfte ich nicht verlassen, doch ich konnte ungehindert in ihrer Bibliothek herumstöbern – zum Glück bekam ich jetzt das Lesegerät meines Interpreters innerhalb von wenigen Stunden repariert –, durfte mich in den wundervollen Gärten ergehen und im Wellenbad schwimmen. Wenn die Abendkühle einsetzte, traf ich mich mit Ko auf der Terrasse und erzählte ihr im Schein der Monde. Ich wartete geduldig – ihr versteht, daß ich Angst hatte, nach so langer Zeit noch mit einem falschen Wort alles zu verderben –, als Ko jedoch immer häufiger ihre Hand auf meinen Arm legte, glaubte ich, daß sie genügend Zutrauen zu mir gefaßt hätte. Darf ich etwas fragen? erkundigte ich mich. Nur zu, erwiderte sie. Wie alt bist du? Sie überlegte kurz, dann antwortete sie: zweihundertzwölf Jahre. Und warum treffen wir uns nur abends, fragte ich, die Wärme müßte dir doch guttun? Tagsüber bin ich auf den Rieselfeldern, antwortete sie. Ich muß wohl ein sehr dummes Gesicht gemacht haben, denn sie kicherte vergnügt. In dieser Nacht erfuhr ich das Geheimnis der Unsterblichen von Zombister.«

Das Kännchen war leer, Pym bestellte Rheinwein. Er fuhr erst in seinem Bericht fort, nachdem er den Wein mit zeremoniellem Schmatzen gekostet und danach in scheinbar gedankenverlorenem Schweigen die Pause bis zur letztmöglichen Sekunde ausgedehnt hatte.

»Die Zombesen haben, hatten, muß ich wohl sagen, denn es ist ja Jahrhunderte her, eine verblüffende Gesellschaftsform, eine hierarchische Diktatur hätten wir es genannt, als es auf der Erde noch Staaten und Regierungen gab. Das öffentliche Leben wurde von gut einem Dutzend staatlicher Institutionen geregelt, und jede dieser Institutionen hatte einen Regenten, den Hierarchos. Jeder, sofern er seinen Sachverstand auf dem betreffenden Gebiet ausgewiesen hatte, konnte sich um die Regentschaft bewerben, die Entscheidung traf der Rat der Hierarchen. Das Amt eines Regenten war mit ungeheurer Macht versehen, mit einer Fülle von Privilegien, die uns unvorstellbar ist. Verglichen mit anderen Zombesen lebte er in Saus und Braus, konnte sich jeden Wunsch erfüllen, jedem Gelüst frönen, das wichtigste Privileg eines Hierarchen: Er hatte fast unbegrenzte Möglichkeiten, sich zu verwirklichen, seine Ideen und Pläne wurden ausgeführt; gab es Einwände oder andere Vorschläge, so hatte er die entscheidende Stimme bei allen Entscheidungen.«

»Kaum zu glauben«, sagte einer der Kadetten, »das ist ja finsterstes Mittelalter.«

Pym überhörte den Einwurf.

»Und ist einer erst ein Hierarchos«, sagte er, »so bleibt er es zeit seines Lebens. Erst wenn die Ärzte oder die anderen Regenten im Rat der Hierarchen meinen, daß er seinem Amt nicht mehr gewachsen ist, geht er in den Ruhestand, aber: Er wird ein Unsterblicher, wird mit aller Kunst der Medizin am Leben gehalten, sein Körper wird durch Transplantationen oder mit verblüffend kunstvollen Prothesen ständig erneuert, im Extremfall wird das Gehirn in einen jungen Körper transplantiert. Der älteste Hierarchos, so sagte Ko, sei über vierhundert Jahre alt und könne nur noch in einem fahrbaren Intensivbett existieren.«

»Warum, zum Teufel, will er dann unsterblich bleiben?« rief Allistair.

»Das ist keine Frage des Wollens«, erklärte Pym, »das ist die Bedingung und der Haken des Hierarchenamtes: Er muß so lange am Leben bleiben, bis alle Folgen seiner Regentschaft sichtbar geworden sind und er in einer allgemeinen Volksabstimmung entlastet und seines Lebens enthoben wird, mehr noch, er darf sich nicht an einen abgeschiedenen Ort zurückziehen, sondern muß jeden Tag sozusagen am Puls der Zeit bleiben, die Folgen seiner Regentschaft am eigenen Leib auskosten. Ko, zum Beispiel, war Regent für die Landwirtschaft. Gegen Ende ihrer Regentschaft hatten die zombesischen Genetiker ein Supertier konstruiert, das zwar nicht laufen konnte, sondern in Intensivställen gehalten werden mußte, aber sowohl Milch und Fett wie auch Fleisch und Eier lieferte, lebende Fabriken, die die Versorgung der damals gerade explodierenden Bevölkerung garantierten; was Ko nicht bedacht hatte und auch nicht mehr in den Griff bekam, waren die Unmengen an Kot und Jauche, die bei der Intensivhaltung entstanden. Die Gülle verseuchte weite Landstriche, und die Zombesen waren nicht zu überzeugen, daß sie weniger verzehren sollten. Nun mußte Ko, bis ein Verfahren gefunden wurde, mit der Gülle fertig zu werden und die verwüsteten, stinkenden Rieselfelder wieder in blühendes Land zu verwandeln, sich jeden Tag dort aufhalten.«

Pym endete abrupt, ohne die Stimme zu senken, und genoß das verblüffte Schweigen seiner Zuhörer, die erst ihn, dann die Wände oder ihre Hände anblickten und überlegen mochten, was es für sie bedeuten würde, wenn dieser Brauch auch in den Gebieten der Menschen eingeführt würde.

»Arme Ko«, murmelte Tania.

Allistair schüttelte sich, verzog sein Gesicht zu einer angewiderten Grimasse.

»Das ist ja«, stotterte er, »das ist ja ...«

»Wolltest du schrecklich sagen?« erkundigte sich Pym. »Gut, für Ko schon, aber unter den Bedingungen einer hierarchischen Gesellschaft wie auf Zombister finde ich, daß es eine logische, sinnvolle und bemerkenswert gerechte Lösung ist.«

2.

Pym stand in der Sternengalerie und beobachtete das Auftauchmanöver eines Raumschiffes aus dem Hyperraum, und wieder verblüffte es ihn, daß das Raumschiff mit geradezu quälender Langsamkeit in den Raum wuchs. Was, dachte er, empfinden die Astronauten in diesen Minuten? Er nahm sich vor, Allistair danach zu fragen. Oder Tania!

Pym hatte sich die Haare schneiden und, zum erstenmal seit zwölf oder fünfhundert Jahren, den Bart stutzen lassen und sich im Magazin einen neuen Anzug gedresst. Er hatte lange in der Datei des Dressomaten suchen müssen, bis er den Schnitt eines klassischen oder, wie die Nomenklatur es bezeichnete, »altväterlichen« Zweiteilers aus dem dritten Jahrtausend gefunden hatte. Es schien ihm undenkbar, sich Tania in einer dieser modischen, glitzernden, changierenden, mit Pailletten übersäten Kombinationen zu präsentieren, und er trug zu dem plissierten weißen Hemd eine grau-blaue Krawatte mit silbernen Streifen und goldenen Punkten. Er hoffte, daß Tania ihn fragen würde, warum er gerade diese Farben gewählt hatte, daß er ihr dann erklären konnte, das seien die Farben seines Colleges an der Universität von Oxford, wo er Astronautik studiert hatte, und so ganz selbstverständlich auf seine Studienjahre kommen konnte. Und en passant bemerken, daß er im Grunde nicht einmal zwanzig Jahre älter sei als sie. Pym blickte zur Uhr, noch eine Viertelstunde bis Sonnenuntergang,

(Dieser »Sonnenuntergang« ist eine der für Fremde so schwer verständlichen Konventionen der Menschen. Jeder Exterrist erkundigt sich unwillkürlich, ob denn auf der Erde die Sonne nicht zu jeder Minute über irgendeinem Ort untergehe, ob der Planet wirklich eine derart langsame Rotation besitze und wie sich da intelligentes Leben habe entwickeln können. Niemand kennt mehr den Ursprung dieser Sitte, doch wo immer im Universum sich Menschen aufhalten und was immer ihr Programm sein mag, wenn keine Krisen- oder gar Katastrophensituation vorliegt, wird der »Sonnenuntergang« als Stunde der Geselligkeit begangen, und als Reverenz an den altehrwürdigen Meridian von Greenwich, nach dem sich einst die Seefahrer orientierten, gilt der Moment des Sonnenuntergangs über dem südenglischen Städtchen als der richtige Zeitpunkt – was Pym verständlicherweise nur zu recht war. Kein Mensch kann diese Konvention einem Exterristen logisch erklären, am besten, man versucht es erst gar nicht, bezeichnet sie als ein Ritual, und nichts anderes ist es ja, und wie alle Rituale ein wenig irrational, um nicht zu sagen unsinnig, zumal wenn man den Aufwand bedenkt, mit dem dieser Zeitpunkt selbst in den entferntesten Gebieten der Galaxis berechnet wird. Pym bezweifelte – und nicht nur er –, daß es überhaupt möglich sei, die galaktische Zeit des jeweiligen Raumabschnittes auf Greenwich umzurechnen, schon gar nicht an Bord der jetzigen Raumschiffe, da bei den Hyperraumpassagen unvermeidliche Zeitturbulenzen auftreten, und seit Einstein lernt jedes Kind, daß Zeit nur relativ und zwischen zwei gegeneinander beschleunigten Systemen vergleichbar ist. Er vermutete, daß es selbst auf Point Six, nur ein halbes Lichtjahr von der Erde entfernt, zu herben Enttäuschungen käme, wäre man in der Lage und willens, die Synchronisation des ritualen mit dem realen Sonnenuntergang über Greenwich zu messen; niemand jedoch würde auf die verrückte Idee kommen, eine derartige Prüfung vorzunehmen, der Bordcomputer sagt, wann »Sonnenuntergang« ist, und wer würde einem BC 7a widersprechen?)

er wollte auf die

Minute pünktlich in der Kantine erscheinen. Britisch sein, das hatte er tief im Bewußtsein wie im Unterbewußtsein verankert, hieß nicht nur, fair und tolerant, sondern auch zuverlässig zu sein, also pünktlich, obwohl ihm das heute schwerfiel, denn möglicherweise bekam er so einen ungünstigen Platz, von dem aus er Tania schlecht sehen konnte. Pym registrierte belustigt, wie sein Körper auf dieses Dilemma reagiert hatte: Ohne es zu merken, hatten seine Füße ihn immer weiter die gläserne Wand entlang in Richtung Ausgang getrieben, seine Hände jedoch umschlossen fest das glatte Metall des Geländers. Das Raumschiff lag jetzt in voller Größe vor ihm auf einer durch Lichtbojen markierten Parklinie,

(Point Six liegt an einem der seltenen Dreifachknoten der Raumzeit, die man nach einer hinterlassenen und lange Zeit unverständlichen Notiz Einsteins entdeckt hatte und die den Einstieg in den Hyperraum erlauben, ist sozusagen ein Tor zu den Einstein-Rosen-Brükken, ein Knotenpunkt der transgalaktischen Routen, und hier mußte man die Raumschiffe bei ihrem letzten Halt im Raum, bevor sie scheinbar im Nichts verschwanden oder aus dem Nichts entstanden, nicht den sonst so komplizierten Einparkmanövern unterwerfen, sondern konnte sie einfach auf einem Feldliniengitter parken.)

und die unterschiedlich vierfarbigen Heckflossen verrieten, daß es sich nicht um ein irdisches Raumschiff handelte. Die mattglänzende Spindel weckte in Pyms Gehirn zwei Erinnerungen, die ein Lächeln auf seine Lippen zauberten, die erste: Vater mit einer Zigarre im Mund, sie stehen beide auf der Terrasse des Hauses in Dierhagen und sehen hinaus auf die See, die Arme auf das Geländer gestützt, ihre Ellenbogen berühren sich, und als vom Haus her das Gezeter der Stiefmutter ertönt, wann er sich endlich dieses Steinzeitlaster abgewöhnen wolle, blickt Vater ihn an, und sie lächeln sich verschwörerisch zu. Pym glaubte in diesem Augenblick den Duft der Zigarre wahrzunehmen, und er dachte wehmütig, daß er der einzige Mensch sei, der wußte, was eine Zigarre gewesen war, obwohl man noch immer die Redewendung »einem eine Zigarre verpassen« benutzte, sogar als Steigerung »eine galaktische Zigarre«. Die zweite Erinnerung: Jennifer, die unter ihrem Zepp hängt und mit kraftvollen Kraulstößen ihrer nackten Beine an ihm vorüberzieht, ihre langen schwarzen Zöpfe flattern im Sog des Gegenwinds. Der gute alte Zeppelin erlebte damals seine zweite Renaissance, diesmal als Kinderspielzeug und Sportgerät, der zwölfjährige Pym war wie verwachsen mit seinem »Flippy«, einer der besten jugendlichen Zeppflieger der Erde, doch er hatte seinen Olympiadesieg im Kunst- und Zielflug an Jennifer, seine erste Liebe, verschenkt.

Jetzt, ein Jahrtausend später, fand er es wunderbar und beglückend, daß seine Kindheit auf diese Weise mit der gesamten Galaxis, wenn nicht sogar mit den Milliarden Galaxien des Universums verbunden war, denn für Raumschiffe, die den Hyperraum passieren wollten, gab es, von welcher der möglicherweise Milliarden belebter Welten der Milchstraße auch immer sie kamen, von welcher Intelligenz, mit welcher Tradition und welchem Entwicklungsniveau sie auch gebaut wurden, nur die Zigarrenform.

»Oh, Besuch«, ertönte Tanias Stimme hinter Pyms Rükken. Er hatte ihr Kommen nicht bemerkt, gab ihr die Hand, drehte sich dann schnell wieder zur gläsernen Wand, damit Tania nicht mitbekam, daß er bis an die Haarwurzeln rot geworden war.

»Warum«, sagte sie, »ist es gerade für einen Trachemiten unverständlich, daß wir Menschen uns mit Handschlag begrüßen?«

»Weil die Trachemiten ihre Sehorgane in den Handflächen haben«, antwortete Pym. Er nickte zum Raumschiff. »Woher mögen sie kommen?«

Das Wanddisplay gab Auskunft: vom Xenos, und seine

Besatzung bestünde aus vierköpfigen Schleimern auf dem Weg zum Alpha Centauri.

»Gott sei Dank«, sagte Pym, »mir steht der Sinn wahrlich nicht nach Außerirdischen beim Abendessen. Gehen wir? Balthasar wird wütend, wenn man sich verspätet. Du hast hoffentlich das Menü bestellt?«

Tania nickte.

»Aber warum sollte der Kantinier wütend werden, wenn man sich etwas verspätet?« fragte sie verwundert.

»Nicht Kantinier«, berichtigte Pym, »Koch! Balthasar ist einer der größten Köche, die die Erde je hervorgebracht hat, ein Künstler, ein Genie, und wie alle Gourmets besteht er auf der ehernen kulinarischen Regel, daß nicht das Essen auf den Gast, sondern der Gast auf das Essen zu warten hat.«

»Komisch«, meinte Tania.

»Nein, logisch«, widersprach Pym. »Ein Koch wie Balthasar serviert seine Speisen à la minute: in dem Augenblick, da sie das Maximum an Schmackhaftigkeit besitzen.«

Da die Kadetten noch nicht eingetroffen waren, hätten sie sich gut nebeneinandersetzen können, doch Allistair hatte für Pym einen Platz an seiner Seite reserviert, und Pym traute sich nicht, ihn auszuschlagen, weil er befürchtete, erneut zu erröten; er stellte jedoch beglückt fest, daß Tania sich so setzte, daß sie sich anblicken konnten. Das Tischgespräch drehte sich um das Altwerden und die nach wie vor beängstigenden Aspekte des Alterns.

»Deine Schuld, Odysseus«, erklärte Allistair, »ich bin heute nacht aus einem Alptraum aufgeschreckt, ich hatte geträumt, ich müßte wegen meines mißglückten Landemanövers auf dem Mond jetzt so lange dort bleiben, bis ich die verbrannte Schicht mit meiner Buddelschippe abgetragen hätte. Danach verfiel ich ins Grübeln, ich werde doch nach dieser Reise pensioniert und ...« Allistair seufzte, sah Pym mitleidheischend an. »Der Gedanke an das Alter ist äußerst unerfreulich. Aber das geht ja allen Wesen auf allen Welten so.«

»Nicht überall«, sagte Pym, »ich habe eine Welt gesehen, in der die Leute sich geradezu darauf freuen, alt zu werden.«

»Die Rotarier?« Allistairs Tonfall verriet ein gerüttelt Maß an Verachtung. »Weißt du, Odysseus, das ist doch nur ein aus der Not geborener Selbstbetrug.«

»Betrug ja«, meinte Pym, »aber Selbstbetrug? Und aus der Not geboren? Wessen Not, die der Rotarier oder ihrer Bonzen?

(Die Rotarier hatten das Unglück, auf einem unwirtlichen Planeten zu leben, dem sie nur das Notwendige abringen konnten und ein so geringes Mehrprodukt, daß die gesellschaftliche Entwicklung sich sozusagen im Zeitlupentempo dahinschleppte. Als die rotarische Technik die Anfänge der Raumfahrt beherrschen lernte, stagnierte die Gesellschaft noch in einem technokratischen Feudalismus mit kaum verbrämter Leibeigenschaft, die Herrschaft über den Planeten wechselte zwischen zwei rivalisierenden Dynastien, und der über Jahrhunderte unveränderte staatliche Repressionsapparat hatte zu einer stagnativen Depressionsstruktur geführt, auf Rotaurus gab es keinerlei Opposition oder gar Revolutionen. Mit Ausnahme der Königshäuser und einer kleinen privilegierten Schicht der technischen Intelligenz lebten die Rotarier erbärmlich, und da ein erstrebenswertes Leben unerreichbar blieb, ja undenkbar schien, arbeitete jeder nur so viel, wie sein Aufseher ihm abzwingen konnte. Pym hatte den Rotaurus nie betreten, doch er hatte mit einem Touristenvisum den Ro'a, seinen Mond, besucht, dessen Landschaften von dem grauen Einerlei des Planeten so verschieden waren wie Smaragde von Kieselsteinen, und er träumte noch immer von den verschwenderischen Wäldern und Savannen, den jungfräulichen, von Zivilisation unberührten Bergen und Meeren, den in leuchtenden Farben schwelgenden Sonnenauf- und

-untergängen, fürwahr ein Paradies. Als das erste Raumschiff der Rotarier auf dem Mond gelandet war, hatten die beiden Dynastien den Ro'a sogleich zum Privatbesitz erklärt und unter sich aufgeteilt, später gaben sie Teile für den Fremdenverkehr frei und konnten so flüssigen Sauerstoff und Gen-Bänke für die von Erosion und Degeneration bedrohte Flora und Fauna des Rotaurus importieren. Als die Arbeitsleistung der Rotarier derart absank, daß der Lebensstandard der Königshäuser in Gefahr geriet, kam einer der Regenten – die beiden Dynastien stritten darüber, ob nun Kalup der Kahle oder Jerich der Große – auf die Idee, jedem Pensionär, der zeit seines Lebens sein Soll erfüllt hatte, eine Reise auf den Mond zu gewähren. Doch erst als man diesen Anspruch erweiterte und jedem loyalen Rotarier gesetzlich garantierte, den Lebensabend auf dem Ro'a verbringen zu können, ging der Plan auf: Die Rotarier schufteten und warteten voller Ungeduld auf das Alter, das ihnen die Wonnen des Mondes verhieß, nur hatten die Pensionäre nicht mehr viel von dem Paradies, denn inzwischen waren sie zu gebrechlich, um sich in den Meeren zu tummeln oder die bezaubernden Hänge der Gebirge zu erklettern, ihre Augen zu geschwächt, als daß sie die Farbenpracht des Ro'a bewundern konnten, ihre Nasen zu abgeschlafft, um die betörenden Düfte der Zehntausende Arten von Blumen zu genießen.)

Ich habe seinerzeit gefragt, warum die Rotarier nicht lieber jedes Jahr vier Wochen auf dem Mond verbringen«, sagte Pym, »rein rechnerisch wäre das möglich gewesen, selbst wenn man den Bonzen ihre Schlösser und Jagdgründe beließ, doch keine zehn Minuten, nachdem ich das ausgesprochen hatte, eskortierte man mich zu meinem Raumschiff. – Aber ich meinte nicht die Rotarier, als ich von einem Planeten sprach, auf dem man sich freut, älter zu werden, ich meinte die Opposiden.«

Allistair zuckte mit den Schultern. Pym wollte gerade

weiterreden, da wurde die Suppe serviert, und Pym hob entschuldigend die Hände; so gerne er erzählte, so doch nie während des Essens und schon gar nicht bei einer solchen Köstlichkeit wie Balthasars Biersuppe mit Rosinen. Er ließ sich auch nicht von Allistair verleiten, in den Pausen zwischen den Gängen zu reden; sobald er das Besteck beiseite gelegt hatte, lehnte Pym sich zurück, verschränkte die Arme über der Brust, saß mit halbgeschlossenen Augen da, als sei er tief in gewichtigen Gedanken versunken, und beobachtete heimlich Tania, die sich recht vertraulich und zuweilen herzhaft lachend mit ihrem Tischnachbarn unterhielt. Pym stellte verblüfft fest, daß er mit Eifersucht reagierte, und dachte verwundert: Dablju, alter Junge, du hast dich doch nicht etwa verliebt?

Er hatte geglaubt, das Kapitel Liebe ein für allemal abgeschlossen zu haben. Mußte nicht jede Menschin ihn für ein Monster halten, ein lebendes Fossil? Tausend Jahre – eine Ewigkeit! In den historischen Dateien waren die Jahre, in denen er auf der Erde gelebt hatte, längst zu einer winzigen Notation zusammengeschrumpft; er war noch zur Schule gegangen, Auto gefahren, hatte geboxt und geraucht, war noch von einer Frau geboren worden – und möglicherweise war er Vater gewesen. Pym mußte grinsen, als er jetzt daran dachte, wie er einmal die paradoxe, wenn auch nur theoretisch mögliche Konsequenz berechnet hatte,

(Wie viele Studenten damals hatte Pym sich als Samenspender zur Verfügung gestellt, und einmal, als er zwischen zwei Welten pendelte und sich gerade der Tiefkühltruhe anvertrauen wollte und deprimiert daran dachte, daß wohl niemand um ihn trauern würde, wenn das Aggregat versagte, hatte Pym sich gefragt, ob es noch einen Menschen geben mochte, der seine Gene weitergab. Er befragte den Computer, wieviel davon übriggeblieben sei, wenn man von vier Generationen pro Jahrhundert ausging und daß bei jeder Befruchtung der Chromosomensatz halbiert wurde. Das Ergebnis war niederschmetternd: 2^{-40}. Dann hatte Pym die Rechnung umkehren, den Computer berechnen lassen, wie viele Nachkommen er theoretisch haben konnte, wenn man damals mit seinem Samen nur zwei Eier befruchtet und jeder Nachkomme wiederum für zwei Kinder gesorgt hätte: 2^{40}! Über eine Billion. Eintausendundneunundneunzig Milliarden, ein Vielfaches dessen, was es an Menschen auf der Erde und allen Kolonien gab. Theoretisch könnte jeder heute lebende Mensch einer seiner Abkömmlinge sein, mehr noch, das war genug, um auf jeden der zweihundert Milliarden Sterne der Galaxis eine Delegation von Pyms zu schicken. Der Computer in seinem humorlosen, auf Zahlen fixierten Gehirn ergänzte Pyms Rechnung. Wenn er hundert Jahre alt würde, nach Realzeit also noch ein weiteres Jahrtausend lebte, würde er mit seinen Nachkommen die Galaxis sogar überschwemmen: über eine Quatrillion, mehr als sechs Billiarden Pyms für jeden Stern der Milchstraße!* Pym hatte laut lachen müssen, als der Computer das sagte.)

Odysseus W. Pym als Stammvater der Galaxis! Welch wundervoller Witz. Pym war sicher, in dieser Runde ungeheure Verblüffung und homerisches Gelächter damit hervorzurufen, doch er mußte sich das verkneifen, wollte er sich nicht jede Chance bei Tania verderben; am Ende kam sie darauf, daß sie tatsächlich seine Urgroßenkelin sein konnte. Wahrlich, er war ein Monster. Aber wenn er bedachte, wie Tania ihn gerade anlächelte, wohl noch immer ein liebenswertes. Ich werde sie fragen, dachte er, noch heute abend.

Allistair trommelte ungeduldig mit den Fingern auf den Tisch, während Pym geruhsam den Nachtisch löffelte – Baumkuchen mit Himbeersorbet und warmer Champagnercreme –, als Pym den ersten Schluck Mokka zu sich genommen hatte, polterte er los.

* Für Liebhaber exakter Zahlen: $2^{40} = 1\,099\,511\,627\,776$;
$2^{80} = 1\,208\,928\,441\,154\,629\,174\,706\,176$

»Nun spann uns nicht länger auf die Folter, Odysseus. Was ist mit diesen Opposiden?«

»Ein äußerst bemerkenswertes Völkchen«, sagte Pym. »Wohl die erstaunlichste aller Welten, die ich besucht habe, und das sind nicht gerade wenige. Ich weiß, es klingt lügenhaft, was ich euch jetzt erzählen werde, doch ich habe es mit eigenen Augen gesehen«, Pym zeigte mit ausgestreckten Zeigefingern auf seine Augen, »und das Universum ist ja voller Unglaublichkeiten für unsereinen, oder nicht?« Alle nickten, sogar die Kadetten, die kaum mehr als das heimatliche Sonnensystem erlebt hatten.

»Ich glaube nicht, daß das Leben auf Opposister sich so entwickelt hat«, meinte Pym, »ich denke, irgendwann haben sie es neu programmiert, ich konnte das nicht in Erfahrung bringen. Seit Menschen-«, Pym korrigierte sich, »seit Opposidengedenken durchschreiten sie ihren Lebenskreis in umgekehrter Reihenfolge, kommen sozusagen als Greise zur Welt, lernen, studieren, arbeiten, immer jünger werdend, und wenn sie das Stadium erreichen, das wir als Jugend bezeichnen würden, setzen sie sich zur Ruhe und genießen ihren Lebensabend im Vollbesitz ihrer geistigen wie körperlichen Kräfte in einer unbeschwerten Jugend und Kindheit. Der Opposister ist ein Paradies für junge Leute: keinerlei Verpflichtungen, keine Erziehung, keine Bevormundung, Ermahnungen, Gängeleien, sie können sich umsorgen und verwöhnen lassen, ohne Verpflichtungen auf sich zu nehmen, tun und lassen, ohne an nachteilige Folgen zu denken, sie müssen sich niemandem anpassen, sich nie verstellen, sich keine Frage verkneifen, können alles aussprechen, alle Gefühle ausleben, müssen sich nichts, aber auch gar nichts verkneifen. Dafür herrscht ungezügelte Lust, Spiel und Spaß, Faulenzen, Vergnügungen – wenn ich etwas nennen sollte, was den Opposister besonders kennzeichnet, dann würde ich das Lachen nennen, alle Varianten: Kichern, Grölen, Blöken, Wichern … Unsere Sprache ist zu arm, um es auszudrücken, das Opposidische kennt über hundert Wörter und Synonyme für alle Nuancen, und es gibt auf Oposister eine Olympiade des Lachens mit Medaillen in den einzelnen Sparten. Da die jungen Alten sich ausgesuchter Gesundheit erfreuen, ist ihr Lebensinhalt Bewegung aller Art, Sport und ...« Pym sah in die Runde, blickte Tania tief in die Mandelaugen, »... Liebe. Ja, vor allem die Liebe oder, um es unverhohlen auszusprechen, Sex. Ich wollte, ich könnte einen derart schönen Lebensabend genießen!«

»Vor allem den Sex, was?« rief einer der Kadetten vorlaut.

»Warum nicht?« erwiderte Pym. »Was ist schlecht an Sex? Du hast wohl noch keine Ahnung, nicht wahr?«

Der Kadett errötete bis hinter die Ohren, Tania schmunzelte.

»Aber es ist weniger der Sex, um den ich die Opposiden beneide«, sagte Pym, »davon habe ich wohl mehr erlebt als ihr jungen Dachse zusammen, und in Variationen, von denen ihr noch nicht einmal träumen könnt, nein, es ist das heitere, sorglose, unbeschwerte Leben. Während unsereins von Jahr zu Jahr abbaut, sich im Alter frustrierend einschränken muß, brauchen sie sich in keinem der leiblichen Genüsse zurückzuhalten, können nach Herzenslust essen und trinken ...«

»Beneidenswert, fürwahr«, stöhnte Allistair. »Wenn ich an meinen ausgeklügelten Diätplan denke – und wozu das Ganze?«

»Ihre letzten Monate«, fuhr Pym fort, »sozusagen ihre Babyphase, ist buchstäblich ein Traum; wie unsere Babys auch verbringen die Opposiden sie vorwiegend träumend. Und was für Träume müssen das sein! Ich habe eine Babystation besuchen dürfen, noch nie zuvor habe ich derart verzückte, selig lächelnde Gesichter gesehen. In dieser Zeit wächst eine Art Eischale um den Opposiden herum, die sich nach seinem letzten Atemzug schließt und in der er dann beigesetzt wird. An einem bezaubernden Berghang, in einem Reihengrab, das sich in enger Spirale von dem schneebedeckten Gipfel des höchsten Berges auf Opposister ins Tal zieht.«

3.

Pym verharrte in der Sternengalerie und wartete auf Tania. Jetzt parkte ein halbes Dutzend Raumschiffe auf dem Feldliniengitter, ein siebentes tauchte gerade aus dem Hyperraum auf. Pym drehte sich nicht um, als er Tanias Lachen vernahm, er tat, als sei er völlig in den Anblick der Schiffe und des über, unter, neben und zwischen ihnen glitzernden Sternenhimmels versunken. Er hatte schon Angst, Tania würde ihn nicht stören wollen, da verabschiedete sie sich von den anderen und trat zu ihm.

»Phantastisch, nicht wahr?« Dann lachte sie, »Ich Dummkopf hatte mich so gefreut, während der Reise das All zu sehen – wenn man die Sterne nur auf dem Monitor zu sehen bekommt, ist es nicht anders als im Video.«

»Da lobe ich mir meine gute alte Kiste«, sagte Pym. »Mein Raumschiff hat noch ein Fenster.«

»Daß der TRABANT überhaupt noch fliegt! Hast du keine Angst, Odysseus? Ich dachte bisher, so etwas gäbe es nur noch im Museum.«

»Jetzt, da Slaschnikow sich zur Ruhe gesetzt hat, ist er auch der letzte der Mohikaner –«, Pym ging nicht auf Tanias fragenden Blick ein, er hoffte, daß er noch viel Zeit haben würde, ihr zu erklären, was ein Mohikaner gewesen war, ihr sogar aus dem »Lederstrumpf« vorzulesen, »– aber warum sollte ich Angst haben? Mein TRABI ist tipptopp in Ordnung, die Werft von Point Six arbeitet zuverlässig. Sie ist allerdings auch die einzige für mein Raumschiff; wenn ich eine Reparatur brauche, muß ich hierherkommen. Und eine Vorausmeldung geben, damit sie die notwendigen Teile bereits hergestellt haben – das Ersatzteilproblem wird von Jahrhundert zu Jahrhundert prekärer, und ich will meine Zeit schließlich nicht mit Warten verplempern.«

»Bist du wegen einer Reparatur hier?«

»Nein. Ich wollte mal wieder mit Menschen reden. Und noch einmal Balthasars Künste genießen.«

»Das kannst du doch, sooft du willst«, rief sie, »Wer, wenn nicht du! Du bist dein eigener Herr ...«

»Du vergißt meinen Lebensrhythmus, Tania. Balthasar altert normal. Wenn ich das nächste Mal nach Point Six komme, wird er ein Greis sein. Oder tot.«

Das Raumschiff war inzwischen völlig aufgetaucht, wurde zum Parkfeld bugsiert, eindeutig ein irdischer Hyperkreuzer.

»Unser Schwesternschiff«, erklärte Tania, »die TERRA VIERZEHN. Siehst du die Markierung: ix, i, vau, das sollen antike Zahlen sein; weiß der Teufel, warum man gerade sie für die modernsten Schiffe gewählt hat. – Was bedeutet eigentlich das W in deinem Namen?«

Pym schwieg überrascht, zögerte.

(Pym hatte im Laufe der Zeit mehrere Versionen in Umlauf gesetzt, was sich hinter dem W verbarg. Einige Spötter meinten, weil er es längst vergessen habe, andere, weil ihm die Wahrheit peinlich sei. Das W bedeute Wampilo oder Walhallo oder Wahnfried oder noch Schlimmeres, sein Vater hätte ja wohl eine unglückliche Liebe zu prähistorischen Namen gehabt. In den letzten Jahrhunderten hatte Pym nur noch eine Version erzählt: Dahinter verberge sich ein für menschliche Zungen kaum aussprechbarer Ehrentitel, den ihm der GROSSE RAT des Barnardschen Pfeilsterns für seine Verdienste um die Rettung ihres Planeten verliehen habe: Wrrrdlpfrrrmph.)

Er hatte Hemmungen, Tania eine erfundene Geschichte aufzutischen, andererseits waren sie sich noch nicht vertraut genug, daß er ihr die Wahrheit verraten wollte.

»Das ist eine lange Geschichte«, sagte er. »Ein andermal, ja?« Und bevor sie ihm widersprechen konnte, erkundigte er sich, was man eigentlich empfinde, wenn das Schiff zwischen Raum und Hyperraum wechselte.

Tania blickte ihn verwirrt an. »Hast du das nie erlebt, Odysseus?«

»Nein, ich war noch nicht im Hyperraum«, gestand Pym.

»Was empfindet man?« sagte sie. »Leere, Angst, Langeweile – ja, das trifft es am ehesten: alles lähmende, tödliche Langeweile. Beim erstenmal dachte ich, wir hätten eine Havarie, und ich müßte jetzt sterben. Du kannst nichts tun, keinen Finger rühren, nicht einmal denken, und die Zeit scheint sich ins Unendliche zu dehnen.« Sie schüttelte sich. »Einfach entsetzlich. Aber was soll man machen?«

»Mit einem TRABANT reisen!« Pym zeigte schmunzelnd auf sein Raumschiff, das mit seinen vielfach gegeliederten Sektionen zwischen den eleganten Hyperkreuzern geradezu abenteuerlich bizarr wirkte; als habe ein Kind willkürlich Module aus seinen verschiedenen Baukästen gegriffen und zusammengesetzt. »Ich gebe zu, ein etwas veraltetes Modell ...«

»Jahre oder gar Jahrzehnte reisen, bis man einen Stern erreicht, das ist doch noch langweiliger«, meinte Tania.

»Ganz im Gegenteil!« rief Pym. »Gut, real gesehen dauert es länger, aber – gibt es jetzt Tiefschlafaggregate in den Hyperschiffen?«

»Bei Fristen unter zweihundert Tagen ist Tiefschlaf noch immer nicht möglich«, sagte sie.

Pym grinste. »Und während ihr euch monatelang durch den Raum quält, bis ihr an einem Point überwechseln könnt, lege ich mich schlafen, sobald der Kurs anliegt, und werde erst geweckt, wenn das Landemanöver beginnt. Also verbrauche ich mit meinem ›veralteten‹ TRABI viel weniger Lebenszeit; wenn ich vier Wochen für einen Besuch rechne, sehe ich ein Dutzend Welten pro Lebensjahr, und ihr?«

»Eine, höchstens zwei.« Tania sah ihn verblüfft an. »So

habe ich es noch nie betrachtet. – Aber du kommst niemals aus unserem Spiralarm heraus, Odysseus!«

»Sind die Welten hier weniger interessant?« fragte er zurück.

»Sicher nicht«, gab sie zu. »Wohin willst du als nächstes?«

»Zu einem der großen Wunder unserer Galaxis, zu den Unterwasserwelten des Hydros.«

»Oh, Odysseus«, rief sie, »du bist wirklich zu beneiden.«

»Wenn du Lust hast ...« Die Worte waren kaum über seine Lippen, da bereute er sie schon. Es war entschieden zu früh, viel zu früh, eine Einladung auszusprechen. Tania war zu intelligent, um nicht auf der Stelle zu merken, daß er sie da zu mehr als zu einem gemeinsamen Ausflug einlud – zu einem Leben. Wollte er das überhaupt? Tania bestimmt nicht. Sie blickte auf ihre Finger, die auf dem Metall des Geländers hin und her glitten. Auseinander, zueinander, auseinander ... Hatte Allistair nicht gesagt, Tania sei Kosmogator? Dann wußte sie, wo der Hydros lag, und konnte im Kopf ausrechnen, daß in den vier Wochen Lebenszeit für die Reise reichlich acht Jahrzehnte Realzeit vergingen und sie ihre Freunde auf der Erde bestenfalls als alte Leute wiedersehen würde. Du Idiot! beschimpfte sich Odysseus, konntest du nicht warten? Jetzt hast du dir jede Chance vermasselt. Gleich wird sie sich umdrehen und dir eine eiskalte Abfuhr erteilen. – Nein, sie lächelte!

»Lust hätte ich schon«, sagte sie, »aber ...«

»Dein Dienst zwingt dich, zur Erde zurückzukehren?«

»Nicht unbedingt ...«

»Jemand wartet auf dich?«

»Nein, aber ...« Jetzt trommelten ihre Fingerspitzen ein Stakkato auf das Metall. »Und du, Odysseus«, fragte sie, ohne sich umzudrehen, »hättest du nicht Lust, zur Erde mitzukommen?«

»Ich?« – In diesem Augenblick platzten Tanias Kollegen laut albernd in die Sternengalerie und enthoben ihn einer Antwort.

»Hier steckst du noch immer!« rief der Chief. »Komm mit, Tania, die Crew von der VIERZEHN gibt eine Begrüßungsparty, und die Kollegen behaupten, sie hätten wahre Wunder an Delikatessen vom anderen Ende der Welt mitgebracht, Genüsse, wie sie unsere Gaumen und Sinne noch nie erlebt hätten.«

Pym lud er nicht ein.

»Bis morgen«, flüsterte Tania, schenkte Pym noch einen langen Blick aus ihren Mandelaugen und streichelte im Weggehen mit den Fingerspitzen über seinen Handrücken.

Er blieb allein zurück in der Galerie, legte die Stirn an das gewölbte kühle Glas, blickte auf die Sterne zu seinen Füßen, war wütend, weil man ihm Tania entführt hatte. Und zugleich glücklich. Weil sie nicht nein gesagt hatte. Und ihn gefragt, ob er zur Erde mitkommen wolle. Das hieß doch: mit ihr!

Er war nur zu gerne bereit, ein paar Wochen oder Monate – ja sein ganzes Leben! – an ihrer Seite zu verbringen, doch auf der Erde? Vor langer Zeit schon hatte Pym sich geschworen, nie wieder zur Erde zurückzukehren, und als er seinen Vorsatz einmal durchbrochen hatte, vor zehn, nein, Pym korrigierte sich, vor mehr als vierhundert Jahren, hier zählte nur die Realzeit, hatte er es schon am ersten Tag bitter bereut,

(Pym war zur Zweitausendjahrfeier von Dublin zur Erde geflogen, hatte sich beeilt, um am »Bloomsday« dort zu sein, jenem 16. Juni, an dem Leopold Bloom, der Held des »Ulysses«, seinen berühmten Gang durch Dublin gemacht hatte und der seitdem, wie Pym dem Nachwort des Romans entnahm, der wichtigste Feiertag in Dublin war. Pym hatte zu jener Zeit den »Ulysses« von James Joice zur Nummer eins der kleinen Bibliothek erklärt, die er bei seinen jahrzehntelangen und lichtjahreweiten Reisen durchs All bei sich führte, er hatte sogar mit dem Gedanken gespielt, sich hinfort Ulysses zu nennen, um so dem Geist des großen irischen Dichters näher zu sein, doch davon sah er ab, als er feststellen mußte, daß kaum noch ein Irdischer den »Ulysses« kannte, während der Odysseus zum Pflichtpensum der ersten Ausbildungsstufe gehörte. Dieser Name war sogar auf manch ferner Welt ein Begriff, wenn auch nur als Synonym für Weltenbummler, und die warzenhäutigen Ugliden kannten, obgleich in arg verstümmelter Form, die »Ilias« und die »Odyssee« – Pym hatte nicht erfahren können, wie die antiken griechischen Sagen nach Uglister gekommen waren –, nahmen sie gar für bare Münze und zeigten sich verwundert, als Pym auf ihre Fragen, ob Troja wieder aufgebaut und was aus der Schönen Helena geworden sei, den Ugliden erklären wollte, was es damit wirklich auf sich hatte. Sie glaubten ihm kein Wort, mehr noch, sie schoben ihn wegen »übler Hetzpropaganda« ab, denn die Ugliden hatten die Schöne Helena in ihr Herz geschlossen – wenn man den überdimensionalen Bauchsack, der das grüne, schwerflüssige Aluminiumsulfat durch ihren unförmigen Körper pumpte, das sie an Stelle des Blutes durchströmte, ein Herz nennen wollte –, verehrten sie wie eine Göttin. Pym hatte allerdings den Verdacht, daß ihr Bild von der Schönen Helena dem irdischen Vorbild kaum ähnlich sein dürfte. – Pym war von Dublin enttäuscht. Gewiß, man gab ihm einen Ehrenplatz bei dem Jubiläumsbankett, er durfte sogar die Urkunde besichtigen, die den Anlaß zu der Zweitausendjahrfeier lieferte, eine Eselshaut, die ein Wikingerkönig im Jahre 988 mit seinem längst nicht mehr entzifferbaren Namen gezeichnet hatte und nach der die Dubliner nun »für alle Zeiten« den Wikingern tributpflichtig seien, doch von der Stadt, auf die er sich so gefreut und die er nach der minutiösen Beschreibung im »Ulysses« wie die sprichwörtliche Westentasche zu kennen geglaubt hatte, war schon seit tausend Jahren nichts mehr übrig; weder Bloom's Haus in der Eccle Street mit »der 4. der äquidifferenten ungeraden Nummern«, also der Sieben – die berühmteste literarische Adresse der Erde überhaupt, hatte es in dem Nachwort geheißen –, noch die Nassau Street, wo Bloom »vor dem Schaufenster von Yeates und Sohn stehenblieb, um die Preise der Feldstecher zu studieren«, oder die Grafton Street, »fröhlich mit ihren festgezurrten Markisen« … selbst das bei Joice noch „rotzgrüne Meer" waberte jetzt in bleigrauer Trägheit gegen die Kaimauern.)

und nach einem kurzen Besuch in Oxford war Pym enttäuscht abgereist,

(Oxford, obwohl noch immer eine der berühmtesten Universitäten der Erde, hatte nichts mehr von der »Stadt der träumenden Zinnen«, wie die Ansammlung der klosterähnlich ummauerten Colleges noch zu Pyms Zeiten poetisch verklärt wurde. Die »Bulldogs«, die universitätseigenen Polizisten mit ihren steifen Bowlerhüten und den eisenbeschlagenen Schuhen, die auf dem Kopfsteinpflaster weithin schallten, waren bereits in Pyms Jahren als Oxonian nur noch Show für die Touristen gewesen, doch daß jetzt nicht einmal mehr ein Bild von ihnen in der Videochronik gezeigt wurde, war für Pym ein bestürzendes Zeichen für den Totalverlust des einst so berühmten britischen Traditionalismus. Zwar hießen die einzelnen Colleges noch immer »St. John's« oder »St. Anthony's«, doch sie residierten in supermodernen Bauten, einzig die Bodlein Library existierte noch – unter einer Glaskuppel, kein Museum, sondern ein Artefakt, das Pym nicht betreten durfte, weil man Angst um die alten Handschriften und Karten hatte.)

das war nicht mehr sein Heimatplanet. War er es jemals gewesen? Wenn Heimat, wie Burroughs schrieb, die Landschaft ist, in der man seine Kindheit verbracht hat, dann wohl eher der Asteroid Sirenus. Pym lag lange wach und grübelte. Der Gedanke, daß Tania ihm bereits morgen oder übermorgen für alle Zeiten entführt werden konnte, raubte ihm den Schlaf. Sollte er ihretwegen noch einmal zur Erde fliegen?

Pym hatte damals lange darüber nachgedacht, warum die Erde ihm fremder erschienen war als all die anderen Welten, und war zu dem Schluß gekommen, daß es an der irritierenden Ähnlichkeit der Irdischen, der nicht wegzudenkenden Verwandtschaft lag, daß sie zwar aussahen wie er und sprachen wie er, doch derart verschieden waren, daß er ihre Sitten, Normen und Gebräuche nur mit Mühe entziffern konnte. Auf jedem anderen Planeten mußte er sich nicht groß darum scheren, mußte sich nur minimal anpassen, wie es ein Gast halt tun muß, auf der Erde jedoch wurde er, da jeder ihn für einen Irdischen hielt, andauernd in Erklärungszwang gebracht, wenn er sich wieder einmal danebenbenommen hatte oder selbst bei den alltäglichen Dingen um Hilfe bat – und dann wie ein Monster angesehen. Es würde Jahre dauern, bis er kein Fremder mehr war, und wenn Pym etwas verlernt hatte und auch nie wieder lernen wollte, dann, sich anzupassen.

Vielleicht aber würde es Spaß machen, die Erde wie ein Tourist zu besuchen, ein paar Wochen an Tanias Seite? Dieser Gedanke ließ Pym lächelnd einschlafen.

4.

Den nächsten Vormittag verbrachte Pym in der Datothek von Point Six und sah sich Videos an, um Tania einen Vorschlag für eine Sight-Seeing-Tour zu machen, viele davon im Schnellgang, und was er erblickte, stimmte ihn eher ratlos als neugierig. Und unbehaglich. Als sei er ein Exterrist wie die schleimhäutigen Xenier, die in der anderen Ecke der Datothek in ihren Sitzschalen schlurpften und wild durcheinanderschwatzten. Wieder bewunderte Pym ihre multiple Wahrnehmungsfähigkeit,

(Die Xenier, eine der ältesten und höchstentwickelten Zivilisationen der Galaxis, können nicht nur mit jedem ihrer vier Köpfe ein eigenständiges Programm absolvieren, sie können darüber hinaus in jedem Kopf simultan sehen, hören, reden – so etwas wie unseren Geruchssinn besitzen sie nicht –, also gleichzeitig acht verschiedene Bereiche wahrnehmen und sich dabei zwischen ihren Köpfen und mit anderen Xeniern austauschen, während mindestens eine ihrer acht Flossenhände ständig damit beschäftigt ist, die Haut zu reiben, zu streicheln, zu zwicken, zu kneifen und den Schleim gleichmäßig zu verteilen. Um ein Beispiel zu nennen – das Pym bei seiner Ankunft auf Xenos derart verwirrte, daß er sich zwei Tage davon erholen mußte –: ein Xenier kann mit dem einen Augenpaar seinen Gast freundlich anblinzeln, mit dem zweiten eine komplizierte Berechnung am Computer vornehmen, mit dem dritten einen »Spielfilm« betrachten und mit dem vierten Augenpaar einen Katalog irdischer Gemälde ansehen, dabei einer Sinfonie lauschen, einen Vortrag aufnehmen, zuhören, wie Mund eins mit Mund zwei diskutiert, durch den dritten Mund mit seinem Gast reden und mit dem vierten Mund essen ... wahrlich gigantisch. Kein Wunder, daß die Xenier alle anderen Spezies an Intelligenz übertreffen, wenn sie auch einen hohen Preis dafür bezahlen: eine vorzeitige Geistesverwirrung, um nicht Verblödung zu sagen, die sie trifft, wenn sie physisch gerade auf dem Höhepunkt sind, so daß sie die zweite Hälfte ihres Lebens nur noch mit Essen, Kleinkinderspielen und Sex verbringen, aber wen will es wundern, haben sie doch ihre vier autonomen Köpfe in den Millionen Jahren der Herausbildung ihrer Art urpsrünglich nicht für ein intelligentes Leben entwickelt, sondern um viermal soviel fressen und so viermal besser überleben zu können.)

und er genoß das fröhliche, gelassene Schnattern der Xenier, ihre unbekümmert laute, nie verletzende Heiterkeit, mit der sie jetzt die Bilder von der Erde kommentierten. Nur die Erinnerung an die umständliche und für einen Irdischen unangenehm feuchte Begrüßungszeremonie der Xenier hielt

Pym davon ab, sie zu begrüßen und ihnen zu sagen, wie wundervoll doch ihr Planet sei. Er ging in seine Kabine, legte sich in die Koje, fand in der Musikatei Bach und Beethoven, Mozart und Haydn, war zufrieden, daß wenigstens sie noch nicht in Vergessenheit geraten waren und ihm so über die Zeitgräben der Jahrhunderte hinweg das Gefühl gaben, nach wie vor ein Mitglied der menschlichen Spezies zu sein; bei den Klängen der Brandenburgischen Konzerte dämmerte er ein. Fast hätte er den Sonnenuntergang verschlafen.

Er verzichtete auf den Abendsport, machte nur ein wenig Streichgymnastik unter der Dusche, denn um nichts in der Welt hätte er das Menü versäumen mögen. Das war eisernes Gesetz auf Point Six: Wer zu spät kam, mußte mit Fertiggerichten vorlieb nehmen,

(Pym hatte nichts gegen Tiefkühlkost. Die kargen Zeiten, als es an Bord der Raumschiffe nur miserables Essen, womöglich noch aus Tuben, gegeben hatte, waren längst Geschichte; verglichen mit seinen Lehrjahren als Astronaut, war die Auswahl geradezu phantastisch geworden. Hatte eine Crew vor tausend Jahren nur unter ein- oder zweihundert Gerichten wählen können, die sie mit ins All nehmen konnten, so umfaßte die Kulinatei jetzt über zehntausend Positionen, die besten Gerichte aus allen Gegenden der Erde und von den Kolonien, an Ort und Stelle mit den besten Zutaten und nach den besten Rezepten zubereitet, und es zählte zu Pyms ständigen Vergnügungen, mit denen er einen großen Teil seiner Wachzeit an Bord des Raumschiffes verbrachte, sich sein tägliches Mahl zusammenzustellen und zu überlegen, wie er seine Vorräte ergänzen sollte, wenn er das nächste Mal zu einem der Depots kam.)

seine Menüs, so sagte Balthasar, seien sorgfältig komponiert – »wie eine Sinfonie« – und entfalteten ihren vollen Genuß nur, wenn man sie von »Satz zu Satz« aufnahm; Balthasar unterwarf sich nur den

Gesetzen seines Metiers und scherte sich einen Teufel um die Diätprogramme seiner Gäste, um Jouleziffern, Vitaminkennzahlen und Spurenelemente-Vorschriften.

Wie jeden Abend machte Pym einen Umweg durch die Wirtschaftssektion von Point Six, um einen Blick durch das Küchenfenster zu werfen, einen Augenblick still dazustehen und zuzusehen, wie Balthasar mit Töpfen und Pfannen hantierte. Er klopfte nicht an das Fenster, denn er wußte, daß Balthasar schreckhaft war und nichts weniger vertrug als das, konnte ihm doch, wie er versicherte, schon in einer Schrecksekunde ein Gericht völlig verderben. Pym fragte sich wieder, ob das tiefe Behagen, das er in diesem Augenblick empfand, von einer verschütteten Kindheitserinnerung hervorgerufen wurde oder von der Gewißheit, in Balthasar eine verwandte Seele, einen Freund gefunden zu haben.

Eine Freundschaft auf den ersten Blick.

Pym hatte Balthasars Herz im Sturm erobert, als er nach seinem ersten Mal auf Point Six mit geradezu frenetischer Begeisterung Carvallos »Lobpreisung eines göttlichen Mahls« vorgetragen und aus dem Stegreif auf Balthasars Menü abgewandelt hatte. Nicht, weil Balthasar wie alle Künstler eitel und für Komplimente empfänglich war – Komplimente hörte er jeden Tag –, sondern wegen Pyms »sachverständigen« Lobes. Er sei einer der wenigen, die seine Kunst wirklich zu würdigen wüßten, sagte Balthasar gerührt, und als Pym ihm gestand, daß er in seiner kleinen Bibliothek originaler Papierbände auch Kochbücher mit sich führte, hatte Balthasar ihn an seine gewaltige Brust gezogen und zum »Bruder im Geiste« erklärt, vor allem wegen seiner Liebe zu Büchern. Sie saßen dann die ganze Nacht beieinander, tranken Frankenwein, entdeckten ihre gemeinsame Liebe zu Shakespeare, zitierten wie aus einem Munde Hamlets »To be or not to be – that is the question« und den Monolog des Cassius ...« but Brutus says that Caesar was ambitious, and Brutus is an honorable man ...« – zwei verwandte Seelen, zwei Originale, die es nicht mehr zur Erde zog.

Balthasar war ursprünglich Genetiologe und hatte das Kochen nur als Hobby betrieben, war zweimal Olympiasieger in der europäischen und sechsmal Meister in der deutschen Küche geworden und wegen eines Liebeskummers, über den er nicht einmal mit Pym sprechen wollte, nach Point Six geflüchtet, ein Hüne von gut zwei Metern und mindestens vier Zentnern und trotz seiner schwarzen Hautfarbe ein echter Bayer, ein »negro germano«, wie er in dem Irdischslang formulierte, den auch die meisten Exterristen verstanden, der einzige Neger in seiner Familie; einer seiner Vorfahren – wie er Pym gestand, eine Ururgroßmutter – habe sich bei ihm wieder herausgemendelt. Pym glaubte ihm, daß er ein waschechter Bayer war, zumal wenn Balthasar »dalextmido« oder »himmikruzitürkennoama« fluchte, nur daß das »Pfüatdi« wirklich »Mögen dich die Götter behüten« hieß, wollte er nicht glauben. Pym hatte sich anfangs gegen diese Freundschaft gesperrt – wozu sich auf eine emotionale Beziehung einlassen, wenn man den anderen nie wiedersieht –, war aber von Balthasars Herzlichkeit überwältigt worden und hatte seinetwegen ein paar kürzere Reisen eingeschoben, um mindestens alle zehn Jahre auf Point Six zu sein, und jetzt, da er zusah, wie Balthasar eine sicher uralte eiserne Kasserolle aus dem Herd holte, den Deckel kurz lüpfte und mit verklärtem Nicken den aufsteigenden Duft einsog, war er zutiefst glücklich über ihre Freundschaft. Hätte er sich ohne sie jemals auf den Flirt mit Tania eingelassen, jemals auf die Chance einer Liebe gehofft?

»Du kommst spät«, flüsterte Tania, als Pym ein wenig enttäuscht auf dem Sessel Platz nahm, den sie zwischen sich und Allistair für ihn freigehalten hatte; so konnte er sie, wenn es nicht auffallen sollte, nur im Spiegel betrachten. Als aber ihre Knie sich zufällig berührten und Tania ihr Bein nicht auf der Stelle fortzog, sondern sogar gegendrückte, war er sehr zufrieden, und eine heiße Welle durchschwemmte ihn, als ihre Hände sich unter dem Tisch trafen, eine Woge längst vergessen geglaubter Zärtlichkeit. Dann wurde die Suppe serviert.

Balthasar hatte Pym zuliebe ein vorpommersches Menü komponiert: Hechtsuppe mit Klößchen aus Fischleber, Kräutern und Semmelbröseln,

(Pym war vor allem von Balthasars altdeutschen Suppen begeistert, derartige Köstlichkeiten gab es nicht in der Tiefkühlkost: Steinhäger Kaltschale aus Braunbier, saurer Sahne und geriebenem Schwarzbrot, passierte Grüne-Erbsen-Suppe mit Rauchspeck, Hamburger Aalsuppe, Brotsuppe mit Kümmel, Sauerampfersuppe, Buttermilchsuppe mit geröstetem Weißbrot ...)

dann Pellkartoffeln mit Räucheraalfilets in einer grünen Soße, Stangenspargel in goldgelbem Butterschaum, danach hauchdünne Scheiben Rinderbraten in Meerrettichsoße auf Quetschkartoffeln und als Höhepunkt Richtenberger Rippenbraten – mit Backpflaumen und Dörräpfeln gefüllt, süß und deftig, krosses Fleisch und sämig fette Soße, dazu Salzkartoffeln; als Nachtisch gab es schwarzrotweiß geschichtete Götterspeise aus geriebenem Schwarzbrot, Johannisbeergelee und Schlagsahne. Den Magenschließer servierte Balthasar eigenhändig, heute einen Doppelkümmel, und er nahm mit der selbstverständlichen Würde eines Großmeisters das Lob seiner Gäste entgegen. Pym fragte sich vergnügt, wie sein Freund wohl reagieren würde, wenn ihm einmal einer erklärte, das Essen sei miserabel gewesen.

»Auf die Gefahr, daß ich etwas Banales von mir gebe, das du zum Überdruß gehört hast«, sagte Allistair, »du bist in dieser Galaxis der Größte!«

»Ja«, erwiderte Balthasar, »das bin ich. Und der dickste Koch aller Zeiten dazu.« Sein Lachen dröhnte durch den Raum, daß die Spiegelscheiben klirrten.

»Wenn ich es recht bedenke«, sagte Tania, »dann ist es eine unverantwortliche Verschwendung von Talent, daß du hier auf Point Six ...«

»Ganz im Gegenteil«, unterbrach Balthasar, »hier erst habe ich die wirklich freie Entfaltung meines Talents gefunden. Nicht nur, weil auf der Erde immer wieder Dummköpfe forderten, ich solle meine Menüs nach den Normen der gesunden Lebensweise ausrichten«, er schnaufte verächtlich, »gar nach den Diätplänen der Gäste – Kunst kann sich nicht danach richten, ob einer diese Spurenelemente und der andere jene Vitamine zu sich nehmen muß, und es gibt keine Schweinshaxe, die ich ohne tierisches Fett auf den Tisch bringen kann, Kunst richtet sich nur nach ihren eigenen Gesetzen! –, vor allem war ich unentwegt den Pressionen der ›Liga der freiwilligen Vernunft‹ ausgesetzt, ich solle Mitglied werden und meinen Leib reduzieren! Nein, meine Liebe, mein Platz ist hier. Die geringe Schwerkraft auf Point Six erlaubt es mir, ohne körperliche Beschwerden meine Kunst auszuüben und die volle Befriedigung meiner Bedürfnisse zu finden, denn jede Kunst muß ja wohl zuerst und vor allem den Künstler überzeugen, oder? Point Six ist der mir gemäße Ort in dieser Welt, an dem ich den irdischen Maximen gerecht werden kann. Freie Entfaltung der Persönlichkeit, sogar buchstäblich«, er legte zufrieden, ja geradezu zärtlich die Hände auf seinen dreidicken Bauch, »und: Jeder nach seinen Fähigkeiten, jedem nach seinen Bedürfnissen – warum lachst du, Odysseus?«

»Nicht über dich!« versicherte Pym. »Ich mußte gerade daran denken, wie sehr ich einmal mit dieser Maxime mißverstanden wurde, auf Bribester ...«

»Erzähle«, riefen alle. Balthasar goß Doppelkümmel nach und setzte sich zu ihnen.

»Ein Planet am Rand unseres Spiralarmes«, erklärte Pym, »weitab von den Hyperrouten, ihr werdet ihn also kaum je zu sehen bekommen, es ist auch kein Verlust für euch. Bei meiner Ankunft wurde ich nicht nur den üblichen medizinischen Tests, sondern auch einer Art Gehirnprüfung unterzogen. Auf Bribester, so erklärte man mir auf meine verwunderte Reaktion, würden nicht nur Fremde mit gefährlichen Bakterien, Mikroben und Vieren unerbittlich abgewiesen, sondern auch jeder, ja, das vor allem, bei dem Gefahr bestünde, daß er das soziale Klima infiziere. Die Bribesen zeigten sich geradezu entzückt, als ich auf die Frage nach meiner Grundmaxime sagte: Jeder nach seinen Fähigkeiten, jedem nach seinen Bedürfnissen, und der Lügendetektor zeigte, daß ich die reine Wahrheit sprach. Das ist ja wie bei uns, riefen sie hocherfreut, endlich einmal ein Geistesverwandter – ich sollte schnell erfahren, wie groß der Irrtum war.«

Pym mußte rülpsen. Allen Warnungen seines Verstandes zum Trotz hatte er von den Gängen des Menüs nicht nur gekostet, sondern ihnen reichlich zugesprochen, von der Suppe, dem Rippenbraten und der Götterspeise sogar einen Nachschlag genommen und spürte jetzt ein lästiges Völlegefühl. Er kippte seinen Schnaps in einem Zug hinunter und hielt Balthasar das Glas hin.

»Ich wurde bereits stutzig, als man mich nicht einfach auf den Planeten entließ oder in ein Hotel für außerplanetare Gäste brachte, sondern zu einem abgelegenen und eingezäunten Villenviertel fuhr. Ein Regierungsheim, erklärte Cop, mein Betreuer, ich sei Staatsgast, trotzdem bäte er mich, aufmerksam die Sitten und Normen seiner Heimat zu studieren. Er drückte mir einen Megachip in die Hand, und als ich den in meinem Appartement studierte, wurde ich immer verwirrter. Wie vertrug sich das mit einer Gesellschaft, die nach derselben Maxime leben sollte wie die irdische? Auf eine blumige Begrüßung, wie willkommen ich sei und daß man alles für mein Wohlergehen tun und mir jeden nur möglichen Wunsch erfüllen würde, folgten Einschränkungen und Verbote. Das Haus dürfe ich nur in Begleitung meines Betreuers und unter Beachtung der Landessitten verlassen: öffentliches Rauchen und Trinken verboten, auf den Boden spucken verboten, etwas wegwerfen verboten, Zusammenrottung von mehr als drei Personen verboten, Ausgehverbot nach Einbruch der Dunkelheit in allen Städten ... ein ganzer Katalog rigider Verhaltensregeln. Fragen dürfe ich nur meinem Betreuer stellen und niemandem, auch ihm nicht, Auskünfte über das Leben auf meinem Planeten oder auf dritten Welten erteilen, mich mit niemandem verabreden, niemanden einladen, dazu die mehrfach wiederholte Warnung, ja keinen Handel zu treiben und nichts außerhalb der mir geöffneten Regierungsmagazine zu erwerben, nichts zu verschenken, schon gar nicht wie immer geartete Datenträger.« Pym feuchtete sich die Lippen mit der Zungenspitze an und bestellte eine Flasche Gletscherwasser.

»Das Sammeln und die Verbreitung von Informationen jeglicher Art durch Nichtbefugte stünden auf Bribester unter strengster Strafe, erklärte mir Cop, und ich fragte mich, wie ich auch nur eine Sekunde dort verbringen sollte, ohne Informationen aufzunehmen. Augen und Ohren, Mund und Nase zusperren? Bei diesem Gummigesetz machte ich mich doch mit jedem Atemzug strafbar! Ich war schon entschlossen, auf der Stelle abzureisen, da sah ich den ersten Sonnenuntergang. Ich muß gestehen, ich habe selten etwas Schöneres erblickt. Diese Stunde, in der die Sonne auf Bribester untergeht und die sieben Monde kurz nacheinander aufgehen, ist eine Sehenswürdigkeit, die einen Platz im Guiness-Katalog der Wunder unserer Galaxis verdient, ebenso die Stunde, da die Monde im Morgenrot hinter dem Horizont verschwinden und dabei in gleißend changierendem Licht die Farbskala durchlaufen; einen winzigen Augenblick lang stehen sie alle sieben monochron in den Grundfarben des Regenbogens nebeneinander am Himmel. An jenem Abend nannte ich den Planeten Moonlightster, doch als ich die Wahrheit über die Gesellschaftsordnung erfuhr, taufte ich ihn in Bribester um, nach dem englischen Wort bribery, Bestechung.« Pym machte eine Pause, um einen Schluck Wasser zu trinken.

»Und wie«, erkundigte sich Allistair skeptisch, »wie hast du die Wahrheit erfahren, wenn du mit niemandem sprechen durftest? Doch wohl nicht von deinem ›Betreuer‹! Ich kenne diese Burschen auf den unterentwickelten Planeten, alles Spitzel, Denunzianten, Halunken, ich könnte euch da ...« Er winkte verächtlich ab.

»Doch«, erwiderte Pym lächelnd, »von meinem Betreuer. Und durch Bestechung, versteht sich, ich war schließlich auf Bribester. Ich kenn mich doch auch mit Betreuern aus, Allistair, ich habe es mir angewöhnt, ihnen gleich zu Beginn ein anständiges Geschenk zu geben, und damit die besten Erfahrungen gemacht. Als ich meine Mitbringsel ausbreitete und Cop mit einer Handbewegung aufforderte, sich etwas auszusuchen«, Pym führte die Bewegung vor und hätte fast das Wasserglas umgestoßen, »sagte er laut Dankeschön, aber er nähme keine Geschenke, nicht einmal eine Aufmerksamkeit wie den Unterwasserstift – dabei hatte ich ihm überhaupt keinen Stift angeboten! –, zugleich steckte er stillschweigend eine billige, aber recht hübsche, mit Marsrubinen besetzte Dose ein. Ohne ein Wort des Dankes. Seine Blicke verrieten genug, nicht nur Dankbarkeit, sondern auch, daß es Wanzen in meinem Appartement gab. Dann zeigte Cop fragend auf das Buch auf meinem Bett, eine klassische Ausgabe von Mark Twains ›Ein Yankee an König Arturs Hof‹, ich wollte ihn erstaunt fragen, warum gerade das Buch, das er wohl doch nicht lesen könne, da preßte er erschrocken den Finger auf die Lippen. Nun, am nächsten Tag bekam ich Antwort. Ich hatte Cop einen Band Gedichte von Hagerstolz in die Hand gedrückt, denn den Twain mochte ich nicht missen, und er führte mich zu einer einsamen Stelle am Seeufer, wo, wie er mehrfach versicherte, niemand uns belauschen könnte. Für das Buch könne er bei seinem Zahnarzt nicht nur ein neues Gebiß bekommen – er zeigte mir, wie bitter nötig das war –, sondern auch noch Zahnspangen für seine Kinder und mindestens ein Jahr lang Behandlung für die ganze Familie. Wieso, das wollte er mir selbst hier nicht verraten, erst in den folgenden Tagen, als wir einen Ausflug aufs Land machten, in eine Provinz, in der ein Vetter von Cop Polizeichef war und wir frei miteinander reden konnten. Daß man mich überhaupt auf den Planeten gelassen hatte, lag an einem Übersetzungsfehler. Die Maxime auf Bribester heißt: Jeder nach seinen Bedürfnissen, jedem nach seinen Fähigkeiten!« Pym blickte sich triumphierend im Kreis um, warf dabei einen langen Blick auf Tania, die ihn anlächelte und unter dem Tisch kurz sein Knie streichelte.

»Ihr versteht? Jeder nimmt nach seinen Bedürfnissen, und man gibt nach seinen Fähigkeiten! Eine Gesellschaft der allumfassenden Korruption. Auf Bribester gibt es noch Geld, Warenverkehr, Löhne, Preise – die Preise sind sogar erstaunlich niedrig, vor allem für langlebige Güter wie Wohnungen, Wagen, Computer, Communikatoren ..., aber praktisch bekommt man nichts zu seinem Preis und nur für Geld, nicht einmal einen Arbeitsplatz oder ein anständiges Zeugnis in den Schulen. Nicht nur Handwerker und Verkäufer, auch jeder Staatsbeamte, sogar die Polizisten und Richter haben deutlich sichtbar ein Schild hängen, was sie gerade brauchen.«

»Verrückt«, knurrte Allistair, und einer der Kadetten rief laut: »Nun erzählst du aber Märchen, Odysseus. Wie sollte sich so eine Gesellschaft herausgebildet haben?«

»Vor langer Zeit, so erklärte mir Cop, hat man auf Bribester versucht, die gesamte Bedarfsermittlung, Produktion und Verteilung durch einen Zentralcomputer zu regeln; der damalige Pharao,

(Der Interpreter hatte mehrere Übersetzungen angeboten: Dalai-Lama, Papst-Kaiser, Ayatollah-Sultan, denn die Herrscher auf Bribester waren sowohl staatliche wie geistliche Oberhäupter, absolute Fürsten und laut Gesetz Inkarnationen des Gottes der Sieben Monde, weshalb Pym sich für den Begriff der altägyptischen Pharaonen entschieden hatte, und seine Zuhörer akzeptierten es jetzt ohne Zwischenfragen.)

Jos, der Erste, glaubte unglücklicherweise zu sehr an seine göttliche Weisheit und Allmacht. Ohne seinen Willen sollte ›kein Spatz vom Himmel fallen‹, also kam er auf die Idee, das von ihm verheißene Goldene Zeitalter durch absolute Zentralisation herbeizuführen, was bei dem niedrigen Entwicklungsstand auf Bribester in einer Katastrophe enden mußte – und mit seinem Tod.« Pym unterdrückte einen Rülpser, trank ein halbes Glas Wasser in einem Zug, sah im Spiegel Tania an, dann sich und dachte: Du bist im Grunde auch so ein Dummkopf, du weißt doch, daß zu reichliches Essen dir Magendrücken bereitet.

»Ich habe an seinem Mausoleum gestanden«, sagte Pym, »ein achteckiger schwarzer Quader mit der Inschrift: Geboren, geherrscht und vergangen nach göttlichem Gesetz. Daß er vergiftet wurde, steht da natürlich nicht; welcher Pharao will schon zugeben, daß man einen gottgleichen Herrscher stürzen und umbringen kann! Sein Nachfolger verkündete dann eine konträre Doktrin. Es sei sowohl nach göttlichem Ratschluß wie den Regeln der Wissenschaften unmöglich, alle Bedürfnisse auf Erden zu befriedigen, Mangel sei geradezu gesetzmäßig, da doch die Bedürfnisse, Wünsche und Begehren immer schneller wüchsen als die Möglichkeiten zu ihrer Befriedigung. Natürlich sicherte er für sich und seinen Hofrat die Erfüllung aller Wünsche durch strikte Planung, für die Bribesen jedoch gilt seitdem die Doktrin: Jeder ist seines Glückes eigener Schmied. Und was vor Zeiten mit kleinen Bestechungen und dem Austausch von Gefälligkeiten begonnen hat, ist jetzt Grundmaxime, das System des Gebens und Nehmens staatlich anerkannt: Jedem nach seinen Fähigkeiten und jeder nach seinen Bedürfnissen. Der alte Zentralcomputer dient als gesamtplanetare Tauschzentrale, in die jeder – gegen ein entsprechendes Bakschisch für den Programmierer, versteht sich – eingeben darf, was er sucht und was er bieten kann.« Pym bestellte sich eine zweite Flasche Wasser und einen Magenbitter.

»Ein Gutes, sagte Cop, habe diese Entwicklung mit sich gebracht: Die schon im Verfall begriffenen Großfamilien haben sich wieder gefestigt, die Clans sind neu erstanden; ohne sie kann niemand leben, weil ein einzelner nicht mehr in der Lage zu größeren Anschaffungen ist. Für eine Wohnung oder eine Urlaubsreise muß schon eine Großfamilie zusammenlegen, für eine Herztransplantation oder die Gründung einer Produktionsstätte der gesamte Clan; eine Art Urgesellschaft, in der jedes Mitglied sich geborgen fühlen kann. Ich selbst ...«

Pym öffnete die Knöpfe seines Hemdes und holte eine silbern schimmernde Plakette hervor, auf der die Monde des Bribester, dargestellt durch sieben verschiedenfarbige Steine, einen Halbkreis um eine Rubinsonne bildeten.

»Ich selbst bin Ehrenmitglied des Copschen Clans. Ich habe ihnen heimlich alles dagelassen, was ich entbehren konnte, denn ohne ihre Hilfe säße ich heute noch dort. Leider mußte ich für die Reparatur des Schubumkehrers auch meinen ganzen Vorrat an Kaffee und Tee hergeben, aber so ist es nun einmal auf Bribester.« Pym breitete seine Hände weit aus und streichelte dabei unauffällig Tanias Wangen mit dem Handrücken.

»Und womit«, sagte Allistair feixend, »gesetzt den Fall, du hättest dort bleiben müssen, womit wärst du zu bestechen gewesen, Odysseus?«

»Ich?« Pym trank den Magenbitter, schüttelte sich, spürte, wie eine wohlige Wärme durch die Speiseröhre in den Magen kroch, den Druck im Nu verteilte, grinste. »Ich? – Mit einem Essen von Balthasar – und dem Lächeln einer schönen Frau.«

Alle Blicke drehten sich von Balthasar, der grienend sein

Vierfachkinn massierte, zu Tania, die nicht von ihren Fingern aufsah, völlig darin versunken schien, einen der Smaragde, die sie heute auf ihren Fingernägeln trug, wieder anzukleben. Erst als die Blicke sie freigegeben hatten und rundum Gespräche einsetzten, hob sie ihre Lider. Ihre Augen trafen sich im Spiegel. Tania lächelte Pym spöttisch zu, dann hob sie den Kopf, neigte ihn ein wenig zu Seite, sah ihn aus halbgeschlossenen Lidern an, die Lippen ein wenig geöffnet, die Zungenspitze an der Oberlippe: die Jahrtausende alte, Jahrtausende bewährte Mimik einer begehrenswerten und Liebe begehrenden Frau, verführerisch, verlangend, wollüstig … mit einem Wort: bestechend.

Inhalt

ISBN 3-360-00768-9

1. Auflage dieser Ausgabe 1995

Verlagsgesellschaft mbH, PF 106, 10103 Berlin

Umschlaggestaltung: P. Fischer Sternaux
Satz: Pencil. Text-Satz-Korrekturbüro
Druck und Bindung:
Westermann Druck Zwickau GmbH
Printed in Germany